统计方法在经济分析中的应用

何媛媛　著

哈尔滨出版社
HARBIN PUBLISHING HOUSE

图书在版编目（CIP）数据

统计方法在经济分析中的应用 / 何媛媛著. -- 哈尔滨：哈尔滨出版社, 2025. 5. -- ISBN 978-7-5484-8564-3

Ⅰ. F224.12

中国国家版本馆CIP数据核字第20256YN128号

书　　名：统计方法在经济分析中的应用
TONGJI FANGFA ZAI JINGJI FENXI ZHONG DE YINGYONG

作　　者：何媛媛　著
责任编辑：刘　硕
封面设计：邱　田

出版发行：哈尔滨出版社（Harbin Publishing House）
社　　址：哈尔滨市香坊区泰山路 82-9 号　　邮编：150090
经　　销：全国新华书店
印　　刷：北京鑫益晖印刷有限公司
网　　址：www. hrbcbs. com
E - mail：hrbcbs@yeah. net
编辑版权热线：（0451）87900271　87900272
销售热线：（0451）87900202　87900203

开　　本：787mm×1092mm　1/16　　印张：11　　字数：210 千字
版　　次：2025 年 5 月第 1 版
印　　次：2025 年 5 月第 1 次印刷
书　　号：ISBN 978-7-5484-8564-3
定　　价：48.00 元

前　　言

在当今复杂多变的经济环境中，数据分析与统计方法已成为揭示经济规律、预测经济趋势不可或缺的工具。经济学与统计学的深度融合，不仅拓宽了经济学研究的视野，也为统计方法的应用开辟了新的领域。本书正是在这一背景下创作的，旨在探讨统计方法在经济学研究中的实际应用，为经济决策提供科学依据。

本书从统计学与经济学的基础知识入手，为读者构建扎实的理论基础。同时，本书深入探讨了统计方法在经济增长与周期分析、时间序列分析与经济预测等多个方面的具体应用。同时，对描述性统计、多元统计方法、非参数统计方法等在经济分析中的应用进行了解读，并分析了色谱经济分析法的理论与应用。这些内容不仅涵盖了统计方法在经济分析中的传统应用领域，还涉及了一些前沿的研究方向，为读者提供了全面而深入的知识。

在本书的写作过程中，笔者力求做到条理清晰、逻辑严谨，同时注重实用性和可操作性。笔者衷心希望本书能够激发读者对经济学与统计学交叉领域的兴趣和思考，引导读者进一步深入探索这一充满挑战与机遇的领域。

目　　录

第一章　统计学与经济学的基础知识

第一节 统计学概论

一、统计的含义

在日常生活中，“统计”这个词对大家来说并不新鲜，但很多人对它的具体含义却往往一知半解。实际上，“统计”这个术语涵盖了三个层面的意义：统计工作、统计资料，以及更为抽象的统计学概念。

统计工作，又称为统计实践，其实质是一个涉及设计、收集、整理以及深入分析研究社会经济现象总体数量方面相关资料的全过程。在这一过程中，我们首先需精心设计统计方案，明确统计的目的、对象和方法；随后，广泛搜集各类相关数据，确保信息的全面性和准确性；接着，对这些繁杂的数据进行系统的整理，使其条理清晰，便于分析；最后，运用统计学原理和方法，对这些数量资料进行深入的剖析和研究，以期揭示社会经济现象背后的数量规律和特征。

统计数据作为统计工作的结晶，囊括了通过统计过程获得的数字信息及与之相关的文字阐述。这些数据深刻地揭示了各种现象在规模、水平、发展速度、构成结构以及比例关联等多个维度上的特征，构成了统计工作不可或缺的产出成果。

统计资料主要分为两类：一类是直接记录个体特征的原始资料；另一类则是基于这些原始数据进行整理与分析，进而揭示总体数量特征的次级资料。原始资料详尽记载了各个体的具体情况，而次级资料则通过对这些原始信息的深度加工，呈现总体层面的数量概况。

统计资料以多种形式展现，诸如统计公报、统计图以及统计表等。统计工作能否紧密贴合统计研究的目的与要求，并运用科学合理的方法加以推进，对统计资料最终的品质有着至关重要的影响。换言之，唯有依据研究需求，采取恰当的统计手段，方能确保所获取的统计资料既准确又可靠，从而有效支撑起后续的分析与决策过程。

统计学是一门科学，它系统地阐述了统计的理论与方法，实质上是统计工作经验的智慧结晶与理论总结。这门学科详尽地介绍了资料的搜集方式、整理手段，以及如何对统计资料进行深入的数量分析与研究。统计学深植于实际的统计工作之中，它不仅为统计工作提供了坚实的理论指导，还持续推动着统计工作向更深层次、更广领域发展与迈进。

统计学与统计工作之间存在着理论与实践的深刻关联，而统计工作的直接产物便是统计资料。鉴于这三者间不可分割的紧密联系，人们通常习惯性地将它们统称为统计这一大的范畴。

二、统计的研究对象和研究方法

（一）统计的研究对象

统计学的研究目标聚焦于其力图理解和分析的具体实体。在探讨社会经济统计的范畴时，其关注的是社会经济现象总体所呈现出的数量特征与规律。

社会经济统计学专注于探究社会经济活动的量化维度，其主旨在于通过详尽的数量分析，深入剖析社会经济现象背后的本质特征及其演变规律。这一学科的研究对象展现出多重特性：首先，它们具备鲜明的数量性，强调以数据为基石进行实证分析；其次，研究对象通常是总体性的，关注的是宏观经济或微观经济中的集合表现，而非个别案例；再次，这些研究对象具有具体性，即研究的是实际发生的经济活动，而非抽象概念；最后，它们还带有显著的社会性，因为经济活动总是嵌入一定的社会结构和文化背景之中。通过这些特性的综合考量，社会经济统计学提供了一个理解复杂经济现象的窗口。

1. 数量性

统计研究对象的数量性包括现象总体的数量表征、数量关系和数量阈值三方面。

数量表征，体现的是现象在规模的大小、水平的高低、结构的构成、差异的程度、普及的广度以及发展速度的快慢等数量方面的特性。

数量关系，通常指的是不同现象间在数量上的对比与相互依存。在日常分析中，我们经常会遇到现象之间的数量对比，而更为深入的是，这些现象间还存在着数量上的依存关联。这种依存关系主要分为两大类别：函数关系与相关关系。当两种现象的数量特征之间有着明确的依存性，但如果确定了其中一个现象的数值，另一个现象的数值却不能被唯一地确定下来，这样的关系称之为相关关系。在统计学的实践中，我们借助相关系数的计算与回归分析的方法，能够深入探讨这种相关关系的紧密程度，并且构建出回归模型，以更为直观地展现这些现象间的数量依存特征。举例来说，我们可以研究身高与体重之间的关联、国内生产总值与就业人数之间的联系，或是探讨用电量与国内生产总值之间的相互作用等。

数量阈值，标志着现象由量变到质变的临界点。深入剖析现象的数量特征及其内在的数量关系，从而确定一个能准确反映事物发展变迁的合理数量界限，这不仅能够揭示事物发展的内在规律，还具有重要的预警功能。

2. 总体性

总体性，亦常被称作大量性，其核心概念在于社会经济统计所聚焦的研究对象是由众多个体汇聚而成的总体。这一特性，从根本上讲，是由社会经济统计的根本研究目的所塑造的。社会经济统计的终极目标，在于深入洞察社会经济现象的本质属性及其发展演变的内在规律。在实践中我们不难发现，单一的个别现象往往容易受到各种偶然因素的干扰，其数值表现往往难以准确反映出一类现象的数量特征，缺乏足够的代表性。因此，为了更准确地把握社会经济现象的全貌，我们必须将视角提升至由大量个别现象构成的总体层面。通过广泛观察并深入研究这些个别现象，我们可以使那些偶然因素对个别现象造成的偏差在总体上相互抵消，从而揭示出社会经济现象总体的本质特征和潜在的发展规律。这种方法不仅增强了研究的科学性和准确性，也提供了更为全面、深入理解社会经济现象的视角。

3. 具体性

社会经济统计的研究焦点聚焦于具体事物在数量层面的表现。我们所能见到的每一个统计数字，都是植根于特定的时间节点、地理位置以及现实条件之中的。

4. 社会性

首先，定量研究的统计工作是建立在定性分析的基础之上的。定性分析赋予了统计以深刻的社会关系内涵，它揭示了物质资料的占有、分配与交换等核心关系，而这些关系正是通过统计数据得以体现的，其与人们的切身利益紧密相连，映射出人与人、人与物之间错综复杂的相互联系。其次，社会经济现象中的数量变化并非孤立存在，而是深受所处社会环境的诸多因素影响，包括政治经济政策、文化背景、法律制度等。这些因素的变动无疑会对社会经济统计产生深远影响，使得统计工作成为服务于不同社会制度的重要工具，反映出不同社会环境下的经济特征与趋势。最后，从事统计工作的人们在实践中往往持有不同的观点、立场，并可能采用截然不同的方法。这种多样性不仅丰富了统计研究的视角，也带来了研究对象的社会性特征。因为统计不仅仅是数字的堆砌，更是人们基于不同社会背景、价值观念对经济社会现象进行解读与阐释的过程。

（二）统计的研究方法

统计学的研究范畴及其本质特性，从根本上塑造了其所采用的研究路径。在统计学的实践探索中，一系列行之有效的研究方法应运而生，这些方法主要包括：通过广泛收集数据以捕捉规律的大量观察法；依据特定标准将数据归类整理的统计分组法；借助关键统计指标来概括和描述数据特征的统计指标法；构建数学模型以深入剖析数据内在联系的统计模型法；以及基于样本信息对总体情况做出科学推测的统计推断法。

1. 大量观察法

大量观察法在统计学中占据着举足轻重的地位，它堪称统计学独有的研究手段。具体而言，大量观察法指的是对研究对象的整体或足够多的样本进行细致入微的观察，旨在深入把握社会经济现象的数量特征，并揭示其发展变化的内在规律。这种方法不仅体现了统计学以数据说话的特点，还提供了科学、客观的研究路径。

在某些情况下，个别单位所展现出的特征，或是极少数单位呈现出的数量特征，往往会受到各种偶然因素的干扰，这些特征并不能准确地反映出事物整体的数量特征以及现象发展变化的普遍规律。为了更全面地理解事物，我们必须将目光投向更广阔的范畴，观察全部或者足够多的个别单位，并对它们的特征进行深入的综合分析。通过这样的处理，那些影响个别单位的偶然因素会相互抵消，逐渐淡出我们的视线，而事物本身的一般数量特征则会逐渐清晰，得以显现。值得一提的是，“大量”这一概念并非绝对恒定，而是一个相对且灵活的概念。当所考察的个体单位数量达到一定的程度，足以窥见并阐述总体数量特征的时候，我们就可以将这些单位数量称为“大量”。这样的定义，既体现了科学研究的严谨性，又赋予了实际操作中的灵活性。

大量观察法之所以有效，其数学基础牢牢扎根于大数定律之上。大数定律，作为揭示随机现象本质规律的理论基石，阐述了这样一个普遍原理：在进行观察的过程中，每一次的具体结果可能会因为种种偶然因素而各不相同；然而，当进行大量的、反复的观察后，这些观察结果的平均值却会趋近一个确定的数值。这一规律为统计调查提供了坚实的理论支撑。在统计调查的实践中，诸如普查、统计报表、抽样调查等一系列方法，正是基于大数定律的这一特性而设计的。它们通过对总体中的全部单位或足够数量的样本单位进行深入细致的观察与研究，从而能够较为准确地把握社会经济现象的现状，揭示其发展变化的内在规律。这些方法的应用，不仅提高了统计调查的科学性和准确性，也为深入理解和分析社会经济现象提供了有力的工具。

2. 统计分组法

统计分组法，简而言之，就是依据统计研究的具体任务及研究对象的独有特性，依照一个或者多个标志，将现象总体细分为若干个性质迥异的类别或组别。这种分组方法能够深入探究现象的内部结构，明确区分性质不同的事物，并进一步剖析现象间存在的相互依存关系。在统计工作中，无论是进行定性分析还是定量分析，统计分组都发挥着不可或缺的作用。通过合理的统计分组，我们可以清晰地认识到总体内部存在的数量差异以及数量关系，从而能够多角度、全方位地分析和研究问题，进而获得对总体的更为全面且深入的理解。

3. 统计指标法

统计指标法，作为一种研究手段，其核心在于借助各类统计指标，深入剖析并呈现客观现象总体在数量层面的特征及内在关联。这些统计指标，是在广泛搜集原始数据并经过细致整理、精确计算后得出的具体数值。它们如同一面镜子，清晰映照出特定时间、地点及条件下，现象所展现出的数量特征、相互间的数量关系，以及明确的数量界限。在统计学的广阔天地里，统计指标法不仅独树一帜，更是统计推断法、统计模型法等高级研究方法不可或缺的基石，为探索数据的奥秘提供了坚实的支撑。

4. 统计模型法

统计模型法，作为一种分析手段，运用了一系列相互关联且紧密的统计分组与统计指标，旨在对总体及其动态变化过程进行一种全面而近似的呈现或阐述。在实践中，统计模型法往往通过两种主要形式来表达其深刻内涵。一方面，当指标间存在着清晰且明确的数量关系时，可以通过建立数学方程式或方程组的形式，来精准地刻画这种关系，这种形式通常被称为统计数学模型，它以其严密的逻辑和精确的计算，为数据的分析提供了有力的支撑；另一方面，如果统计指标之间更多地呈现出一种逻辑上的关联而非直接的数量关系，那么就可以通过构建一种框架式的物理模型，来直观地展示这种逻辑关系。这种模型，称为统计逻辑模型，它虽然不像数学模型那样精确到数字，但却能够以一种更为直观和易于理解的方式，帮助把握数据之间的内在联系和规律。这两种表达方式共同构成了统计模型法的丰富内涵和广泛应用场景。

5. 统计推断法

统计推断法主要涵盖两种情形：其一，依据同一时间点的样本数据来估算整体数据的指标，这被称作静态推断；其二，则是借助前一个时间段的数据来预测后一个时间段的数据，这被称为动态推断。在统计总体由数量庞大乃至无限的个体构成时，进行全面调查既不可能也无必要。此时，若要把握总体的数量特性，便可采用静态推断的方法。而当某一现象随时间推移展现出显著的变化趋向时，我们可以构建一个描述该现象随时间演变的趋势模型，进而进行动态剖析，以预测该现象未来的演变趋势。统计推断作为现代统计学的基石，在统计研究领域内得到了极为广泛且深入的应用。

第二节 经济学概述

一、经济学

经济学是一门探究经济现象、剖析经济活动内在规律的学科。其诞生的根基在于资源的有限性，也即资源的稀缺性这一不争事实。经济学所关注的核心议题，在于如何高效且合理地进行资源配置，确保每一份资源都能得到最充分的运用。

（一）经济学的定义

对于经济学的定义，众多经济学家各执己见，众说纷纭。其中，美国知名经济学家保罗·萨缪尔森提供了一个广受认同的界定。他指出，经济学主要探讨的是社会如何有效利用有限的资源，去生产那些具有价值的商品与服务，并进一步在人群中进行合理的分配。由此可见，经济学的本质在于探索如何最优地配置稀缺资源，以最大化地满足人类的需求。简而言之，经济学是一门探究选择的艺术与科学的学科。

（二）资源的稀缺性：经济学产生的前提

人类活动之所以总是伴随着种种抉择，其根本原因在于资源的有限性。经济学这门学科，正是从资源的稀缺性这一视角出发，去探究人类的经济行为。社会的发展与进步，离不开各式各样的物品与服务生产，而人们对这些的需求似乎永无止境。需求的这种无边界特性，体现在它总是处于不断演进之中—— 当一项渴求或需要得到满足，新的欲望便随之浮现。比如，当基本的生活物质需求得到满足，人们就会转而追求精神层面的富足；此外，那种“越多越好”的心理倾向，也在很大程度上影响着人们的日常消费抉择。这股持续膨胀的需求力量，成为推动人类经济活动不断前行的不竭动力。

（三）资源配置：经济学的基本问题

资源的有限性意味着在多种可能的用途间必须做出抉择。一种资源往往能投入多种产品的制造，但在资源紧俏的现实下，若某产品占用了更多资源，其他产品所能获得的资源自然会减少。因此，在资源稀缺与人们需求的双重压力下，选择显得尤为关键。这种抉择在生活中无处不在，比如个人或家庭在有限收入的约束下，我们得考虑是将这些收入用于消费、储蓄，还是两者兼顾，以及各自的比例如何分配；企业面对有限的投资资金，也需权衡是投入新产品的研发，还是开拓新市场，抑或其他用途。这些抉择，在经济学的语境中，被统称为资源配置。从更宏观的社会层面来看，资源配置主要涉及三大核心议题：决定生产何种商品及其产量，探索生产方式，以及明确产品将服务于哪些群体。这三大议题，构成了经济学研究的基本框架。

1. 生产什么和生产多少

这涉及在资源受限的情境下，个体或社会如何基于需求的紧迫性与重要性，来抉择生产哪些商品及服务，以及确定其生产规模。以土地资源为例，其有限性意味着必须做出选择：是将其用于粮食种植，以满足基本的食物需求，还是用于建设运动场，以满足人们休闲娱乐的需求？在资源稀缺这一不可回避的现实条件下，“生产何种商品及服务”以及“生产数量多少”成为资源配置的首要考量。而这一决策过程，很大程度上取决于各类需求的迫切程度，成为进行选择的重要依据。

2. 如何生产

这主要涉及的是决定采用哪种生产模式来开展生产活动，涵盖了利用哪些资源、采用何种技术、工艺及手段进行生产。举例来说，在生产技术层面，是应该倾向于劳动密集型、技术密集型，还是资金密集型的生产方式呢？因为不同的生产方式会对资源的利用效率产生显著影响。在确定生产什么以及生产多少之后，如何生产便成了我们下一个必须深入思考和抉择的关键问题。而在做出这一选择时，核心的依据便是生产效率的高低。

3. 为谁生产

这主要关乎的是，生产出来的各类产品及提供的劳务，在各类成员或不同的利益团体间应如何进行合理的分配。换言之，整个社会需遵循何种准则来进行分配，以及如何处理收入分配过程中公平与效率这两大核心问题。其本质，就是探讨收入与财富的分配机制。至于生产活动的最终目的——“为谁生产”这一问题，则是资源配置流程中的最终步骤。在这一环节中所选取的标准，乃是力求公平与效率两者之间的平衡与兼顾。

资源的有限性催生了资源配置的需求，进而奠定了经济学的基石。正是这三大根本的经济议题，勾勒出了资源配置的核心框架。而当探讨资源的有效分配时，机会成本与生产可能性的边界便成了不可或缺的分析工具，它们指明了优化资源配置的具体路径。

二、经济学的研究内容

经济学这一学科，其核心关注点在于资源的有效配置与合理利用。具体而言，资源的配置问题，即如何在不同的生产者和消费者之间分配有限的资源，构成了微观经济学研究的主体内容。而资源的利用问题，也即如何确保这些资源在整体经济层面得到最优化的运用，则主要是宏观经济学所探讨的范畴。

（一）微观经济学

1. 微观经济学的概念

微观经济学将视角聚焦于个体经济单位，深入剖析这些单位的经济行为，并探究与之紧密相关的经济变量具体数值的确定过程。它旨在阐述，在纷繁复杂的市场环境中，价格机制是如何发挥关键作用，以实现社会资源的高效、合理配置。这一理论不仅关注单个经济体的运作细节，更通过细致入微的分析，揭示了市场这只“无形之手”在引导资源流向、促进经济均衡发展方面的深刻机理。

2. 微观经济学的基本特点

理解微观经济学的概念必须把握以下四个基本特点。

（1）微观经济学的研究对象是单个经济单位的经济行为

在经济活动中，最基本的构成单元被视作单个经济单位，它们具体表现为居民户与厂商两大类别。居民户，通常也被称作家庭，在经济活动的舞台上扮演着消费者的角色。而厂商，其另一称谓是企业，则在经济活动中以生产者或经营者的身份出现。微观经济学的深入探究，便是围绕这些居民户与厂商的经济行为展开的。它关注着作为消费者的单个居民户，在收入有限的情况下，我们是如何将这份收入巧妙地分配到各类商品的消费上，以期达到满足程度的最大化，也就是常说的效用最大化。同时，它也探讨着作为生产者或经营者的单个厂商，面对资源的稀缺性，我们又是如何将这些资源有效地投入各种商品的生产或经营之中，从而追求利润的最大化。

（2）微观经济学解决的问题是资源配置

微观经济学着眼于探讨个体经济单位如何追求自身利益的最大化，并以此为出发点，探寻稀缺资源如何达到最优配置。试想，当每一个经济单位都能成功实现其利益的最大化时，那么，在这样一种理想状态下，整个社会的资源配置也就自然而然地趋向最优状态了。

（3）微观经济学的中心理论是价格理论

在市场经济的广阔舞台上，商品生产者与消费者的每一个举动，无不被价格的波动所牵引。生产何种商品、产量几何、生产方式如何，乃至最终为谁而生产，这一系列决策的核心驱动力皆是价格。价格，这一无形之手，以其独有的魔力，调控着社会经济的庞大脉络，推动着资源向最优配置的方向流动。正因如此，价格理论在微观经济学中占据了举足轻重的地位，成为其理论体系的核心。微观经济学的诸多探讨，皆是以此为中心，层层展开，深入剖析。也恰恰是这一核心地位的确立，使得微观经济学常被人们冠以“价格理论”之名，彰显其独特的学术魅力与实践价值。

（4）微观经济学的研究方法是个量分析

个量分析聚焦于单一经济实体及经济变量的具体数值，并探讨它们之间的相互关联。微观经济学将单个经济单位作为其核心考察对象，因此，采用个量分析手段显得尤为必要。它深入探究了单位商品的效用如何被确定、供给与需求如何达到平衡、价格机制如何运作，同时细致剖析了单个厂商在生产过程中的投入规模、产出水平、成本控制、收益获取以及利润最大化等关键问题。此外，微观经济学还着重分析了这些个量因素之间错综复杂的相互作用。举例来说，某一特定商品的市场价格、某一产品的生产数量都是经济变量中具体的单项数值。微观经济学致力于解析这类个量的形成机制、变动规律以及它们之间存在的内在联系。

（二）宏观经济学

1. 宏观经济学的概念

宏观经济学是一门专注于探讨宏观经济总量的学科，其核心在于剖析整个国民经济的运行状况。该学科将国家整体经济视为研究对象，深入探究各类经济总量的形成机制及其动态变化，旨在揭示如何实现资源的优化配置与充分利用。通过这一视角，宏观经济学提供了理解经济全局、把握经济脉搏的重要工具，从而助力政策制定者制定出更为科学、合理的经济政策。

2. 宏观经济学的基本特点

理解宏观经济学的概念必须把握以下四个基本特点。

（1）宏观经济学的研究对象是整体经济

宏观经济学致力于探讨国家经济层面的诸多议题及其核心总量，深入剖析国民收入的总体状况、就业市场的全盘表现、物价水平的波动趋势、经济周期的循环规律以及经济增长的动因与潜力。这一学科聚焦于经济体系的全局运作机制与内在法则，旨在从宏阔的视角出发，对各类经济现象进行综合性的解读与分析。

（2）宏观经济学解决的问题是资源利用

宏观经济学这一学科，其基石在于一个假设：资源已经实现了最优配置。然而，现实往往与理想存在差距，于是该领域便深入探究为何现有的丰富资源未能被充分利用，探寻实现其充分利用的有效路径，并且进一步剖析如何促进经济的持续增长。它不仅仅关注资源的现状，更着眼于如何通过调整和优化，让每一份资源都能在经济发展中发挥出最大的价值。

（3）宏观经济学的中心理论是国民收入决定理论

在宏观经济学的广阔框架中，国民收入被视作最为核心的总量指标。它如同经济运行的晴雨表，成为分析国家经济整体运行态势的基石。宏观经济学围绕国民收入的决定这一核心环节，深入剖析经济活动的内在机制，并探讨政府如何通过巧妙的经济政策调控，来引导国家经济稳健前行，确保资源总量得到最为高效、充分的利用。国民收入决定理论，在宏观经济学的理论体系中占据着举足轻重的地位。它不仅是宏观经济学的中枢，更是其他诸多理论得以展开和深化的起点。这些理论如同繁星，共同构成了宏观经济学的璀璨星空，而国民收入决定理论则是那最为耀眼的星，引领着整个学科的发展方向。宏观经济政策，则是国民收入决定理论在现实经济生活中的具体应用。政府根据这一理论，结合国家经济的实际情况，制定出一系列旨在促进经济增长、稳定物价、扩大就业等目标的政策措施。这些政策如同精准的导航仪，引导着国家经济在复杂多变的国际环境中稳步前行，实现资源的优化配置和充分利用。

（4）宏观经济学的研究方法是总量分析

总量指的是那些能够全面映射整体经济运行态势的关键经济变量。在探讨总量的范畴时，可以将其细分为两大类别。其中一类便是各个个体数量累加之后的结果，也即个量的总和。

（三）微观经济学与宏观经济学的联系

微观经济学与宏观经济学，作为经济学的两大核心分支，各自独具特色，在研究焦点、所应对的问题、核心理念及采用的分析手段上均展现出显著差异。然而，这两者之间又存在着不可分割的内在联系，这种联系具体体现在以下三个关键方面。

1. 微观经济学与宏观经济学互为前提，相互补充

经济学追求的终极目标，乃是促进社会经济福利的全面提升，达到一个理想的最大化状态。要实现这一目标，两大要素不可或缺：一是资源的最优配置，确保每一份资源都能被安排在最能发挥其价值的地方；二是资源的充分利用，避免任何闲置与浪费。微观经济学与宏观经济学，便是在这两大要素上各自深耕，又相互依存。微观经济学，它立足于一个假设——资源在当下已得到了充分的利用，不存在未被发掘的潜力。在这样的前提下，它深入剖析如何通过各种市场机制与策略，将有限的资源调配至最需之处，实现最优的配置效果。而宏观经济学，则是从另一个角度切入，它假设资源在配置上已经达到了最优状态，每一处资源都恰到好处地发挥着作用。此时，宏观经济学关注的是如何激发这些资源的最大潜能，确保它们能够被充分利用，为经济增长提供源源不断的动力。两者看似各司其职，实则紧密相连，互为补充。微观经济学为宏观经济学提供了资源配置的基础框架，而宏观经济学则为微观经济学的成果提供了广阔的舞台。它们从不同维度、不同层面共同构建起经济学的庞大体系，相互支撑，相互成就，共同推动着社会经济福利向最大化迈进。

2. 微观经济学是宏观经济学的基础

宏观经济实则是众多单一经济体的集合体现，其总量的探究根源在于对个体经济活动的汇总与解析。在宏观经济学的框架下，我们对经济整体运行态势及总量的深入理解，离不开对微观经济层面的细致剖析作为基石。举例来说，就业理论与通货膨胀理论，这两者作为宏观经济学领域的核心构成部分，其探讨内容自然而然地触及了劳动力市场的供需平衡、工资的确定机制，以及商品定价的复杂过程。我们所熟知的充分就业宏观经济模型，其构建便是立足于一个理想化的完全竞争市场环境，以此为基础的价格理论与工资理论为其提供了坚实的理论支撑。

3. 微观经济学与宏观经济学都是实证分析

微观经济学与宏观经济学均将社会经济体制视作既定的框架，不去深入探讨社会经济制度的变迁对经济活动产生的深远影响。换言之，两者均立足于市场经济体制这一既定前提，聚焦于该体制内部资源如何被有效配置与充分利用的课题。这种刻意回避体制变革，转而集中精力于具体经济现象剖析的路径，正是实证分析方法的典型体现。从这个角度出发，可以说微观经济学与宏观经济学本质上都属于实证分析的范畴。

第二章　经济增长与周期统计分析

第一节 经济增长统计分析

一、经济增长理论

（一）新增长理论

1. 突破新古典增长理论的局限

新增长理论对传统的新古典增长理论提出了挑战，摒弃了后者将技术进步与人口增长视为外生变量的固有观念。该理论着重强调，经济增长的真正驱动力源自经济体系内部的深层力量，特别是内生性的技术革新。这一创新性的视角为理解和阐释长期经济增长的动因开辟了全新的框架和思路，为深入探索经济增长的奥秘提供了有力的理论支撑。

2. 强调知识和技术的内生性

新增长理论提出了一种颠覆性的见解，即将知识和技术看作是经济增长过程中不可或缺的内生要素，而非仅仅是偶然发生的外生事件。这一理论打破了传统经济学对生产要素的固有认识，强调知识和技术并非静态不变，而是能够通过持续的投资、不懈的学习来逐步积累和提升。正因如此，知识和技术被赋予了新的角色，成为驱动经济增长的关键力量。

3. 揭示经济增长的持续性和永久性源泉

新增长理论指出，知识与技术的不断累积能够带来收益的递增效应，这种效应会进一步促使其他生产要素的收益同步提升，进而推动经济规模实现收益的持续增长。这一独到见解深刻揭示了经济增长背后的持久且恒定的动力源泉，为洞察不同国家和地区间经济增长差异提供了新的视角和合理解释。

4. 为政策制定提供新的指导思路

新增长理论着重阐述了政府在驱动经济增长方面的关键作用，提出政府能够采取诸如研发补助、教育投资激励以及基础设施的建设等一系列举措，以激发技术创新并促进人力资本的累积。这一理论为政策决策者开辟了新的思考路径，有助于他们构思出更为合理且高效的经济政策框架。它不仅丰富了政策制定的理论基础，还为实际操作提供了更为精细化的指导，使得经济政策能够更加贴近实际，更好地服务于经济增长的目标。

5. 推动经济学研究的深入发展

新增长理论的涌现，犹如一股清泉，为经济学界对经济增长这一核心议题的探讨注入了新的活力，极大地促进了经济学理论的革新与演进。这一理论不仅深化了对经济增长内在机制的理解，而且为其他相关学科的研究开辟了全新的视野，并提供了富有启发性的方法论支撑。

（二）共协理论

1. 提出了经济增长的共协理论框架及建模方法

在探讨经济增长的奥秘时，我们不妨从科技、人力资本与投资三者协同作用的独特视角出发，尝试对经济增长这一复杂现象进行更为深入的剖析。为此，我们将国内生产总值这一宏观经济指标细致拆解为劳动报酬、资本收益以及由前三者协同创造出的额外利益，从而构建起一个崭新的经济增长分析框架与相应的建模技术。在这一创新性的经济增长模型中，我们着重考虑了科技进步如何与人力资本及投资活动相互作用，共同推动经济向前发展。通过严谨的数学推导，从模型中提炼内生经济增长得以实现的一系列充分条件。这些条件不仅揭示了经济增长的内生动力源泉，还为理解经济持续增长背后的逻辑提供了有力支撑。我们还分析了在该模型下经济达到均衡状态时所展现出的基本特征。这些特征涵盖了劳动力市场、资本市场以及技术创新等，共同描绘了一幅经济均衡发展的生动图景。这样的分析，不仅能够更加直观地把握经济增长的内在规律，还能为政策制定者提供有价值的参考依据，助力他们制定出更加科学合理的经济政策，以促进经济的持续健康发展。

2. 在模型中包含了决定经济增长的各个直接因素

新的经济增长范式与数据包络分析手段，成功地攻克了评估劳动力、人力资本、固定资本（涵盖固定资本存量及固定资产投资）、科技进步、制度架构对经济增长贡献比例的难题，并且还能够量化经济环境外部效应对增长的影响。相比之下，传统的增长理论往往局限于关注某一或少数几个直接驱动因素。

3. 评估生产要素资源的分配成效，并据此构建制度创新对经济增长贡献度的量化模型

依据新制度经济学的核心观点，即制度创新在经济增长中发挥着最为根本且核心的作用——提升生产要素资源的配置效率，探索性地运用了数据包络分析方法来量化制度创新对经济增长的具体贡献率。这一尝试在国际研究领域内标志着一项重要的创新与突破，因为迄今为止，全球范围内尚未形成一套行之有效的方法来精确测算制度

创新的实际效应。

多个国度经济增长框架的搭建与动态随机总体均衡（DSGE）剖析在探索全球经济版图的多样性时不可避免地要深入各个国家经济增长模型的构建之中。这一构建过程，既是对各国经济发展轨迹的深刻洞察，也是对未来增长潜力的科学预判。每个国家都有其独特的经济环境、政策导向和市场机制，因此，在构建经济增长模型时，必须充分考虑这些个性化因素，以确保模型的准确性和实用性。动态随机总体均衡模型作为现代宏观经济学的重要工具，提供了一个全面且严谨的分析框架。它不仅能够捕捉经济体系中的随机波动，还能在总体均衡的约束下，揭示这些波动对经济增长、就业、物价等关键经济变量的影响。通过DSGE模型，可以更加深入地理解各国经济政策的传导机制，评估政策调整对经济体系的冲击，从而为政策制定者提供有力的决策支持。在搭建国家经济增长模型的过程中，我们首先需要明确模型的目标和假设条件。这些目标和条件应紧密围绕国家的经济发展实际，反映其经济结构、增长动力和政策环境。随后，利用DSGE模型对这些目标和条件进行形式化表述，通过数学推导和数值模拟，揭示出经济增长的内在逻辑和长期趋势。值得注意的是，DSGE模型并非一成不变。随着全球经济环境的变化和各国经济政策的调整，我们需要不断对模型进行修正和完善。这既是对模型科学性的坚持，也是对经济发展复杂性的尊重。通过持续的模型优化，我们能够更加准确地把握各国经济增长的脉搏，为全球经济治理贡献智慧和力量。

在共协理论的指导下，中国、美国、英国、韩国、法国、德国、加拿大、日本、澳大利亚、新加坡、新西兰、意大利、爱尔兰、瑞典及芬兰等，跨越数十年的经济数据，构建了详尽的经济增长实证模型。我们通过对这些国家经济增长的各种驱动因素进行深入剖析，得出的定量分析结果与这些国家的实际经济增长情况高度吻合。这一发现有力地佐证了本书所提出的共协理论及其分析方法的准确性和有效性。

二、经济增长均衡分析

（一）经济增长均衡概念

经济增长的均衡状态，往往被视作国民经济能够持续保持的一种长期平稳与协调发展的态势。它涵盖了多个维度的均衡，比如总供给与总需求之间的精准对接，投资增长与劳动力增长之间的和谐配比，以及劳动生产率提升与技术进步之间的同步演进。追求经济增长的均衡，其核心要义在于实现实际经济增长率、有支撑力的经济增长率以及自然增长率三者之间的有机统一。

（二）经济增长均衡目标的测算

经济增长均衡分析的核心议题，在于探究实现均衡状态所需满足的各项条件。其基础理论构建于这样一个假设之上：社会上产出的各类产品，不仅能够直接用于满足民众的个人消费需求，同样也能作为重要的生产要素，被重新投入生产过程之中，这一过程称为投资。在此框架下，我们认定存在两种基础的生产要素，它们分别是劳动与资本。而经济增长所追求的均衡目标，正是要巧妙地寻找到一种状态，这两种要素的配置与利用达到最优，从而实现经济的持续、稳定增长。

实际经济增长率 = 有保证的经济增长率 = 自然经济增长率

经济要实现稳健增长，其关键在于确保总供给与总需求之间达到一种微妙的平衡状态。具体而言，这意味着消费需求必须与生产出来的消费品供给量相匹配，而投资需求则需与储蓄水平相契合。在这个过程中，一个至关重要的环节是储蓄能够顺畅且高效地转化为投资。换言之，储蓄率与投资率之间的等号，成为衡量经济增长是否均衡的首要标尺。只有当这两者紧密相连，相互协调，经济的车轮才能稳健前行，避免失衡与波动。

（三）经济增长的均衡分析

实际经济增长率与“保证增长率”之间存在的差异，很大程度上可以归因于投资规模的失控以及投资无法有效转化为供给的问题。为了缩小这一差距，关键在于多管齐下：既要严格把控投资规模，又要对投资结构进行细致调整；既要着力提升投资的使用效率，又要注重增强投资的技术密集度。这些措施共同构成了促进经济增长均衡的重要路径。而要从根本上解决这一问题，则还需进一步完善市场机制，让其在资源配置中发挥决定性作用，从而为经济增长的均衡与可持续奠定坚实基础。

三、经济增长因素统计分析

（一）经济增长因素分析的缘起

1. 现代经济增长理论的发展

在经济增长理论的广阔天地里，早期学者们的探索主要聚焦于单一要素投入与经济增长之间的相互作用。提及现代经济增长理论的开端，不得不提的就是哈罗德-多马模型。这一模型推导出一个核心结论：一个国家的经济增长率，乃是储蓄率与资本产出率之商。然而，这一结论所依赖的储蓄率和资本产出比率，均被视为经济体系之外的外生变量，且其增长均衡的达成，还须以长期维持充分就业为前提，这显然与实际情况存在显著差距。再者，从经济生产的深层机制来审视，经济产出绝非单一生产要素的独立成果，而是多种生产要素协同作用、共同发力的结晶。因此，过往所强调的单要素生产率，实质上反映的是多种投入要素组合后的综合效应。

2. 经济增长因素分析的发展脉络

在探讨现代经济增长的深层动因时，我们不仅要审视资本与劳动力这两大基本要素的投入情况，还需深入剖析这些要素如何高效协同作用于生产过程之中。依据分析中所涵盖的投入要素数量，经济增长效率的评估可细分为单一要素生产率的分析与多重要素生产率的考量。值得注意的是，1947年，经济学界的重要人物乔治•斯蒂格勒开创性地整合了多重要素生产率的概念，提出了“全要素生产率”这一术语，这一理论框架随后成为美国国家经济研究局一项核心研究议题的基石。

1957年，索洛在深入研究C-D生产函数的基础上，提出了一种全新的全要素生产率测算方式。他巧妙地将技术进步因素融入生产函数之中，通过细致的分析，将资本增长与劳动增长对经济增长的直接贡献逐一剥离，进而将剩余的部分归因于技术进步的推动。索洛大胆断言，美国经济的持续增长几乎全部得益于这种生产率的残差增长，这一观点后来被广泛称为“索洛余值”。这一理论不仅为人们揭示了生产率增长的深层动因，更为后续的经济研究开辟了新的路径。“索洛余值”的分析框架，作为新古典增长理论的一项重要成果，率先引领了经济增长源泉分析的潮流。

（二）索洛增长核算模型

1. 索洛增长核算模型的参数确定

索洛增长核算模型为生产率的评估奠定了坚实且富有成效的基础。在实践运用中，我们得以利用这一模型，从时间维度深入探究生产率的增长轨迹，不仅量化其增长幅度，还进一步剖析其对整体经济增长所起到的推动作用。而当考察对象间的基本条件趋于一致时，我们同样能够借助该模型，从横向层面出发，对不同企业、部门乃至地区的生产率增长情况进行细致测算，并在此基础上开展对比分析，从而揭示出它们之间的差异与共性。

我们在实际运用索洛增长核算模型进行测算时，往往会遇到一个难题，那就是如何准确确定资本产出弹性系数α与劳动产出弹性系数β。为解决这一难题，研究者们通常会采纳以下三种主要方法。

（1）回归法

首先，我们将给定的约束条件α加β等于1代入生产函数模型方程中，以此简化方程的形式。其次，我们利用收集到的数据，通过最小二乘法等统计方法，对简化后的方程进行参数估计，从而求得弹性系数α或β的具体数值。

（2）收入法GDP测算法

在完全竞争市场的理论框架下，α与β两个参数分别代表着资本要素收入和劳动要素收入在国民收入分配中的比重。基于这一前提，完全能够通过收入法的途径来对GDP进行精确估算。

（3）经验比值法

在参考各国要素收入份额的卡尔多经验事实的基础上，采用经验比值法来进行测定。例如，美国学者经过深入研究后发现，在1850—1952年，美国的劳动收入份额始终保持在大约65%的水平，据此，他们合理地将β值设定为2/3。同样，也有其他学者遵循相似的思路，将α或β值设定为0.5和0.5，或者0.4和0.6等不同的组合。然而，值得注意的是，自20世纪70年代以来，欧美多数国家的劳动收入份额呈现出不断下降的趋势，而我国自20世纪90年代以来也同样面临劳动收入份额下滑的问题。这一变化使得原本基于稳定劳动收入份额的经验比值法失去了其适用的前提条件。

2. 索洛增长核算模型的局限性

采用索洛增长核算模型测算的全要素生产率存在着如下局限性。

起初，利用索洛增长核算模型来评估全要素生产率的结果，其准确性尚有提升空间。该模型所计算出的索洛余值，本质上是总产出增长率与各要素投入增长加权总和之间的差值。值得注意的是，这里的“余值”是一个综合性的概念，它不仅涵盖了狭义上的技术进步，还囊括了诸如资源配置优化、规模经济效益、劳动力素质提升等多重因素的作用。甚至，模型构建本身的局限性也可能导致技术进步的贡献被过高估计。因此，索洛增长核算只能提供一种粗略的估算，其所得到的索洛余值，实际上是未能充分考虑到的各种因素共同作用下的一个较低估计值。

接下来，我们对技术进步的外生性、非体现性以及希克斯中性这几个假定提出质疑。Felipe曾对此类假定提出了深刻的批判。他指出，所谓技术进步的外部性，其实质是假定技术进步如同一种外部力量，被简单地叠加在经济系统之上，随着时间的推移而自然增长，且这种增长的动力源自经济系统之外的因素。进一步来说，非体现型的技术进步被视为一种特殊形式的外部性技术进步。这种进步无须新的投入，生产函数的形式在时间的推移中保持恒定，不会因时间的变迁而发生改变。至于希克斯中性，它则意味着在经济增长的路径上，技术的替代率与时间因素无关。换言之，在给定的要素价格比率下，技术进步不会影响资本投入与劳动力投入之间的相对比例。然而，这些假设条件在现实中却难以站得住脚。在实际经济活动中几乎找不到一个国家能够完全满足这些假定。技术进步并非如假定中那般是公共物品，知识的获取往往伴随着成本，且并非瞬间即可完成。此外，技术进步也并非完全不依赖劳动投入和投资，而是与这些因素紧密相连，共同推动着经济的发展。

（三）丹尼森的因素分析

爱德华·富尔顿·丹尼森是众多对全要素生产率研究有着杰出贡献的经济学家之一。丹尼森对20世纪70年代美国经济低迷增长原因的深入剖析和相关争鸣文章，均在全要素生产率研究领域留下了不可磨灭的印记，做出了极为突出的贡献。

丹尼森对于生产率的测算，同样在宏观的总量层面展开。在方法论上，他继承了索洛的衣钵，采用了通过计算总产出的增长率与各投入要素增长率的加权总和之间差值的方式，来揭示全要素生产率的增长速率。然而，与索洛的做法相比，丹尼森在投入要素的分类上展现出了更为细腻的分解与处理。他不仅沿用了索洛的基本框架，还在此基础上进行了深化和细化，投入要素的划分更为详尽且具有深度。

丹尼森对索洛余值的计算方法进行了深化拓展，他更为精细地剖析了投入要素的构成。在资本投入的层面，他将其细致划分为四大类：住宅建筑与住宅用地、非住宅建筑与设备、非住宅用地，以及存货。而在劳动投入的考量上，丹尼森则纳入了诸多新的维度，如就业者的实际工作时长、教育程度、就业状态，乃至性别与年龄结构等，力求全面反映劳动力市场的复杂状况。最终，他巧妙地运用权重合成技术，构建了一个综合性的总投入指数，以更准确地衡量经济活动的整体投入情况。

丹尼森的一项显著成就，在于他创造性地构建了一种对“索洛余值”进行细致拆解的方法论。在他的解析框架下，“索洛余值”这一复杂概念被精心剖析为几个核心组成部分：其一是规模经济所带来的效率提升，其二是资源配置方式的优化与组织管理层面的改良，其三则是知识层面的不断进步，其四是包括资本与劳动力本身质量的实质性提高。

丹尼森与肯德里克在因素分解上的核心分歧，主要体现在他们如何处理投入要素及其全要素生产率的分解问题上。具体而言，肯德里克采取了一种较为简洁的划分方式，他仅将投入要素的数量维度视作要素投入的一部分，而对于那些涉及投入要素质量变动的部分，则选择将其笼统地归入全要素生产率的“未知领域”，即“黑箱”之中。这样的处理方式虽然简化了分析框架，但也可能忽略了质量变化对生产率的潜在影响。相比之下，丹尼森则采取了一种更为细腻且全面的分解策略。他不仅关注了投入要素的数量变化，还明确将要素投入进一步细分为数量与质量两个层面。在这种分解体系下，质量变化不再被笼统地忽视或归入“黑箱”，而是被赋予了与数量变化同等重要的地位。至于全要素生产率，丹尼森则将其定义为那些与投入要素（无论是数量还是质量）均不直接相关的其他所有影响因素的集合。以“劳动者素质的变化”为例，这一因素在肯德里克的分析框架中，其难以直接量化并与要素投入的数量分离，因此往往被归入全要素生产率的范畴内。然而，在丹尼森的分解模型中，劳动者素质的变化被视为要素投入质量提升的一种具体体现，因此被明确归入要素投入的范畴之中。这样的处理不仅更加符合经济活动的实际状况，也有助于更准确地理解和评估不同要素对生产率增长的贡献。

（四）乔根森的相关研究

戴尔·乔根森及其团队对美国经济增长的相关研究显示，全要素生产率的增长对该国经济扩张的贡献率达到了23.6%，这一数值虽位列资本与劳动之后，却无疑彰显了其在驱动经济增长中的重要作用。乔根森的工作不仅极大地推动了生产率理论与测算方法的进步，更将其提升至一个全新的高度。在生产率测算这一复杂而精细的研究领域中，乔根森的贡献尤为突出，主要体现在两大方面。首先，他创新性地采用了超越对数生产函数的形式，这一方法不仅更为灵活，而且能够更准确地捕捉生产要素间的复杂关系。通过这一方法，乔根森不仅在部门层面进行了详尽的全要素生产率测算，还从宏观经济总量角度进行了全面分析，从而提供了更为全面、深入的生产率视角。其次，乔根森在处理总量产出、资本投入与劳动投入这些核心变量时，展现出了非凡的细致与严谨。相较于之前的丹尼森方法，他进行了更为详尽的分解与剖析，确保每一项数据的测量都尽可能精确无误。这种对"产出和投入数量"的精确把控，不仅提升了生产率测算的准确性，也为后续的经济研究奠定了更为坚实的基础。

乔根森及其团队在生产函数的选择上，采纳了一种更为复杂的形式，即超越对数生产函数。他们创造性地提出了"共轭对偶结合超越对数生产函数"这一独特的计量手段，旨在更为精准地测量生产率。值得注意的是，他们构建这一方法的基础，依然是那个在经济学领域广受认可的索洛总量生产函数$Y = F（K，L，A）$。这个函数不仅是他们分析的核心，而且其本身就蕴含着规模报酬不变的重要特性，为后续的计量工作奠定了坚实的基础。

接着，乔根森等人对资本和劳动的投入增长进行了深入剖析，将其细分为数量的增加与质量的提升两个方面，并且在探讨质量增长的因素时，展现出了更为细腻的分析手法。他对产量与投入要素之间的内在联系做了详尽的阐述。他巧妙地根据行业、性别、年龄、受教育程度、个人背景及职业这六个维度，对劳动力进行了交叉分类，设想通过这样的分类能够得到若干个效率各异的劳动力群体，即$L = L（L_1，L_2，\cdots，L_{j-1}，L_j）$。随后，通过对劳动力投入函数进行精妙的处理，他成功地将劳动力的变化率拆解为数量上的增减与内部结构调整而导致的质量变迁。换言之，当高效率的劳动力群体在整体投入中所占的比重或份额有所上升时，这就意味着劳动力投入的增长是工作时间延长与劳动力素质提升两者共同作用的结果。

最终，乔根森及其同事主张，在考量资本与劳动的投入时，应将对技术创新的投入也纳入其中。他们持有一个观点，即倘若投入中用于支出的部分，其社会收益率与私人收益率相吻合，那么创新所带来的效应理应能够被精确计算，此时，"余值"中便不再包含创新的成分；反之，如果社会收益率与私人收益率之间存在差异，那么"余值"中所体现的创新部分，实则就是外部效应的一种反映。

四、经济增长质量统计分析

经济增长这一概念，不仅涵盖了量的层面，还蕴含着对质的要求，它是数量与质量两者相辅相成、不可分割的统一体。当谈及数量型经济增长时，其关注的焦点自然而然地落在了经济增长的速率、规模扩张、驱动力以及增长的源泉之上。这种增长模式，往往通过一系列量化指标来衡量经济发展的成就，如国内生产总值的增速、产业规模的扩大等，从而提供了直观且具体的经济发展画卷。

（一）经济增长质量内涵的界定

1. 经济增长质量的狭义内涵

经济增长质量在狭义上的内涵，主要聚焦于资源要素的投入比例、经济成效的展现，或是经济攀升的效率，它实质上是对经济活动过程中要素投入与最终产出成果之间对比关系的深刻反映，同时也彰显了经济增长模式的转型与升级。当审视某一时段内的整体经济活动，或是某一特定的经济行为时，若能在既定的投入条件下实现产出的最大化，或者在预设的产出目标下实现投入的最小化，这便意味着经济增长的效率得到了提升，相应地，经济增长的质量也迈上了新的台阶。这种界定方式，无疑是从投入与产出的效率维度出发，为深入剖析经济增长质量的内涵提供了有力的视角。

从产出的维度来考量，经济增长的质量实则体现了在相同投入水平下所实现的产出变动情况。当相同的投入能够带来更为丰富的产出时，我们便可以认为经济增长的质量得到了提升；反之，若产出减少，则经济增长质量相应下降。进一步来说，如果产出的变动由生产要素的质量变化或是要素资源配置的优化所驱动，那么经济增长的质量便通过全要素生产率的变动来体现。而若仅从单一生产要素的投入产出角度来评判，经济增长的质量就具体表现为劳动生产率或资本生产率的增减变动。

从投入的视角来审视，经济增长的质量实则体现在各类资源在单位产出中的消耗变动上。具体而言，针对劳动力、物质资本以及能源这几大关键要素的投入，可以将经济增长质量理解为：单位产出中劳动力消耗的变动情况、资金使用的变化状况，以及能源消耗的调整趋势。若单位产出所耗费的各类资源呈现减少的态势，那么这无疑昭示着经济增长的质量在稳步提升；相反，如果资源消耗居高不下，则经济增长的质量便显得不尽如人意，呈现出下滑的趋势。

2. 经济增长质量的广义内涵

（1）基本概念界定

经济增长质量这一概念，在广义层面，无疑是一种深具规范性的价值评判，其内涵极为丰富且多元。学术研究者们各自视角的独特性，他们对广义经济增长质量的基本界定往往各不相同，这些不同的界定自然也赋予了经济增长质量各异的内涵解读。总体来看，广义的经济增长质量，其系统范畴已从狭隘的经济领域扩展至更为广阔的自然生态系统以及复杂的社会系统。在这一扩展过程中，其内涵也远远超越了单纯的经济增长效率，囊括了更多更为宽泛的要素。因此，我们或许可以从经济、自然生态以及社会这三个紧密相连又各自独立的系统维度，来更为全面且深入地阐释经济增长质量这一重要概念。

在经济体系的宏大框架下，经济增长的质量是一个多维度的概念，它不仅涵盖了经济增长效率的提升这一核心要素，还涉及经济效益的显著增强、经济结构的合理优化以及经济运行的高度稳定性等诸多层面。换言之，一个健康的经济体系不仅要追求国民财富的持续累积，更要确保经济效益的稳步提升、经济结构的均衡合理以及经济运行的平稳有序，从而维系经济系统的良性运作，推动经济行为活动趋向最优配置，并确保经济发展的可持续性得以充分实现。

在自然生态系统的视角下，经济增长的质量意味着，在追求经济迅猛发展的同时，我们必须确保自然生态系统维持其稳定性，自然环境保持其优良状态，自然资源得到合理且可持续的开发与利用。

在社会系统的宏大框架下，经济增长质量的最终评判标准应当聚焦于人类的生存与全面进步。这一核心理念涵盖了多个维度：社会的和谐稳定、民众福利的切实提升、国民整体素质与社会文明程度的飞跃，以及社会制度体系的日臻完善。这些方面的综合考量，旨在构建一个既能维持高效运转，又能促进个体自由与全面发展的社会环境。这样的发展路径，不仅确保了社会的持续进步，还深刻体现了以人为本的发展理念。

（2）相关概念的界定

1）经济稳定

经济稳定这一概念，指的是在经济发展的长河中，我们能够维持经济增长率的稳健、物价水平的平稳、就业市场的稳定，以及确保国际收支达到一种均衡状态，这恰恰也是宏观经济政策调控所追求的四大核心目标。当谈论经济增长的稳定性时，我们其实是在关注其增长过程中的波动情况，以及实际增长与潜在产出之间的差距大小。如果一个经济体的稳定性较强，那就意味着它能够在较长一段时间内保持一种持续增长且较为平稳的态势，经济增长率会在潜在经济增长率的周边小范围内波动。这种稳定性，实际上也是衡量经济增长质量高低的一个重要标志。

2）经济安全

在经济全球化的浪潮中，经济安全成为衡量一个国家能否稳健前行的关键指标。它关乎国家经济存续与发展的资源能否得到有效供给，经济体系能否独立且稳定地运转，以及整体经济福利能否免受恶意侵扰和不可抗力的破坏。简而言之，经济安全意味着一个国家的国民经济发展和经济实力稳固无虞，未受到根本性的威胁。经济安全这一概念，其内涵丰富，主要涵盖两大层面。首要的是国内经济安全，它强调的是国家经济内部环境的稳定、均衡与可持续发展。当国内经济处于这样一种良性状态时，国家的经济基础将更为牢固，抵御风险的能力也随之增强。另一层面则是国际经济安全，它关注的是国家经济发展所依赖的外部资源和市场的稳定性与持续性。在全球化背景下，国家与国家之间的经济联系日益紧密，国外资源和市场的波动往往会对国内经济产生深远影响。因此，确保国际经济安全，对维护国家经济的整体稳定具有举足轻重的意义。

3）结构优化

经济结构优化，简而言之就是调整并改善经济体系的内部构成，它涉及国民经济这一庞大体系的多个层面与诸多要素，是一个错综复杂的多维复合体。这一结构涵盖了需求、产业、区域、城乡以及贸易等多个维度，它们相互交织，共同塑造了经济的整体面貌。从全球各国经济发展的历程中，我们可以清晰地看到，随着经济增长阶段的演进，各国的经济结构亦随之发生变迁。经济总量并非孤立存在，它总是依托于特定的结构框架之内，而经济总量的每一次变动，往往都伴随着经济结构的深刻调整。进一步而言，经济增长的质量并不仅仅体现在数量的扩张上，更蕴含着对经济结构不断优化升级的迫切需求。经济结构优化不仅是经济增长质量提升的重要标志，更是推动经济持续健康发展的内在动力。因此，在经济发展的征途中，我们不仅要关注经济总量的增长，更要注重经济结构的优化与升级，以实现更加稳健、可持续的经济增长。

4）产业升级

产业升级，本质上是产业素质与运作效率的全面提升。这一过程具体体现在生产要素的更为优化的配置、技术与管理水平的显著增强，以及产品品质的飞跃式提升上。纵观人类经济发展的长河，每一次科技革命的浪潮都会成为推动传统产业转型升级的强大动力，而新技术的涌现，则是这一转型过程中的核心要素和关键驱动力。传统产业，往往以劳动密集型和资源密集型为主导，这种粗放式的发展模式不仅容易导致资源的过度消耗，还可能引发环境污染等一系列问题，从而严重制约经济增长的质量和可持续性。然而，通过技术进步的助力，传统产业完全有望实现华丽转身。新技术的融入，不仅能为传统产业的发展注入新的活力，开辟新的路径，更能成为推动整个经济社会持续前行的强大引擎。如今，那些依赖传统粗放式经营的企业正面临日益严峻的挑战，发展步履维艰。相比之下，那些依托资本、技术和知识密集型发展模式的高新技术企业，则展现出了蓬勃的生命力和强劲的竞争力。这一现象无疑是对产业升级重要性的最好诠释。

5）质量效益

经济效益堪称经济工作的核心要点，同样也是衡量经济增长质量多重内涵的关键所在。究其根本，经济增长的成败实质上就是经济效益的成败，经济增长的质量优劣直接反映在经济效益水平的高低之上。在既定的生产要素投入，比如土地、劳动力、技术等方面，如果生产出的产品质量上乘，且数量颇丰，那么经济效益自然更为可观，经济增长的质量也更为出色。经济质量效益的优劣，实则是对经济资源各要素及其综合生产效率的一种直观体现。

6）创新驱动

创新驱动，简而言之，就是企业从员工的创造力、专业技能及天赋中汲取成长的力量，并通过知识产权的开发来开拓潜在的财富源泉与就业机会。换言之，经济的蓬勃发展主要依赖科技创新所带来的显著效益，以此推动集约型的经济增长模式，利用技术的革新来提升生产要素的实际产出。创新驱动的核心理念，在于依托自主研发，全力发挥科学技术对社会经济的坚实支撑与前瞻引领作用，从而显著增强科技进步对经济发展的贡献度，确保经济社会的全面、协调、可持续发展，以及国家综合实力的稳步提升。无论是站在国家发展的宏观角度，还是聚焦于科技组织的微观层面去坚定不移地推行创新驱动发展战略，都具有不可估量的深远意义。

7）资源环境

经济与自然生态系统之间存在着千丝万缕的联系，经济增长实则是一个将经济要素、自然资源及生态环境巧妙融合的过程。它涵盖了自然资源的深入开发、生态环境的必要消耗，以及物质生产后废弃物的排放等多个环节。回溯至工业革命时期，人类确实创造了前所未有的物质繁荣，但这份成就的背后，却伴随着巨大的环境牺牲。生态的严重受损、环境的持续污染，已对人类的生存与安全构成了极为严峻的挑战，其程度之深，令人震惊。因此，着手解决环境问题，已成为全球范围内亟须应对、不容拖延的首要任务。

8）民生改善

经济增长的硕果，终究需惠及民众，人民福利的提升成为追寻经济增长的终极靶心，这也是衡量经济增长质量高低的关键所在。随着经济的增长，其带来的正面效应会渗透至居民生活的方方面面，其不仅体现在收入水平的提升上，更展现在衣食住行等日常条件的显著改善中。此外，经济增长还助力居民健康状况的优化，为他们提供了更为坚实的健康基石。同时，教育资源的丰富与普及，也让居民的文化素养与个人能力得到了质的飞跃。唯有当全体居民的福利水平均得到切实提升，追求经济增长的初衷才算真正得以实现，其深远意义也才能得以彰显。

（二）经济增长质量的测度

在探讨经济增长质量的多样内涵时对其测度方法进行了细分，主要分为狭义与广义两个维度。从狭义的角度看，经济增长质量的衡量标尺落在了全要素生产率上，这一指标精炼而直接地反映了增长的核心效能。而转向广义的视角，经济增长质量的评估则构建了一个更为全面、多元的综合评价指标体系，它囊括了多个层面和维度，旨在更全方位地刻画经济增长的实质与内涵。

1. 全要素生产率

全要素生产率，简而言之，就是产出与所有生产要素投入之间的比例关系。它深入探讨了除资本与劳动这两大基本要素外，广义上的技术进步如何推动经济增长。这种进步不仅体现在劳动效率和资金利用率的提升上，还涵盖了规模经济效应的显现、资源的优化配置以及管理效能的飞跃等多个维度。可以说，全要素生产率是生产要素使用效率全方位、多层次的综合反映。

2. 综合评价指标体系

经济增长质量这一概念，从广义上看，其无疑是一种深具规范性的价值评判，其内涵丰富多样，涵盖了诸多层面。在实际操作中，往往采用规范分析与实证分析双管齐下的方式，来全面评估经济增长的质量。鉴于其涉及范围的广泛性，多数研究倾向构建一个综合性的评价指标体系，这一体系囊括了经济、社会以及自然生态系统等多个维度，通过多层次、多角度的指标来深入剖析经济增长质量的优劣。这样的方法不仅更为全面，也更能准确反映经济增长的真实状况。

（1）基本指标体系构建

在构建基本指标体系时，我们全面考量了经济稳定、经济安全、结构优化、产业升级、质量效益、创新驱动、资源环境以及民生改善这八大关键领域。为确保指标的实用性和准确性，我们细致评估了数据的可获取性和其质量水平。在此基础上精心挑选了多项核心综合指标，它们分别是GDP的增长速率、债务余额在财政总收入中的占比、服务业增加值占GDP的比重、居民消费的比率、城镇化进程的速率、研发经费与GDP的比值、每万名就业人员中全职研发人员的当量数、单位GDP能源消耗下降的比例、主要污染物的排放总量减少率，以及居民人均可支配收入与人均GDP之间的比例等。这些指标共同构成了一个全面且深入的评估体系。

（2）基础指标合成

在探讨经济增长质量指数的基础指标合成方法时，我们会发现，现有的文献资料中主要涵盖了几种较为常见的方法。其中，相对指数法作为一种直观且易于理解的方式，被广泛采用；而熵值法则通过衡量信息的混乱程度来赋予指标权重，显得更为科学；此外，主成分分析法凭借其能够有效提取数据主要特征的优势，也在这一领域占据了重要地位。这些方法各有千秋，共同构成了经济增长质量指数合成方法的丰富体系。

1）相对指数法

相对指数法是一种评估手段，其精髓在于将多样化的指标转化为具有可比性的指数形态，随后通过直接加总或加权汇总的方式来进行综合评判。然而，在实际应用中，不难发现，各项指标对经济增长质量的影响深度和广度存在着显著差异。若简单地采用等权重处理，或是仅凭主观意愿进行赋权，无疑会引入较大的随意性和不确定性。权重的分配，实质上是研究者基于对各指标重要性程度的深刻理解和认知，所进行的一种量化赋值。这一过程高度依赖研究者的个人经验、专业知识以及主观判断，因此，主观因素的影响显得尤为突出。换句话说，权重的确定并非完全客观、固定不变，而是带有一定的主观色彩和灵活性，这也在一定程度上影响了评估结果的准确性和可靠性。

2）熵值法

熵值法，作为一种客观赋权的手段，借助信息熵这一工具，依据各项指标数值的波动情况来分配各分类指标的权重大小。通常而言，当某个指标的信息熵E处于较低水平时，意味着该指标的数值波动幅度较大，所能提供的信息量相对丰富，在综合评估过程中发挥的作用也就更为显著，因此其被赋予的权重也相应较大；反之，若某个指标的信息熵E偏高，则表明该指标的数值波动较小，信息量相对匮乏，在综合评估中的影响力减弱，其权重也就随之降低。

3）主成分分析法

主成分分析法作为一种客观赋权手段，其精髓在于通过维度的缩减，将众多相互关联的指标精炼为少数几个具有代表性的综合指标。这一过程在最大限度地保留原始数据信息的同时，实现了对统计数据的有效简化。运用主成分分析法能够提取出关键的主成分，这些主成分揭示了经济增长质量各个维度的具体量化状况。由此构建的权重体系，能够准确反映经济增长质量各基础指标在构成总体指数时的相对重要性。鉴于此，我们选用主成分分析法来合理分配单项指数在各方面指数中的权重，进而综合得出各方面指数。随后，利用相同的方法进一步合成总指数，这一方法对于量化评估经济增长的质量状态而言，显得尤为贴切且有效。

第二节 经济周期统计分析

一、经济周期波动

（一）经济周期波动的概念及特点

经济周期波动是经济波动的一种表现。多数情况下，经济波动会历经扩张、紧缩、衰退以及复苏这四个紧密相连的阶段，它们循环往复，赋予了经济运行以鲜明的周期性特征。这种周期性的波动模式，作为一种普遍规律，超越了不同经济体制与发展阶段的界限，通过诸如国内生产总值、工业生产活动、就业状况以及物价水平等一系列综合性经济指标得以体现。在学术研究中，我们往往借助“经济周期波动”这一概念来对经济波动进行界定。众多学者曾尝试从不同角度给出经济周期波动的定义，大体上可以归纳为两大观点。

一种观点从逻辑与理论剖析的维度出发，将经济周期波动视作经济运行不断偏离并回归均衡状态的一种循环现象。它认为，经济周期的本质在于创新活动所引发的原有均衡态的瓦解，以及随后向新均衡态的演进过程。在此框架下，经济波动被看作均衡状态的一种偏移，而经济周期波动则特指这种偏移状态的周期性重现。然而，此类定义的一个显著局限在于其高度的理论抽象性，这使得它难以被量化处理，进而为实证分析带来了不小的挑战。

另一类观点则是从统计描述与深入分析的视角出发，对此进行了细致划分，主要包含两种观点。其一，将经济周期波动视作累积性扩张与收缩不断交替出现的过程；其二，则认为经济周期波动是宏观经济活动相对于经济增长总体趋势或长期趋势的一种偏离现象。

（二）经济周期波动的分类

1. 按经济周期波动持续时间的长短分类

在研究经济周期的波动特性时，学者们往往会深入剖析长期的统计数据，以期揭示出经济周期性起伏的内在规律。他们依据波动持续时间的差异，对经济周期的波动类型进行了细致的划分。由于我们所采用的统计资料及划分标准的多样性，不同学者所归纳出的经济周期波动类型自然也是千差万别，各具特色。

（1）基钦周期

基钦周期，亦被称为短周期或存货周期，这一名称源于约瑟夫·基钦的独到见解。熊彼特在研究中将基钦周期与朱格拉周期紧密相连，他提出，三个基钦周期的叠加便构成了一个完整的朱格拉周期。为了阐释基钦周期的形成机理，熊彼特引入了存货投资的波动、经济生活中的细微创新，以及生产周期相对较短的设备变动等因素。普遍观点认为，基钦周期的核心驱动力在于企业库存投资的周期性变化，因此，它也被广泛称作库存循环，这一表述直观地揭示了其与企业库存管理活动的紧密联系。

（2）朱格拉周期

朱格拉周期，亦被称作中周期或投资周期，这一名称源自克莱蒙特·朱格拉。朱格拉阐明了“经济事态具有周期性特征”的独到见解。他深入剖析了三国的统计数据，揭示出经济活动中存在着一个平均长度为9～10年的周期性规律。这一周期与投资品的使用寿命紧密相连，固定资本的大规模更迭往往会引发国民生产总值、物价水平以及就业状况的波动。随着时间的推移，特别是由于资本折旧速度的加快，西方国家中这一周期的时长有所缩减，大致缩短至7～11年。众多西方经济学家对此进行了深入的研究与分析，其普遍认为朱格拉周期的形成根源在于设备投资波动所带来的失业与物价变化，这种波动进而导致了大约每10年出现一次的经济周期性波动。因此，朱格拉周期也常被人们称作设备投资循环，以彰显其与经济活动中设备投资活动的紧密联系。

（3）康德拉季耶夫周期

康德拉季耶夫周期，亦被称为长周期或经济长波，这一概念的提出归功于尼可来·康德拉季耶夫。康德拉季耶夫的“长波理论”指出，在资本主义经济的运行过程中，存在着一种周期性规律，其平均长度大约为54年，即经济会经历一次显著的长周期波动。值得一提的是，著名经济学家熊彼特也通过引入三次具有划时代意义的创新，来阐释与康德拉季耶夫所划分的三个长周期相吻合的经济变迁过程。

（4）库兹涅茨周期

除了熟知的长周期、中周期以及短周期，还存在一种相对更长的经济周期——库兹涅茨周期，它也被广泛称作建筑业周期。这一周期的命名源于西蒙·库兹涅茨的独到见解。库兹涅茨深入剖析了经济领域内一种持续时间为15～25年，平均大约20年的长期波动现象。有趣的是，这种波动在美国诸多经济领域中均有所体现。

2. 按照经济周期波动的特点分类

根据各自的特点，经济周期的波动可以划分为三种类型：古典周期波动、增长周期波动以及增长率周期波动。

（1）古典周期波动

古典周期波动，描述的是整体经济活动水平呈现出一种有规律的起伏模式，即周期性地经历着上升与下降的变换和循环过程。在这一波动的扩张期，可以观察到经济总量呈现出正增长的趋势；而到了收缩期，经济总量则会下滑，具体表现为负增长的状态。

（2）增长周期波动

经济增长的周期性波动，指的是整体经济活动水平以一种规律性的模式经历着起伏与更迭，展现出一种循环往复的特性。值得注意的是，即便在经济步入收缩阶段之时，总产出的绝对数值也鲜少会出现下滑，而其更多体现为增长速度的放缓。增长周期波动这一理论，已经由诸多经济学家借助翔实的统计数据进行了验证，并在实际运用中获得了相当程度的普及与认可。

（3）增长率周期波动

世界上不少国家选择运用增长率周期波动的理念来探究经济周期的起伏变化。这一理念又被称作增长率循环，它基于这样一个观点：当经济时间序列的增长率呈现出某种规律性的上下浮动时，便可以认为存在增长率周期波动。简而言之，增长率周期波动描绘的是经济活动增长率周期性地攀升与回落的过程。值得注意的是，这一概念并不苛求增长率必须严格高低交错，而是强调增长率从周期性的低点（谷底）攀升至高点（顶峰），随后再次回落至低点（谷底）这样一种变化模式。鉴于多数宏观经济指标在绝对数值上持续增长，并且其增长率波动幅度较大，为了更有效地进行分析和测量，众多政府部门及研究机构倾向于依据增长率周期波动的定义来把握和评估经济周期的波动情况。这种做法不仅简化了分析过程，也提高了对经济周期波动规律的把握能力。

二、经济周期统计具体方法

（一）经济景气监测与景气指数法

1. 经济景气监测

经济景气监测预警系统，堪称宏观经济领域的“气象站”或是“预警灯”，它巧妙地依托一系列经济指标构建而成。该系统之所以能够有效扮演“气象站”或“预警灯”的角色，实现监测与预警的双重功能，其缘由主要归结于两点：其一，经济本身固有着周期性的波动规律，如同自然界的季节更迭；其二，在经济起伏的浪潮中，某些经济问题往往会通过特定指标提前浮出水面，或是以某种形式显现出来，这就为预警系统提供了捕捉信号的可能。

为深入理解宏观经济运行的脉络，揭示经济周期波动的内在规律，西方经济统计领域的学者们早在一个多世纪前便踏上了探索经济景气监测预警的征途。从19世纪末延续至20世纪70年代，他们历经半个多世纪的辛勤耕耘，使得经济景气监测预警体系逐渐丰满，日趋成熟，并最终在全球范围内获得了广泛的认知与应用。而在20世纪80年代末期的时候，我国学者也迈开了步伐，投身这一领域的研究与实践之中。

2. 景气指数法

国家经济研究局所采用的多指标分析法，亦被称为景气指数法，实质上是一种依托众多经济指标构建的总体经济活动“风向标”或“预警系统”。此法之所以能有效监测并预警经济周期的波动，其根本在于总体经济活动是一个多维度、多进程交织的复杂系统，其内在的复杂性导致各部分表现及各项宏观经济指标往往并不同步。经济周期的波动，是通过一连串经济活动，横跨多个经济环节而逐渐传导与扩散的，这意味着单一经济变量的波动轨迹，难以全面代表整体经济活动的波动全貌。鉴于这一复杂性，难以仅凭某个宏观经济指标就全面阐释总体经济活动的状况。因此，我们必须依托一系列精心挑选的指标，构建出景气指数—— 主要包括扩散指数与合成指数，以实现对经济活动的综合描绘。在实际操作中，一个较为理想的策略是：首先甄选一组核心宏观经济指标，这些指标需能够从不同角度反映总体经济活动的状况，并且其变动趋势需与经济周期波动保持较高的一致性。随后，观察这些指标转折点的一致性特征，便可以更加准确地推断出总体经济活动的周期波动模式。

构建景气指数的初衷，核心在于预判经济周期波动的关键转折点。当超前指数摆脱低谷，呈现上扬趋势时，这往往预示着同步指数在未来数月内也将跟随回升，标志着整体经济即将迎来复苏的曙光。而滞后指标，则像是对同步指数的一种验证，通常在数月之后，它也会相应地上升。全球范围内成熟景气指数的实际运用，多采用景气指数法来监测和预警经济周期波动，需经历以下几个至关重要的实施步骤。

（1）景气指数周期性指标的选取

在运用景气指数法进行经济周期波动监测与预警的过程中，首要且关键的一步便是从纷繁复杂的宏观经济指标体系中，精心挑选出那些能够精准映射经济周期波动特征的指标。这一选择过程绝非随意，而是需要全面且审慎地考量多重因素，这些考量因素并非一成不变，它们往往会随着研究者关注焦点的转移而有所调整。众多学者在研究过程中，都曾尝试提出周期性指标的选择基准。在这些林林总总的标准中，美国国家经济研究局提出的标准无疑具有较高的权威性和参考价值。该标准由六个核心准则构成，为周期性指标的筛选提供了严谨而全面的框架。

1）经济重要性

经济重要性，简而言之，就是衡量某项指标在经济周期起伏中是否扮演着举足轻重的角色。要评判一个指标的经济重要性，我们可以从两个维度入手。首先，需审视该指标所关联的经济过程或变量是否关键；其次，要考察该指标所代表的经济活动范畴是否深入且广泛。经济过程纷繁复杂，但大致可以归纳为九大类：就业与失业状况、产出与收入水平、消费、储蓄及分配情况、固定资产投资规模、库存及库存投资动态、价格、成本与利润结构、货币与信贷市场状况、对外贸易与支付活动，以及政府的经济活动。在评估这些经济过程的重要性时，更侧重于整体类别的考量，而非单一指标的孤立分析。通过考察指标所反映的经济范围，我们可以更准确地把握其经济上的重要性。在每一类别内部，指标又可依据其重要性细分为三个层次。首先是总产出和总投入的实际值与名义值，这些指标为整体经济活动划定了清晰的边界，对于经济决策具有至关重要的意义。其次是那些构成总量指标主要成分的指标，以及那些能够引发经济周期波动的关键指标，如投资与利润等。而最后，则是那些能够反映经济周期波动核心特征的指标。经济重要性的评判准则，不仅将指标分析与经济周期波动的本质、成因及影响紧密相连，还极大地提升了指标分析的科学性和严谨性。

2）统计充分性

统计充分性，这一术语用于衡量经济指标在统计层面是否能够全面且准确地捕捉经济周期波动的轨迹与特性。为了深入剖析这一特性，可以从以下几个维度进行细致考察：首先，需关注统计报告制度的健全程度与可靠性，即是否存在一个稳定且完善的统计报告机制，以确保数据的准确性和及时性。其次，统计调查所涵盖的范围也是关键，这通常包括全面普查、抽样调查以及其他具有代表性的典型调查方式，它们共同构成了数据收集的基础框架。再次，统计时间期限的设定同样重要，它可能涉及全月、全季的数据汇总，或是每周、每月甚至更低频次的统计数据，这直接影响到数据的时间分辨率和时效性。此外，调查过程中可能出现的误差，如抽样误差、汇报误差等，其可估计性也是评估统计充分性的一个重要方面。这要求有能力对这些误差进行量化和评估，以确保数据的真实性和可靠性。接下来，统计结果修订的频率也是一个不容忽视的因素。是坚持原始数据不做修订，还是根据新情况定期进行修正，这直接关系到数据的动态准确性和可信度。指标序列的长度同样值得考虑，它反映了数据的时间跨度和连续性，对分析经济周期的长短期波动至关重要。跨时可比性则是另一个重要维度，它要求不同时间段的数据具有可比性，以便能够准确地分析经济周期的变化趋势。最后，还需考虑一些其他因素，如主观判断分析在统计过程中的作用等，这些因素虽然可能较为微妙，但也对统计充分性产生着不可忽视的影响。在实际评估过程中，我们可以先对上述几个维度进行逐一打分或量化处理，然后再根据这些具体指标的综合表现，对经济指标的统计充分性进行全面而客观的评价。

3）时间匹配性

时间匹配性，关乎单项经济指标周期波动的转折点与基准周期波动转折点，在时序上的契合程度。要精准捕捉这一特性，我们需按部就班地推进四个关键步骤。第一步在于细致辨识并锁定那些经济指标周期波动的具体转折点，这是分析的基石。紧接着，第二步则是确立总体经济活动的基准周期波动转折点，这一过程可以巧妙地借助官方公布的权威时点数据作为替代，以确保基准的准确性和公信力。第三步需要将前两步所得结果进行细致比对。具体而言，就是要计算出经济指标的波峰与波谷，与基准周期波动的波峰与波谷相匹配的概率，同时还要衡量指标相较于平均水平的领先或滞后程度，即其离散度，这一步骤是评估时间匹配性的核心所在。第四步，则需综合考量顶峰时间匹配的概率、顶峰的离散状况、波谷时间匹配的概率，以及波谷的离散状况这四个维度，来全面评价该经济指标在时间匹配性上的整体表现。这一系列严谨而细致的步骤，能够更加准确地把握经济指标周期波动的时序特征，为经济分析提供有力支撑。

4）一致性

一致性，指的是某一经济指标与整体经济活动在波动趋势上是否保持同步。当某一经济指标在整体经济活跃、扩张的时期呈现上升趋势，而在经济衰退、收缩的时期则相应下降时，这一指标与经济周期的波动是正向一致的。相反，若该指标在经济扩张时下降，在收缩时上升，则其与经济周期的波动呈现反向一致的状态。我们要衡量这种一致性，可以从三个维度入手进行分析。首先，要考察的是，在指标的具体周期波动中，与经济整体周期波动保持一致的阶段所占的比例大小。这一比例越高，说明该指标与整体经济的一致性越强。其次，需要关注的是指标在具体周期波动中出现的反常波动次数。所谓反常波动，指的是那些与经济周期的正常扩张与收缩趋势相悖，容易误导市场判断的波动情况。一个指标若频繁出现反常波动，那么其作为经济周期指示器的可靠性就会大打折扣。最后，还需要考察经济指标在波动幅度上与经济周期的一致性。即当经济周期出现大幅波动时，该指标是否也能相应地表现出较大的波动幅度；而当经济周期波动较为平缓时，该指标的波动幅度是否也能保持相对稳定。这一维度的分析有助于更全面地了解指标与经济周期之间的关联程度。

5）平滑性

平滑度是衡量经济时间序列数据波动程度的一个重要特性。当观察某个经济指标时，即便它在一致性和时间上的对应性都表现得相当出色，但若该指标频繁地受到不规则波动的干扰，也会导致其整体显得不够平稳，那么，这个指标在反映经济周期性波动方面就会显得力不从心。现实情况中，不少经济指标数据都存在着这样的不平衡问题。为了更有效地利用这些数据，往往需要对它们进行一系列的统计处理，比如采用移动平均等方法，来增强其平滑性。在评估序列平滑度的众多指标中，周期性主导月份数是一个尤为关键的参数。简单来说，周期性主导月份数所代表的是，在序列的变动中，趋势周期成分的变化率何时能够超越不规则成分的变化率，并且这种超越状态能持续的最短月份（或季度）数。一个较低的周期性主导月份数，往往意味着该序列具有更高的平滑度，即其变动更加平稳、有序。

6）及时性

在经济领域，及时性是衡量经济指标数据能否被迅速获取并更新的关键因素。评估这一及时性，需从两个维度入手：其一是考察指标数据编纂过程中的周期性变动；其二则是关注数据发布相较于实际统计时点的延迟时长。相较于季度与年度数据而言，月度数据在统计的时效性上展现出了更为优越的表现。确保能迅速掌握经济指标数据，对即时监控经济周期的起伏波动而言，无疑是至关重要的。

（2）景气指数周期性指标的统计处理

景气指数周期性指标的统计处理包括以下两项工作。

1）转折点的确定

在处理周期性指标的统计工作时，首要的任务是精准地捕捉并界定指标序列中的关键转折点——那些显著的顶峰与波谷。随后，我们需依据这些转折点来明确周期的扩张与收缩阶段，从而精确地界定每一个周期的具体波动情况。这一任务虽然有时可以通过直观的肉眼观察来初步完成，但更为严谨且科学的方法则是遵循一系列既定的经验法则与程序化流程。在众多方法中，Bry和Boschan提出的基于月度数据的BB法备受推崇。BB法的实施大致分为三个核心步骤。首先，我们需要在指标序列中初步筛选出那些可能作为转折点的候选点，这些点通常是指标序列中出现至少5个月反向变化的时点，它们被视为潜在的顶峰或波谷。其次，为了确保转折点之间的有序排列，我们需要对初步筛选出的转折点进行进一步的筛选。具体来说，就是剔除那些连续出现的顶峰或波谷，确保剩余的转折点中，顶峰与波谷能够交替出现。在面临多个连续顶峰

（或波谷）时，应选择其中相对较大（或较小）的点；若这些连续点的大小相当，则选择出现时间最晚的那一个。最后，我们还需要依据一系列严格的审查规则，对剩余的转折点进行最终的筛选。这些规则包括：相邻两个转折点之间的持续时间必须超过6个月；一个完整的周期持续时间必须达到15个月以上；同时，周期的波动幅度也必须达到一定的标准，通常要求至少超过一个标准差。通过这些规则的严格筛选，我们能够确保最终确定的转折点既符合周期性的特征，又能够满足统计处理的需要。

2）先行指标同步指标和滞后指标的归类

在明确了周期性指标及其各自的周期长度后，我们可以根据这些指标与基准指标周期之间的关联，将它们划分为先行指标、同步指标以及滞后指标这三大类。值得注意的是，对于先行、同步和滞后指标的选择与确定，我们目前并没有坚实的经济理论基础作为支撑，这一过程更多依赖实践经验的积累和定量分析的成果。在实践中，我们通常采用以下两种方法来加以甄别和选定。

在诸多方法中，有一种依赖于主观经验判断，其中最具代表性的当属峰谷对应法，亦被称作图示法。这种方法颇为巧妙，它通过将周期性指标的时间序列具体周期以统计图的形式展现出来，并与经济基准周期的统计图进行细致的比对分析，从而加以确定。

另一种途径是运用数理分析的手段，其中包括了诸如时差相关分析、K-L信息量评估、HDI测算、聚类分析技术以及马场法等多种方法。在这些方法中，时差相关分析与K-L信息量评估两种尤为常见，也更为研究者们所青睐。

（3）景气指数的编制

在完成对周期性指标的统计处理后，接下来就步入了景气指数的编制环节。在编制景气指数时，主要采用扩散指数法。

扩散指数法的核心理念，在于将一系列呈现上升趋势或下降趋势的指标中，那些占据主导地位的变动趋势，视作经济周期波动逐渐蔓延、渗透的体现。通过全面整合这些指标的表现，能够更为精准地捕捉并理解整个经济周期的波动状况。简而言之，扩散指数是通过计算在一系列具有周期性的指标中，处于扩张状态的指标数量占总体指标数量的比例来定义的。

（二）经济景气监测预警与预警信号法

1. 经济景气监测预警

（1）经济景气监测预警的概念

监测这一术语，原本指对事物进行实时且持续的追踪观察，并以时间为基准进行细致的测量。而预警，则蕴含着提前告知、警醒的意味，旨在唤起被告人的注意与警觉。具体而言，预警是对某一警示性因素的当前状况及未来趋势进行深入的评估与测量，旨在预测可能出现的异常状态所涉及的时间范围、空间分布以及可能造成的危害程度，并据此提出相应的预防与应对措施。当我们将监测与预警的这两个概念引入经济周期波动的分析领域时，便形成了所谓的经济景气监测预警体系。

经济景气监测与预警机制，旨在满足宏观经济管理的迫切需求，它深深植根于经济周期波动的规律性之中，我们通过精心挑选的一系列经济指标及先进的分析手段，对经济周期的波动轨迹、状态进行细致入微的度量、剖析、评估及预警。这一机制涵盖了两大核心板块：经济景气监测与经济景气预警。经济景气监测，其重心在于深入剖析经济周期波动的轨迹与演变过程。它致力于挖掘经济周期中各类因素间的相互关联及变化规律，宛如一面镜子，真实映照出经济周期波动的实际运行轨迹，提供了实证性的理解框架。而经济景气预警，则更多地聚焦于经济周期波动中的潜在风险与发展趋势的预警。它像一位智者，密切注视着经济周期中可能出现的种种异常迹象，它通过对这些迹象的科学分析，为描绘出未来发展的可能图景，从而实现对经济形势的科学预测与把握。

（2）经济景气监测预警的作用和意义

经济景气监测预警，作为对国民经济运行状态进行统计分析的一种行之有效的手段，其重要性和价值体现在多个层面。首先，这一方法能够显著地帮助理解和把握经济的整体状况。通过细致入微的监测与预警，它就好似一面透镜，能够透过复杂多变的经济数据，洞悉经济运行的内在规律。其次，经济景气监测预警在辅助决策方面发挥着不可或缺的作用。政府部门和企业界在制定经济政策或经营策略时，往往需要依据准确的经济信息。而该方法提供的及时、全面的经济数据和分析报告，无疑为其提供了有力的决策支撑，助力其在瞬息万变的市场环境中做出更为明智的选择。再者，从宏观经济调控的角度来看，经济景气监测预警同样具有重要意义。它能够帮助政策制定者及时发现经济运行中的问题和风险，从而迅速采取措施进行调控，确保经济能够平稳、健康地发展。此外，这一方法还有助于提升公众对经济状况的认知。通过定期发布的经济景气监测报告，公众可以更加直观地了解当前的经济形势，这对于增强公众的经济信心、促进社会稳定同样具有积极作用。综上所述，经济景气监测预警在国民经济统计分析中扮演着举足轻重的角色，其作用和意义不容小觑。

1）准确把握和正确评价宏观经济运行中的周期波动状态

宏观经济体系犹如错综复杂的巨型网络，其运作层面多样且广泛，构成了一个庞大而动态的有机体。对经济整体运行状况进行综合评估，旨在揭示经济当前是处于繁荣还是衰退的态势，明确其所处的周期波动阶段，并剖析该阶段独有的特征。这一核心使命，正是经济景气监测与预警系统所肩负的重任。

2）准确预测未来经济周期波动的发展趋势

我们通过观察经济周期波动的轨迹及其先导性特征，能够预先洞察宏观经济未来的走向。在经济局势即将出现重大转变的关键时刻，迅速传递相关信息，发出预警信号，从而有效发挥预警功能。这正是经济景气监测与预警机制的核心所在。

3）及时反映宏观经济调控政策的效果

识别经济周期波动的准确幅度与频率，并据此采取恰如其分的调控举措与经济政策，以有效平缓经济周期的波动幅度，降低其波动频率，防范剧烈波动对经济带来的冲击，从而实现经济的长期稳健、和谐与健康发展，这是宏观经济调控领域的一项核心使命。通过细致描绘经济周期波动的轨迹与演变过程，经济景气监测预警体系能够评估宏观经济调控政策的实际成效，并为宏观经济管理部门在确定政策的有效期限方面提供关键的决策依据。值得注意的是，宏观经济政策从制定到发挥实效之间存在着一定的时滞。这种时滞不仅关乎政策产生效果的时间节奏，而且在特定情境下，还可能导致政策出现反向调节，进而产生不利的后果。

2. 预警信号法

仅凭景气指数来捕捉经济周期波动的轨迹与过程，显然难以全面满足宏观经济管理的复杂需求。为了切实提升宏观经济调控的实效性，在监测并预警经济周期波动的过程中，我们应当巧妙融入一系列评价指标。这些指标能够精准地评估经济周期波动的各种状态，进而编制出具备评价功能的预警信号指数。如此一来，我们便能为经济景气监测预警工作开辟一条崭新的道路。

预警信号法，作为一种创新的经济分析工具，其借鉴了交通管制信号的直观性，用以描绘宏观经济周期波动的复杂态势。该方法的核心在于，它精心挑选了一系列对经济状况变动高度敏感的指标，并借助先进的数据处理技术，将这些分散的指标融合为一个综合性的衡量标准。随后，设计者巧妙地利用红灯、黄灯、绿灯、浅蓝灯及蓝灯这一系列的信号灯标识，来直观展示这一综合指标以及各单项指标所映射出的经济周期波动情况。观察者可以通过这些信号灯的色彩变换，捕捉到经济未来发展的微妙线索，从而做出更为精准的趋势判断。这一过程不仅体现了人们对经济数据深度挖掘的智慧，也展现了将复杂信息简化为直观视觉信号的巧妙思路。

预警信号法采用一个综合性的指标来评估宏观经济的整体状况，这种方法有效降低了依赖单一指标进行决策所带来的不确定性。它巧妙地将经济景气的判断与宏观政策的制定紧密结合，形成了一个系统化的决策框架。综合景气状况被细分为几种不同的状态，这些状态既是对当前经济状况的直观反映，也指引了应采取的宏观政策方向。具体来说，当经济亮起“红灯”时，意味着市场过热，这时政府及其财政金融机构需果断采取紧缩政策，为经济降温，促使其回归正常轨道。而“黄灯”则表明经济处于稳健增长但略显过热的边缘，其走势可能在短期内转向更热或趋于稳定。若从“红灯”转为“黄灯”，紧缩政策应适度放松；而从“绿灯”转为“黄灯”时，虽可维持现有政策，但不宜再加大刺激力度，同时我们需密切关注经济动态，以便及时调整策略，防止过热。“绿灯”状态代表经济发展稳健，为政府提供了在稳定基础上促进增长的良机。而“浅蓝灯”则预示着经济可能面临稳定或萎缩的转折点。当从“浅蓝灯”转为“绿灯”时，其意味着经济趋稳，此时可继续实施促进增长的措施；反之，从“绿灯”转为“浅蓝灯”则表明增长率下滑，政府应提高警惕，适时调整政策以稳定经济。最后，“蓝灯”警示经济已陷入衰退，处于过冷状态。若信号从“浅蓝灯”转为“蓝灯”，意味着经济增长率正滑向低谷，政府此时必须采取强有力的措施，以有效刺激经济回暖。

（三）经济周期波动典型化事实分析

1. 经济周期波动典型化事实分析的意义

在当代宏观经济学的研究范畴内，经济理论与模型的核心任务在于阐释现实经济活动中的诸多关键现象，这就要求对广泛存在于各国经济中的规律性特征进行深入剖析与总结。经济运行中的典型事实，指的是那些经由大量统计数据验证，能够真实、全面地反映经济运行本质及基本属性的标志性事件。通常而言，这些典型事实是通过分析宏观经济变量的时间序列特性来提炼的，它们与经济的短期波动及长期增长紧密相关。特别是，与短期经济波动中的周期性变化相关联的事实，构成了经济周期波动典型事实的重要组成部分。

经济周期波动的典型特征，是基于宏观时间序列的实证特性，经由统计手段的分析、推断及验证，所确立的普遍存在于周期波动中的现象。我们要准确概括这些典型特征，会对宏观经济学的研究构成不小的挑战。通过观察，每一次经济周期的波动，并非对先前周期的机械复制，它们在波动幅度、影响广度以及持续时间上均展现出差异性。然而，我们在这些差异之中，探寻并提炼出内在的统一规律，成为经济学研究中一项至关重要的任务。这一追求普遍性的过程，恰恰是经济学研究的精髓所在。因此，对经济周期波动典型特征的探究，始终占据着宏观经济学研究的前沿阵地，推动着该领域的不断进步。

2. 经济周期波动典型化事实分析的基本方法

鉴于之前已经对宏观时间序列的波动性、持久性和非对称性等经验特征进行了详尽的统计分析，本部分将着重探讨协动性这一经验特征的统计分析手段。

协动性，这一术语描述的是在经济周期波动的大背景下，各大宏观经济变量如何随着周期的不同阶段而近乎同步地展现出起伏不定的运动模式。换言之，它指的是在整体经济活动的浪潮中，这些关键变量仿佛被无形的纽带相连，共同经历着扩张与收缩的循环。在探讨经济周期波动的经典定义时，我们不难发现，其中一个引人注目的经验性法则便是宏观经济变量间的这种协动现象。它意味着，无论是产出的增减、投资的冷热、消费的旺衰，还是就业市场的松紧，这些经济指标在宏观数据的层面都倾向于呈现出一种步调一致的变动趋势。

在经济周期波动的语境下，各个宏观经济变量的波动与整体经济趋势之间的关联，呈现出多样化的态势。具体而言，这种关联性可归纳为三种典型模式。首先，当观察到某个经济变量的动态变化与整体经济活动的起伏保持同步，即两者间展现出强烈的正向截面相关性时，将其界定为“顺周期”现象。换句话说，这类变量随着经济的扩张而增长，随着经济的收缩而衰退。其次，若某一经济变量的波动趋势与整体经济走势背道而驰，即它们之间呈现出显著的负向截面相关性，则称为“反周期”特性。这类变量在经济繁荣时可能表现平平甚至下滑，而在经济低迷时却可能逆势上扬。最后，还存在一类经济变量，它们的波动似乎并不受整体经济周期的影响，两者之间缺乏明显的相关性，这类变量被归类为“非周期”类型。它们既不随经济周期的上升而增长，也不因经济周期的下降而减少，而是遵循着自身独特的运行轨迹。

第三章　时间序列分析与经济预测

第一节 时间序列的基本概念与特性

一、时间序列基本概念

（一）时间序列的定义

时间序列是指一组按照时间顺序排列的数据点，这些数据点反映了某一特定现象或变量在不同时间点上的数值表现。简而言之，时间序列数据记录了一个变量随时间变化的情况。这种数据形式广泛存在于各个领域中，如经济、金融、气象、医疗等，成为众多学科研究和分析的重要对象。

时间序列数据具有两个显著的特点：时间上的连续性和数据点之间的相关性。连续性体现在数据是按照一定的时间间隔持续记录的，比如每天、每周或每月等。而相关性则体现在相邻时间点的数据往往存在一定的关联，即一个时间点的数据值可能会受到前一个或几个时间点数据值的影响。

这种数据形式能够揭示出数据的动态变化规律，帮助研究者理解和预测某一现象的发展趋势。例如，在经济领域，通过分析股票价格的时间序列数据，可以预测股票市场的未来走势；在气象领域，通过分析气温、降雨量等时间序列数据，可以预测未来的天气情况。

时间序列分析作为统计学的一个分支，主要研究时间序列数据的内在规律和模式。它通过对时间序列数据进行建模和预测，帮助决策者做出更为科学和准确的决策。在时间序列分析中，常见的模型包括自回归模型、移动平均模型、自回归移动平均模型及自回归整合移动平均模型等。这些模型通过对时间序列数据的拟合和预测，能够揭示出数据的长期趋势、季节性变化以及随机波动等。

随着数据科学和机器学习技术的不断发展，越来越多的新方法被应用到时间序列分析中，如神经网络、支持向量机等。这些方法在处理复杂的时间序列数据时具有更高的灵活性和准确性，为时间序列分析领域带来了新的发展机遇。

时间序列作为一种特殊的数据形式，在各个领域中都发挥着重要的作用。通过对其进行深入的分析和研究，可以更好地理解和预测某一现象的发展规律，为科学决策提供有力的支持。

（二）时间序列的构成要素

时间序列的构成要素主要包括时间戳和数据点。时间戳是时间序列数据的关键组成部分，它用于标识数据点所对应的具体时间点。在数据分析中，时间戳为研究者提供了一个清晰的时间参考框架，使得数据的变化和趋势可以沿着时间轴被准确地追踪和定位。时间戳可以是年、月、日、时、分、秒等不同精度的时间单位，其选择取决于数据的特点和分析需求。例如，在金融数据分析中，高精度的时间戳（如毫秒级）对于捕捉市场价格的瞬间变化至关重要。

数据点则是时间序列在各个时间点上的具体数值，它们直接反映了被观测对象的状态或变化。数据点的取值可以是连续的，也可以是离散的，这取决于被观测变量的性质。例如，气温数据通常是连续的，而股票交易量则可能是离散的。数据点的变化模式、周期性、趋势等是时间序列分析的重点。

时间序列分析的目的在于揭示数据随时间变化的规律和模式。通过对时间序列的构成要素进行深入分析，研究者可以理解数据的动态特性，进而为预测和决策提供科学依据。在实际应用中，时间序列分析已广泛应用于经济预测、市场分析、环境监测等领域。

时间序列的构成要素之间并非孤立存在，而是相互关联、相互影响的。时间戳为数据点提供了时间背景，而数据点的变化则反映了时间戳所对应时间点上被观测对象的状态。因此，在分析时间序列时，需要综合考虑时间戳和数据点的相互关系，以全面理解数据的内涵和变化规律。

时间序列的构成要素——时间戳和数据点，是理解和分析时间序列数据的基础。通过对这两个要素的深入研究，可以更好地把握数据的动态特性，为各领域的决策和预测提供有力支持。

（三）时间序列的分类

时间序列数据广泛存在于众多领域，根据其特性和性质，可以对其进行不同的分类。这些分类有助于更深入地理解数据的内在结构和行为模式，从而选择更合适的分析方法。

根据数据的特性，时间序列首先可以分为连续型时间序列和离散型时间序列。连续型时间序列的数据点在时间上是连续的，这类数据通常源于对自然现象的持续观测，如气温、湿度等环境参数的实时监控。这种类型的数据能够提供关于现象连续变化的详细信息，有助于分析人员了解现象的动态演变过程。离散型时间序列的数据点在时间上是离散的，常见于经济、金融等领域，如股票价格、交易量等。这类数据往往受到市场、政策等多种因素的影响，呈现出复杂多变的特征。

根据数据的性质，时间序列还可以进一步分为平稳时间序列和非平稳时间序列。平稳时间序列是指其均值、方差等统计特性不随时间变化的数据序列。这类数据在统计分析中相对容易处理，因为它们的统计特性在时间上保持稳定。在现实生活中，许多时间序列数据并非平稳的，它们的统计特性会随时间而变化，这类数据被称为非平稳时间序列。非平稳时间序列的处理相对复杂，因为它们可能包含趋势、季节性等多种成分，需要采用更高级的分析方法来提取有用的信息。

不同类型的时间序列数据需要采用不同的分析方法。例如，连续型时间序列，可能需要关注其长期趋势和周期性变化；而离散型时间序列，可能更关注其波动性和突变点。平稳时间序列，可以采用传统的统计方法进行建模和预测；而非平稳时间序列，可能需要采用差分、对数变换等方法将其转化为平稳序列后再进行分析。

对时间序列数据进行分类是理解和分析这些数据的重要步骤。通过明确数据的类型和性质，可以选择更合适的分析方法，从而更准确地揭示数据的内在规律和模式。这对于各个领域的研究人员和决策者来说都具有重要的意义，因为它能够帮助他们做出更科学、更合理的决策。

二、时间序列的特性分析

（一）统计特性

时间序列的统计特性是分析时间序列数据的基础，其中均值、方差和协方差是最基本的统计量。

均值是时间序列数据中所有数值的平均水平，它反映了数据集中趋势的一种度量。在时间序列分析中，均值常被用作参考点，帮助研究者理解数据的整体水平。同时，均值也是许多其他统计量和模型的基础，如移动平均模型等。

方差是衡量时间序列数据离散程度的一个重要指标。它表示数据点与均值之间的平均偏离程度。方差越大，说明数据点的取值越分散；方差越小，则说明数据点取值越集中。方差的大小反映了时间序列数据的波动性和稳定性，对于识别异常值、预测未来趋势等具有重要意义。

协方差则是描述两个时间序列之间线性相关性的一个统计量。当两个时间序列同时变化时，如果它们的变化趋势相同，则协方差为正；如果变化趋势相反，则协方差为负；如果两个时间序列之间没有明显的线性关系，则协方差接近零。协方差的大小和方向可以帮助研究者理解不同时间序列之间的关系，为多元时间序列分析提供基础。

除了均值、方差和协方差，还有许多其他的统计特性可用于描述时间序列数据的特征，如偏度、峰度、自相关系数等。这些统计特性可以从不同的角度揭示数据的内在规律和模式，为时间序列分析提供更丰富的信息和视角。

在实际应用中，研究者可以根据具体问题和数据特点选择合适的统计特性进行分析。通过综合运用这些统计特性，可以更全面地理解时间序列数据的本质和特征，为后续的数据处理、模型构建和预测提供有力支持。同时，我们也需要注意到统计特性可能受到异常值、缺失值等因素的影响，因此在进行分析时需要谨慎处理这些问题。

（二）周期性分析

在深入探讨时间序列的周期性分析时，不可忽视其在各个应用领域的重要性。周期性变化是时间序列数据中的一种常见现象，表现为数据在一定时间间隔内重复出现的波动模式。这种周期性不仅有助于理解数据的内在规律，还为预测未来趋势和制定相应策略提供了有力支持。

谱分析作为一种有效的周期性识别方法，通过将数据从时域转换到频域，能够揭示出隐藏在时间序列中的周期成分。在谱分析中，我们可以观察到不同频率下的谱密度，从而识别出主要的周期信号。这种方法在金融市场的周期波动分析、气象数据的季节性变化检测等领域具有广泛应用。

自相关函数则是另一种重要的周期性分析工具，它通过计算时间序列与其自身在不同时间滞后的相关性来揭示数据的周期性结构。自相关函数的峰值和谷值可以帮助确定周期的长度，并评估周期性的强度。这种方法在经济学、信号处理等领域得到了广泛应用，为研究人员提供了深入理解时间序列周期性的手段。

除了谱分析和自相关函数外，还有许多其他方法可用于时间序列的周期性分析，如小波变换、季节性分解等。这些方法各具特点，能够根据具体问题的需求选择合适的方法进行分析。

周期性分析在实际应用中具有显著的实用价值。例如，在零售行业，通过分析销售数据的周期性变化，企业可以预测季节性需求波动，从而优化库存管理和采购策略。在能源领域，周期性分析有助于预测电力需求的高峰和低谷时段，为电力系统的调度和规划提供科学依据。此外，在金融领域，周期性分析对于识别市场周期、把握投资机会以及风险管理等方面也具有重要意义。

周期性分析是时间序列分析中的重要环节，它能够帮助揭示数据的内在规律，预测未来趋势，并为决策制定提供科学依据。随着技术的不断发展，周期性分析方法将进一步完善和优化，为各个领域的研究和实践提供更加有力的支持。

（三）趋势性分析

趋势性分析是时间序列分析中的重要环节，它主要关注数据在长时间尺度上的变化方向和速率。通过深入研究和理解时间序列的趋势性，能够更好地把握数据的整体动态，为决策制定提供科学的依据。

在时间序列数据中，趋势性通常表现为一种长期的、稳定的上升或下降趋势。这种趋势可能由多种因素共同作用而形成，如经济发展、技术进步、人口增长等。趋势性分析的目的就在于揭示这些潜在因素对数据产生的影响，并据此预测未来的发展趋势。

进行趋势性分析时，可以采用多种方法，其中线性回归和非线性拟合是两种常用的技术手段。线性回归通过拟合一条直线来描述时间序列数据的整体变化趋势，其优点是简单易行，能够直观地反映出数据的增减情况。然而，当数据的实际变化趋势并非严格线性时，线性回归可能会产生较大的误差。此时，可以考虑采用非线性拟合方法，如多项式回归、指数平滑等，以更准确地捕捉数据的非线性变化特征。

除了上述两种基本方法，还可以根据数据的具体特点和需求，灵活运用其他统计模型和算法进行趋势性分析。例如，具有季节性波动的时间序列数据，可以通过引入季节性调整因子来改进趋势预测模型；包含异常值或噪声的数据，则可以采用稳健回归等方法来增强模型的抗干扰能力。

趋势性分析在各个领域都具有广泛的应用价值。在经济领域，通过分析GDP、就业率等经济指标的时间序列数据，政府和企业可以了解经济发展的整体态势和未来走向，从而制定合理的经济政策和战略规划。在金融领域，趋势性分析有助于投资者把握股票、债券等金融产品的价格变动规律，为投资决策提供有力支持。此外，在气象、医疗、交通等领域，趋势性分析也发挥着不可或缺的作用，为相关领域的研究和实践提供了有益的参考和借鉴。

三、时间序列模型与应用

（一）自回归（Autoregressive，AR）模型

自回归模型在时间序列分析中占据着重要的地位。它通过量化历史数据与当前数据之间的关系，为未来的预测提供了一个有力的工具。该模型的核心思想是，时间序列的当前值可以由其过去值的线性组合来表示。这种表示方法反映了数据自身的动态特性和记忆性。

在构建自回归模型时，一个关键的步骤是确定模型的阶数，即选择多少期的历史数据来预测当前值。阶数的选择直接影响到模型的复杂度和预测精度。如果阶数过低，模型可能无法捕捉到时间序列的全部动态特性；而如果阶数过高，则可能导致模型过度拟合，从而降低预测精度。

自回归模型的参数估计通常采用最小二乘法等方法，通过最小化预测误差来求解模型参数。这些参数反映了历史数据对当前值的影响程度，提供了关于时间序列动态行为的重要信息。

在实际应用中，自回归模型被广泛应用于各个领域，如经济预测、金融市场分析、信号处理等。例如，在经济预测中，自回归模型可以用来预测未来的经济增长

率、通货膨胀率等关键经济指标，为政策制定者提供科学的决策依据。在金融市场分析中，自回归模型可以帮助投资者预测股票价格的走势，从而制定合理的投资策略。

自回归模型也存在一定的局限性。当时间序列数据中存在非线性关系或复杂的周期性变化时，自回归模型的预测精度可能会受到影响。此外，自回归模型还容易受到异常值或噪声的干扰，导致预测结果的不稳定。

为了克服这些局限性，研究者们不断探索和改进自回归模型。例如，可以引入非线性项或考虑其他影响因素来扩展模型的结构，以提高其对复杂数据的适应能力。同时，也可以采用其他时间序列分析方法，如移动平均（Moving Average，MA）模型、自回归移动平均（Autoregressive Moving Average，ARMA）模型等，来更全面地描述时间序列的动态特性。

总的来说，自回归模型作为一种基本的时间序列分析方法，在实际应用中具有广泛的适用性和重要的价值。通过不断深入研究和改进，可以进一步挖掘时间序列数据中的信息，为预测和决策提供更为科学、准确的依据。

（二）移动平均模型

移动平均模型在时间序列分析中占据着重要的地位，其核心理念在于利用过去一段时间内的数据平均值来推测未来的数据点。这种模型的核心假设在于，时间序列的当前值可以通过其历史数据的平均值来近似估计，这一假设在处理具有随机波动特性的数据时尤为有效。

在实际应用中，移动平均模型常被用于消除数据中的短期波动，从而更清晰地揭示出时间序列的长期趋势。通过计算一定时期内数据的平均值，模型能够有效地平滑掉那些由偶然因素引起的数据波动，使得分析者能够更准确地把握数据的整体走势。

尽管移动平均模型在平滑数据波动方面表现出色，但它对于时间序列中可能存在的长期趋势和周期性变化的识别能力却相对有限。这是因为移动平均模型在处理数据时，仅仅考虑了历史数据的平均值，而忽略了数据点之间的时间顺序和可能存在的内在关联。因此，当时间序列中存在明显的趋势或周期性变化时，移动平均模型可能会因为无法准确捕捉这些特征而导致预测结果的偏差。

为了克服这一局限，实际应用中常常会结合其他时间序列分析方法，如趋势分析、周期性分析等，来共同构建更为全面的预测模型。通过将移动平均模型与其他方法相结合，分析者可以充分利用各种方法的优势，从而提高时间序列预测的准确性和可靠性。

值得注意的是，移动平均模型在应用过程中还需要根据具体的数据特性进行参数调整和优化。例如，选择合适的移动平均期数对于模型的预测效果至关重要。期数选择过少可能导致模型过于敏感，无法有效平滑数据波动；而期数选择过多则可能使模型过于迟钝，无法及时反映数据的真实变化。因此，在实际应用中，分析者需要通过不断尝试和调整来找到最适合的移动平均期数，以确保模型能够达到最佳的预测效果。

（三）自回归移动平均模型

自回归移动平均模型在时间序列分析中占据着重要地位，它有效地融合了自回归和移动平均两种模型的优势。AR部分捕捉了时间序列中数据点与其过去值之间的线性依赖性，而MA部分则侧重于刻画当前数据点与之前各期随机扰动项的关系。因此，ARMA模型能够更全面地反映时间序列的动态特性。

在构建ARMA模型时，我们需要确定两个关键参数：自回归阶数（p）和移动平均阶数（q）。这两个参数的选择对于模型的预测性能至关重要。阶数过高可能导致模型过度拟合，而阶数过低则可能无法充分捕捉数据中的动态关系。在实际应用中，我们通常需要通过一系列统计检验和信息准则来确定最优的阶数组合。

ARMA模型的一个显著优点是其在平稳时间序列数据上的表现。平稳时间序列是指其统计特性（如均值、方差等）不随时间变化的数据序列。在这种情况下，ARMA模型能够提供较为准确的预测结果。然而，当面对非平稳时间序列数据时，ARMA模型可能无法直接应用。非平稳时间序列数据的统计特性会随时间变化，这可能导致ARMA模型的预测性能下降。为了解决这个问题，我们通常需要先对数据进行差分处理，以消除其非平稳性，再应用ARMA模型进行预测。

ARMA模型还具有良好的解释性。通过检查模型的参数估计值，我们可以了解时间序列中各个滞后项对当前值的影响程度，以及随机扰动项的传递机制。这种解释性有助于深入理解时间序列的动态行为，并为后续的决策提供支持。

总的来说，自回归移动平均模型是一种强大且灵活的时间序列分析工具。它能够同时捕捉线性关系和随机波动，适用于平稳时间序列数据的分析。然而，在应用ARMA模型时，我们需要注意数据的平稳性，并合理选择模型的阶数，以确保预测结果的准确性和可靠性。

四、时间序列的预测方法

（一）传统预测方法

传统的时间序列预测方法，尽管在某些方面可能显得相对简单，但它们在许多实际应用中仍然发挥着不可或缺的作用。移动平均法和指数平滑法是其中的典型代表，它们以不同的方式处理时间序列数据，为预测未来值提供了实用的工具。

移动平均法是一种基础且直观的预测方法。它通过计算时间序列数据中一系列历史值的平均值来预测未来的数据点。这种方法的一个显著优点是简便性和易于理解性。通过平滑掉数据中的短期波动，移动平均法能够提供一个相对稳定的预测值。然而，这种方法的局限性也较为明显。它对数据中的长期趋势和周期性变化不敏感，因此在处理这类复杂模式时可能表现出较低的预测精度。

与移动平均法相比，指数平滑法则提供了一种更为灵活的预测方式。这种方法通过引入一个权重系数，使得近期数据在预测中占据更大的比重。这种加权处理的方式使得指数平滑法能够更好地捕捉数据的动态变化，特别是在短期内。然而，与移动平均法类似，指数平滑法在识别长期趋势和周期性变化方面也存在一定的局限性。

尽管传统预测方法在某些方面可能受到限制，但它们在许多场景下仍然具有实用价值。例如，在库存管理中，这些方法可以帮助企业快速估计未来一段时间内的需求量，从而制定合理的库存策略。此外，在金融市场分析中，传统预测方法也可以为投资者提供有关价格变动的初步判断。

随着数据科学和机器学习技术的不断发展，越来越多的先进预测方法被引入到时间序列分析中。这些方法通常具有更强的建模能力和更高的预测精度。然而，传统预测方法因其简单性和直观性在某些应用场景中仍具有不可替代的价值。在实际应用中，我们可以根据数据的特性和预测需求来灵活选择合适的方法。

（二）现代预测方法

在信息化和数字化的时代背景下，时间序列数据的预测显得愈发重要。现代预测方法，得益于计算机技术的飞速进步和大数据的积累，已经逐渐超越了传统的预测手段，为时间序列分析注入了新的活力。

神经网络，作为一种模拟人脑神经元连接方式的算法，已被广泛应用于时间序列预测中。其通过构建多层感知器，能够捕捉到时间序列数据中的复杂非线性关系。这种方法的优势在于其强大的自学习和自适应能力，使得模型能够根据数据的特性进行自我调整，从而提高预测的准确性。特别是在处理具有复杂波动和不确定性的时间序列数据时，神经网络展现出了显著的优势。

支持向量机（Support Vector Machine，SVM）是另一种重要的现代预测方法。与神经网络不同，SVM更注重于数据的分类和边界划分。它通过构建最优超平面，将不同类别的数据点进行有效区分。在时间序列预测中，SVM可以被用于识别和预测数据的转折点或突变点，从而为决策者提供重要的参考信息。此外，SVM在处理高维数据和避免过拟合方面也具有一定的优势。

深度学习是近年来兴起的一种机器学习方法，其在时间序列预测中也展现出了强大的潜力。深度学习通过构建深度神经网络，能够逐层提取时间序列数据中的高层特征。这些特征不仅包含了数据的表面信息，还蕴含了更深层次的规律和模式。因此，深度学习在处理复杂的时间序列数据时具有得天独厚的优势。特别是在长期预测和复杂模式识别方面，深度学习已经取得了令人瞩目的成果。

总的来说，现代预测方法在时间序列分析中发挥着越来越重要的作用。它们不仅能够提高预测的精度和稳定性，还能够揭示数据背后更深层次的规律和模式。随着技术的不断进步和方法的不断完善，我们有理由相信现代预测方法将在时间序列分析领域发挥更加广泛和深入的作用。

（三）预测方法的比较与选择

在时间序列分析的实践中，预测方法的比较与选择是一个至关重要的环节。面对众多可用的预测技术，我们必须综合考虑多个方面，以便找到最适合当前数据和预测目标的模型。

数据的特性是选择预测方法的首要因素。平稳时间序列数据，其统计特性如均值和方差在时间上不发生变化，这类数据适合采用自回归模型、移动平均模型或自回归移动平均模型等传统方法。这些方法在处理线性关系和时间上的依赖性方面表现出色。特别是当数据存在明显的自相关性时，自回归模型能够通过利用历史数据来有效地预测未来值。

当面对非平稳时间序列数据时，情况就更为复杂。非平稳数据意味着其统计特性会随时间而变化，这要求我们在应用传统预测方法之前，先对数据进行差分处理或其他形式的转换，以消除非平稳性。一旦数据被平稳化，我们就可以应用上述的传统模型进行预测。但值得注意的是，差分处理可能会导致数据的部分信息丢失，因此在选择这种方法时需要谨慎权衡。

除了数据的平稳性，预测精度要求和计算复杂度也是选择预测方法时需要考虑的重要因素。在某些应用场景中，如股票价格预测或气象预报，高精度的预测是至关重要的。这时，可能需要采用更复杂的模型，如神经网络、支持向量机或深度学习等现代预测方法。这些方法在处理非线性关系和捕捉复杂模式方面具有显著优势，但它们也需要更高的计算资源和时间成本。

结合多种预测方法进行综合分析和预测往往能带来更好的效果。不同的预测方法可能侧重于捕捉数据的不同特征，通过将它们的结果进行融合，可以得到一个更全面、更稳健的预测结果。例如，我们可以采用加权平均、投票机制或其他集成学习方法来综合不同模型的预测输出。

预测方法的比较与选择是一个复杂但至关重要的过程。它要求深入理解数据的特性、明确预测目标，并综合考虑多种因素来做出最佳决策。通过合理地选择和结合不同的预测方法，可以更有效地揭示时间序列数据的内在规律，为后续的决策和行动提供科学依据。

第二节 时间序列的平稳性检验与趋势分解

一、时间序列平稳性检验方法

（一）时间序列平稳性定义及性质

时间序列平稳性，作为时间序列分析中的一个核心概念，其指的是时间序列的统计特性不随时间推移而改变。这些统计特性包括但不限于均值、方差以及协方差。平稳性可分为严平稳和弱平稳两类。严平稳要求在任何时间点，时间序列的联合分布都保持不变，这是一个非常严格的条件。相对而言，弱平稳则是一个更为实际且常用的概念，它仅要求时间序列的一阶矩（均值）和二阶矩（方差和相关性结构）不随时间变化。

在实际应用中，弱平稳的判断对时间序列的建模和分析至关重要。若时间序列被认定为平稳的，那么可以采用诸如自回归移动平均模型等统计模型进行有效的预测和分析。这是因为平稳时间序列具有稳定的统计特性，使得未来值的预测能够建立在过去值的基础上，从而实现更为准确的预测。

如果时间序列不具备平稳性，那么直接应用上述模型可能会导致误导性的结果。在这种情况下，通常需要对原始时间序列进行适当的变换，如差分或其他数学处理，以使其满足平稳性的要求。这些变换的目的在于消除时间序列中的非平稳成分，如趋势和季节性效应，从而使其呈现出平稳的特性。

平稳性检验作为时间序列分析的先决条件，其重要性不言而喻。通过平稳性检验，可以确保所应用的时间序列模型是建立在稳定的数据基础之上的，从而提高预测和分析的准确性和可靠性。在实际操作中，ADF检验和KPSS检验是两种常用的平稳性检验方法。这些方法通过构建特定的统计量来评估时间序列的平稳性，提供了科学的判断依据。

时间序列的平稳性是进行时间序列建模和分析的基础。只有确保了数据的平稳性，才能更有效地运用各种统计模型来揭示时间序列的内在规律和未来趋势。因此，在实际应用中，我们必须首先进行平稳性检验，以确保后续分析的准确性和有效性。

（二）常用的时间序列平稳性检验方法

1. ADF检验

ADF检验是时间序列分析中一种重要的平稳性检验方法。它主要通过对时间序列数据进行差分处理，并构建相应的统计量来检验序列的平稳性。ADF检验的原假设是时间序列存在单位根，即该序列是非平稳的。在实际操作中，如果ADF检验的统计量值小于设定的临界值，则拒绝原假设，认为该时间序列是平稳的，适用于进一步的时间序列建模和分析。ADF检验因其广泛的适用性和相对高的准确性，在各种类型的时间序列数据平稳性检验中得到了广泛应用。

在具体实施ADF检验时，我们需要注意选择合适的滞后系数，以避免过度差分导致的信息损失。同时，对于不同类型的时间序列数据，ADF检验的临界值可能有所不同，因此我们在实际应用中需要结合数据的具体特性来确定。此外，ADF检验还可以与其他平稳性检验方法相结合，以提高检验的准确性和可靠性。

2. KPSS检验

与ADF检验不同，KPSS检验的原假设是时间序列是平稳的。这种检验方法通过构建LM统计量来检验时间序列的平稳性。当KPSS检验的统计量值大于设定的临界值时，我们拒绝原假设，认为该时间序列是非平稳的。KPSS检验特别适用于那些具有明显趋势成分的时间序列数据，能够更准确地识别出非平稳性特征。

在实际应用中，KPSS检验需要选择合适的参数，如带宽和核函数等，以确保检验的准确性和有效性。同时，对于不同类型的时间序列数据，KPSS检验的性能可能有所不同，因此我们需要根据数据的具体特性进行调整和优化。值得注意的是，KPSS检验与ADF检验具有一定的互补性，二者结合使用可以更有效地判断时间序列的平稳性。

平稳性检验是时间序列分析的关键步骤之一，它对后续模型的建立和预测具有重要影响。ADF检验和KPSS检验作为两种常用的平稳性检验方法，在实际应用中具有各自的优势和适用性。通过合理选择和使用这两种方法，可以更准确地判断时间序列的平稳性，为后续的分析和预测提供有力支持。同时，随着大数据和机器学习技术的不断发展，未来有望出现更多高效、准确的平稳性检验方法，进一步提升时间序列分析的效能和价值。

（三）时间序列平稳性检验方法的比较与选择

时间序列平稳性检验是时间序列分析中的关键环节，其目的在于确定时间序列是否具备平稳性，从而判断其是否适合进行后续的建模和分析。在众多平稳性检验方法中，ADF检验和KPSS检验是两种被广泛应用的方法，它们各有特点且适用于不同的场景。

ADF检验主要适用于那些无明显趋势或趋势较弱的时间序列数据。该检验方法的原假设是时间序列存在单位根，即非平稳。若ADF检验的统计量值小于设定的临界值，将拒绝原假设，认为该时间序列是平稳的。ADF检验的优点在于其广泛的应用性和对弱趋势数据的敏感性，但也可能因为样本长度等因素影响其准确性。

与ADF检验不同，KPSS检验的原假设是时间序列是平稳的。它主要通过构建LM统计量来进行检验。如果KPSS检验的统计量大于临界值，则拒绝原假设，认为时间序列是非平稳的。KPSS检验在处理具有明显趋势成分的时间序列数据时表现出色。它也可能受到样本长度和数据特性的影响，导致检验结果的偏差。

在实际应用中，我们应根据时间序列数据的具体特征来选择合适的检验方法。例如，对于无明显趋势或趋势较弱的数据，ADF检验可能更为合适；而对于具有明显趋势的数据，KPSS检验可能更具优势。同时，为了提高平稳性检验的准确性和可靠性，我们还可以结合其他统计量，如自相关函数和偏自相关函数等，进行综合分析和判断。

无论采用哪种检验方法，样本长度都会对检验结果产生显著影响。一般来说，较大的样本长度可以提高检验的准确性。在实际操作中，我们往往面临样本长度有限的问题。因此，在选择检验方法和解读检验结果时，我们需要充分考虑样本长度的影响，并结合数据的实际情况进行综合判断。

ADF检验和KPSS检验是两种常用的平稳性检验方法，它们各有优缺点并适用于不同的数据场景。在实际应用中，我们应根据数据的具体特征选择合适的检验方法，并结合其他统计量进行综合分析和判断，以提高平稳性检验的准确性和可靠性。同时，我们也需要充分考虑样本长度对检验结果的影响，以确保分析的有效性和科学性。

二、时间序列趋势分解技术

（一）时间序列趋势分解的实现方法

在实现时间序列趋势分解时，可以采用多种方法，如移动平均法、HP滤波法等。这些方法各有特点，适用于不同类型的时间序列数据。

1. 移动平均法

移动平均法是一种简单的趋势分解方法，它通过对时间序列数据进行滑动平均处理，以消除随机波动和季节成分，从而突出趋势成分。移动平均法的关键在于选择合适的窗口大小。窗口过大可能导致趋势成分的失真，而窗口过小则可能无法有效消除随机波动。因此，在实际应用中，我们需要根据时间序列数据的特征进行多次尝试，以确定最佳的窗口大小。

2. HP滤波法

HP滤波法是一种更为精细的趋势分解方法，它能够在保留趋势成分的同时，更好地处理季节成分和随机成分。HP滤波法通过最小化一个包含趋势平滑度和拟合误差的目标函数，来求解最优的趋势成分。这种方法的关键在于选择合适的平滑参数。平滑参数过大可能导致趋势成分过于平滑，忽略了原始数据的重要特征；而平滑参数过小则可能导致趋势成分包含过多的随机波动。因此，在实际应用中，我们同样需要根据时间序列数据的特征进行多次尝试，以确定最佳的平滑参数。

（二）时间序列趋势分解的应用场景

时间序列趋势分解在多个领域具有广泛的应用价值。在经济学领域，趋势分解可以帮助分析人员更好地理解经济指标的长期变化趋势和周期性波动，从而为政策制定提供科学依据。在金融领域，趋势分析可以用于股票价格、汇率等金融数据的分析和预测，为投资决策提供支持。此外，在气象学、环境科学等领域，趋势分解也有助于揭示气候、环境等数据的长期变化趋势和周期性特征。

（三）时间序列趋势分解的挑战与未来发展

尽管时间序列趋势分解在多个领域取得了广泛应用，但仍面临一些挑战。首先，不同领域的时间序列数据具有不同的特征和复杂性，如何选择合适的趋势分解方法并确定最佳的参数是一个关键问题。其次，随着大数据时代的到来，时间序列数据的规模和复杂性不断增加，如何提高趋势分解的效率和准确性也是一个重要的研究方向。

未来，随着计算技术的不断发展和新算法的不断涌现，时间序列趋势分解有望实现更高的准确性和效率。同时，结合机器学习、深度学习等先进技术进行时间序列趋势分解也是未来的一个重要研究方向。这将有助于更深入地挖掘时间序列数据中的潜在规律和特征，为各领域的决策提供更为科学、准确的依据。

（四）常见的时间序列趋势分解方法

1. 经验模态分解

经验模态分解（Empirical Mode Decomposition，EMD）是一种自适应的时频分析方法，特别适用于处理非线性、非平稳信号。EMD方法基于信号的局部特征，能够将复杂信号分解为一系列固有模态函数（Intrinsic Mode Function，IMF），每个IMF代表信号中的一个固有振动模式。通过EMD分解，可以将时间序列数据分解为多个具有不同频率特征的子序列，进而分析时间序列的内在振动特性和趋势成分。这种方法在处理具有多尺度特征的时间序列数据时尤为有效，能够提供比传统方法更丰富的信息。

在实施EMD分解时，我们应首先确定时间序列的所有局部极大值和极小值点，然后通过插值方法分别形成上、下包络线。计算上、下包络线的平均值，并从原始信号中减去该平均值，得到一个新的信号。其次是重复这个过程，直到得到一个满足IMF定义的信号为止。通过不断迭代，可以得到一系列的IMFs，它们分别代表了原始信号中不同频率的振动成分。最后，剩余的部分即趋势项，它反映了时间序列的长期变化趋势。

2. 季节调整方法

对于包含季节性因素的时间序列数据，季节调整方法是一种有效的趋势分解技术。该方法通过估计和消除时间序列中的季节性影响，从而揭示出潜在的趋势成分和周期性波动。季节调整方法的核心在于对季节性因素的准确估计和剔除。

常用的季节调整方法包括X-12-ARIMA和TRAMO/SEATS等。这些方法通过构建季节调整模型，对时间序列数据进行季节性因素的提取和调整。经过季节调整后，可以得到消除季节性影响的时间序列，进而分析其长期趋势和其他非季节性波动成分。需要注意的是，季节调整方法的效果受到多种因素的影响，包括季节性因素的复杂性和时间序列数据的特性等。因此，我们在实际应用中需要综合考虑各种因素，选择合适的季节调整方法和参数设置。

经验模态分解和季节调整方法是两种有效的趋势分解技术，它们能够从不同角度揭示时间序列的内在结构和特征。在实际应用中，我们可以根据具体的数据特性和分析需求选择合适的方法进行趋势分解。同时，我们也可以结合其他统计和分析方法，以获得更全面、准确的时间序列分析结果。

（五）时间序列趋势分解的实践应用

时间序列趋势分解技术在多个学科领域中都有着广泛的应用。它不仅能够帮助更深入地理解时间序列数据的内在结构和特征，还能为决策提供更为科学、准确的依据。以下将通过几个具体的案例来探讨时间序列趋势分解的实践应用。

在经济学领域，GDP时间序列的趋势分解显得尤为重要。通过将GDP数据分解为趋势成分、季节成分和随机成分，经济学家可以更为清晰地洞察经济增长的长期趋势以及周期性波动。例如，当趋势成分显示经济持续增长时，政策制定者可能会更倾向于采取稳健的货币政策和财政政策来维护这一良好势头；而当季节成分揭示出某种周期性波动时，决策者则可以提前做好准备，以应对可能出现的经济波动。

金融学领域中，股票价格的时间序列分析是投资者和风险管理者的重要工作。利用时间序列趋势分解技术，我们可以将股票价格分解为趋势成分和波动成分。趋势成分反映了股票价格的长期走势，这对于价值投资者来说具有重要的指导意义；而波动成分则揭示了股票价格的短期波动，这对于技术分析和风险管理至关重要。例如，当趋势成分显示股票价格处于上升趋势时，投资者可能会增加对该股票的配置；而当波动成分出现异常波动时，风险管理者则需要警惕可能的市场风险。

在气象学领域，时间序列趋势分解技术同样发挥着重要作用。通过将气温、降水量等时间序列数据分解为趋势成分和季节成分，气象学家可以更为准确地把握气候变化的长期趋势以及季节性规律。这对于气候预测、灾害预警以及环境保护等方面都具有重要意义。例如，当趋势成分显示气温持续上升时，这可能意味着全球变暖的趋势在加剧；而当季节成分出现异常变化时，则可能预示着某种极端气候事件的发生。

为了更直观地展示时间序列趋势分解的应用效果，我们可以参考一个具体的案例。假设获取了某地区过去数十年的降水量数据，并希望利用HP滤波进行趋势分解。通过选择合适的平滑参数并应用HP滤波算法，可以将降水量时间序列分解为趋势成分和季节成分。分解结果可以通过图表进行可视化展示，其中趋势成分反映了降水量的长期变化趋势，而季节成分则揭示了降水量的季节性波动规律。这样的分析结果对于制定水资源管理政策、防洪减灾措施等方面都具有重要的参考价值。

时间序列趋势分解技术在各个领域中都展现出了其强大的应用价值。通过深入理解和应用这一技术，可以更为准确地把握时间序列数据的内在结构和特征，从而为科学决策和有效管理提供有力支持。

三、实验与分析

（一）数据来源与预处理

在深入研究时间序列的平稳性检验与趋势分解之前，确保数据的质量和适用性至关重要。为此，我们从某金融机构获取了过去五年的每日股票价格数据，作为本次实验的基础。这一数据集不仅时间跨度适中，而且包含了丰富的市场动态信息，为后续的分析提供了坚实的基础。

在数据预处理阶段，我们采取了多项措施以确保数据的准确性和可靠性。首先，针对数据中的异常值进行细致的识别和处理。这些异常值可能源于市场异常波动、数据录入错误或其他不可预见因素，它们的存在会对后续分析造成干扰。通过采用统计方法和可视化手段，成功地识别并去除了这些异常值，从而净化了数据集。

针对数据中的缺失值问题采用适当的填补方法。在时间序列分析中，缺失值的存在可能导致信息的不完整和连贯性的破坏。为了解决这个问题，我们根据数据的特点和缺失模式，选择了合适的填补策略，如使用前一个有效数据点进行填补、采用线性插值或基于模型的预测值进行填补等。这些填补方法旨在最大限度地恢复数据的原始信息，同时保持时间序列的连续性和完整性。

为了消除不同股票价格数据之间的量纲差异和便于后续分析，我们对数据进行了标准化处理。标准化处理可以将数据转换到统一的尺度上，使得不同股票价格数据之间具有可比性。采用了Z-score标准化方法，通过计算每个数据点的均值和标准差，我们将数据转换为均值为0、标准差为1的标准形式。这一处理步骤不仅有助于提升分析的准确性，还为后续的趋势分解和平稳性检验提供了便利。

经过上述预处理步骤后，我们得到了一个干净、完整且标准化的股票价格时间序列数据集。这个数据集为接下来的平稳性检验和趋势分解实验提供了高质量的数据基础，确保了后续分析的有效性和可靠性。

（二）平稳性检验实验

为了深入探究时间序列的平稳性，我们选定了ADF检验和KPSS检验作为主要的平稳性检验方法。这两种检验方式各具特点，能够从不同的角度揭示时间序列的平稳性。

在实验初期，我们直接对原始的股票价格时间序列数据进行了ADF检验和KPSS检验。实验结果显示，原始数据并未达到平稳性的要求。ADF检验的统计量高于临界值，表明数据存在单位根，即数据是非平稳的。同样，KPSS检验的结果也支持这一结论，其统计量超过了平稳性所需的临界值。

面对这一结果，我们决定对数据进行差分处理，以期提高其平稳性。差分处理是时间序列分析中常用的一种技术，其基本原理是计算相邻数据点的差值，从而消除数据中的趋势和季节性成分。通过这种方式，我们期望能够将非平稳的时间序列转化为平稳的时间序列。

经过一次差分处理后，再次对数据进行了ADF检验和KPSS检验。这次，实验结果发生了显著的变化。ADF检验的统计量低于临界值，表明经过差分处理后的时间序列已经不存在单位根，即数据已经达到了平稳性的要求。同时，KPSS检验的统计量也降至平稳性所需的临界值以下，进一步证实了数据的平稳性。

这一实验结果充分说明，差分处理是一种有效的提高时间序列平稳性的方法。通过差分处理，我们能够消除数据中的趋势和季节性成分，使得数据更加符合平稳性的要求。这对于后续的时间序列建模和分析具有重要的意义。

同时，ADF检验和KPSS检验在判断时间序列平稳性方面具有较高的敏感性和准确性。这两种检验方法的结合使用，能够提供更加全面和可靠的平稳性判断依据。在未来的研究中，我们将继续探索这两种检验方法的应用场景和优化策略，以期在时间序列分析中发挥更大的作用。

（三）季节性波动特征的提取与分析

在股票价格时间序列的趋势分解实验中，观察到了明显的季节性波动特征。为了更深入地理解和分析这些特征，我们采用了季节性分解方法，进一步提取和分析季节成分。

STL分解法，这是一种基于局部回归的稳健季节性分解方法。STL能够将时间序列数据分解为趋势成分、季节成分和随机成分，特别适用于具有季节性波动特征的时间序列数据。

在实验过程中对股票价格时间序列数据进行了STL分解，通过设定合适的季节周期参数，STL方法成功提取季节成分。分析结果表明，股票价格时间序列确实存在显著的季节性波动，这些波动与市场的季节性因素（如财报公布周期、节假日效应等）密切相关。

我们对提取出的季节成分进行了详细的分析，通过观察季节成分的波动模式和周期性特征，发现了一些有趣的规律。例如，在某些特定季节或月份，股票价格往往呈现出一致的上涨或下跌趋势。这些发现对于理解市场行为、制定投资策略以及进行风险管理都具有重要的意义。

最后我们还对STL分解后的趋势成分和随机成分进行了考察。趋势成分反映了股票价格时间序列的长期变化趋势，而随机成分则捕捉了市场中的随机波动和不确定性因素。通过综合分析这三种成分，我们能够更全面地把握股票价格时间序列的结构和特征。

季节性波动特征的提取与分析是时间序列趋势分解中的重要环节。通过采用合适的季节性分解方法，我们能够更深入地了解时间序列数据的季节性波动特征，为后续的预测和决策提供更准确的信息支持。

第三节 ARIMA模型、VAR模型在经济预测中的应用

一、ARIMA模型在经济预测中的应用

（一）ARIMA模型原理

ARIMA模型，即自回归积分滑动平均模型，是时间序列分析领域中的一种重要工具，它被广泛用于经济数据的预测和分析。该模型通过综合考虑时间序列数据中的自回归特性和滑动平均特性，能够有效地捕捉数据的动态变化特征。ARIMA模型通过引入差分运算（I），使得非平稳时间序列数据能够转化为平稳时间序列，从而便于进行进一步的统计分析和预测。

ARIMA模型的数学表达式通常表示为ARIMA（p，d，q），其中p代表自回归项的阶数，即模型中考虑的过去观测值的数量；d代表差分阶数，用于将非平稳序列转化为平稳序列；q则代表滑动平均项的阶数，反映了模型中考虑的过去白噪声误差项的数量。这三个参数的选择对模型的预测性能至关重要，通常需要通过统计检验和优化算法来确定其最佳取值。

在实际应用中，ARIMA模型已经被广泛用于多个经济领域的预测问题。例如，在宏观经济领域，学者们利用ARIMA模型对国内生产总值进行预测，以辅助政策制定者进行经济决策。在金融市场分析中，ARIMA模型也被用于预测股票价格、汇率等关键经济指标，以帮助投资者制定更为合理的投资策略。

ARIMA模型在应用过程中也存在一定的局限性。例如，它对于数据的平稳性要求较高，对于包含复杂非线性关系或突变点的数据可能预测效果欠佳。此外，ARIMA模型在处理多变量时间序列数据时也存在一定的挑战。因此，在实际应用中我们需要综合考虑数据的特征和预测需求，选择合适的模型和方法进行经济预测。

ARIMA模型作为一种经典的时间序列预测模型，在经济预测领域发挥着重要作用。通过深入理解其原理和特点，并结合实际经济数据进行合理应用，我们可以更好地把握经济变化的规律，为经济决策提供更为科学、准确的依据。

在具体实践中，如广西GDP的预测案例，ARIMA模型通过捕捉历史数据的自相关性和滞后效应，成功地预测了未来几年的GDP走势。这一应用不仅验证了ARIMA模型的有效性，也展示了其在经济预测中的实用价值。在其他地区和领域的经济预测中，ARIMA模型也表现出了良好的预测性能和应用前景。

（二）ARIMA模型建模步骤

ARIMA模型的建模是一个系统性、逐步深入的过程，涉及数据的前期处理、模型结构的判定、参数的精确估计，以及模型的最终验证。这一过程不仅要求研究者具备扎实的统计基础，还需要对时间序列数据的特性有深入理解。

1. 数据预处理

在开始建模之前，首先需要对原始时间序列数据进行细致的预处理。这是因为，时间序列数据往往受到各种噪声和异常值的影响，直接进行分析可能会导致模型的失真。预处理的第一步是平稳性检验。平稳性是ARIMA模型的基础假设，只有满足平稳性条件的数据，才能有效应用ARIMA模型。如果数据非平稳，通常需要通过差分运算或对数变换等方法，将数据转化为平稳序列。

我们还需要关注数据中是否存在趋势项和季节项。趋势项反映了数据随时间变化的长期趋势，而季节项则体现了数据在固定季节周期内的变化规律。这两种成分都会对ARIMA模型的构建产生影响，因此我们需要在预处理阶段进行识别和提取。

2. 模型选择

完成数据预处理后，接下来的任务是选择合适的ARIMA模型参数（p，d，q）。这一步骤主要依据数据的自相关函数（Autocorrelation Function，ACF）和偏自相关函数（Partial Autocorrelation Function，PACF）图来实现。ACF图展示了时间序列与其自身滞后值之间的相关性，而PACF图则反映了在排除其他滞后值影响后，时间序列与某一特定滞后值之间的相关性。通过分析这两个图形，可以对ARIMA模型的AR部分和MA部分的阶数做出初步判断。

3. 参数估计

确定了模型的初步结构后，接下来的任务是进行参数估计。这一步骤通常采用最大似然估计或最小二乘法等方法来完成。这些方法的目标都是找到一组参数值，使得模型对数据的拟合程度达到最优。在参数估计过程中，我们可能还需要对模型的阶数进行微调，以确保模型能够充分捕捉数据的动态特征。

4. 模型诊断和检验

为了确保模型的可靠性和准确性，我们必须对模型进行全面的诊断和检验。这包括残差分析、模型拟合优度检验以及预测性能评估等多个方面。残差分析主要检查模型是否充分提取了数据中的信息，即残差是否呈现出随机性；模型拟合优度检验则通过比较模型预测值与实际观测值之间的差异，来评估模型的拟合效果；而预测性能评估则是通过将模型应用于未来的数据点，来检验其预测能力。

ARIMA模型的建模步骤是一个严谨而复杂的过程，需要研究者具备丰富的统计知识和实践经验。通过这一过程，可以构建出具有高度准确性和稳定性的经济预测模型，为政府决策、企业战略规划以及金融市场投资等提供有力的数据支持。

（三）ARIMA模型在经济数据预测中的实例

以某地区工业生产指数预测为例，可以深入探讨ARIMA模型在经济数据预测中的实际应用效果。在这个案例中，我们采用了历史工业生产指数数据，通过仔细的数据分析和模型构建，最终建立了ARIMA（2，1，1）模型来进行预测。

在建模过程中，我们首先对原始数据进行了平稳性检验，发现数据存在非平稳性，因此进行了差分处理，将其转化为平稳时间序列。随后，我们根据数据的自相关函数（ACF）和偏自相关函数（PACF）图，选择了合适的ARIMA模型参数。在这个过程中，我们特别注意了模型参数的选择对预测结果的影响，力求找到最优的模型配置。

经过一系列的计算和验证，我们得到了ARIMA（2，1，1）模型，并对其进行了诊断和检验。预测结果显示，未来一段时间内的工业生产指数将呈现平稳增长趋势。这一预测结果与实际数据的对比验证相符，证明了ARIMA模型在工业生产指数预测中的准确性和稳定性。

ARIMA模型不仅在这个案例中展现了其优秀的预测能力，还在其他经济领域得到了广泛的应用。例如，在金融市场预测中，ARIMA模型能够有效地捕捉股票价格、汇率等金融数据的动态变化趋势，为投资者提供有价值的决策依据。此外，在宏观经济预测方面，ARIMA模型也能够帮助政策制定者更好地把握经济整体运行态势，从而制定出更加科学合理的经济政策。

ARIMA模型虽然具有诸多优点，但在实际应用中也存在一些限制。例如，它对非线性、非平稳以及具有复杂结构的时间序列数据的处理能力相对较弱。为了克服这些限制，学者们不断探索将ARIMA模型与其他方法相结合，如神经网络、支持向量机等机器学习算法，以提高模型的预测性能和泛化能力。

ARIMA模型在经济数据预测中发挥着重要作用。通过捕捉时间序列数据的动态变化趋势，它能够为决策者提供准确、及时的经济预测信息。在未来的研究中，期待ARIMA模型能够与其他先进方法相结合，进一步提升其预测性能和适用范围，为经济发展提供更加有力的支持。

二、VAR模型在经济预测中的应用

（一）VAR模型的建模过程

VAR模型的建模过程相对复杂，需要细致的步骤来确保模型的准确性和可靠性。以下是VAR模型建模的主要步骤。

1. 数据收集与预处理

首先，我们需要收集相关的多变量时间序列数据。这些数据应该覆盖所有要分析的经济变量，并且具有相同的时间频率。我们在收集到数据后，需要进行预处理，包括检查数据中的缺失值、异常值，以及进行必要的数据转换或标准化。

2. 确定模型阶数

VAR模型的阶数表示滞后期的数量，它决定了模型中要考虑的过去时间点的数量。选择合适的阶数对模型的性能至关重要。通常，我们可以使用信息准则（如AIC或BIC）来确定最佳阶数。

3. 模型估计

我们在确定了模型阶数后，需要使用统计软件来估计VAR模型的参数。这通常涉及最大似然估计或其他优化技术。估计过程中，要确保模型的残差（实际值与模型预测值之间的差异）是随机的，没有系统性的模式。

4. 模型诊断与检验

估计完模型参数后，我们需要对模型进行诊断和检验。这包括检查模型的残差是否满足白噪声假设，即残差之间是否相互独立且同分布。此外，还可以进行格兰杰因果检验，以确定变量之间的因果关系。

5. 预测与评估

一旦模型通过诊断和检验，我们就可以用它来进行预测了。预测可以是点预测（预测变量的具体数值）或区间预测（预测变量可能落入的范围）。为了评估模型的预测性能，我们可以使用均方误差或其他相关指标。

6. 模型优化与调整

如果在预测评估中发现模型性能不佳，我们可以回到建模过程的早期阶段，调整模型阶数、重新估计参数或尝试其他优化技术来提高模型的预测能力。

（二）VAR模型在经济预测中的应用实例

以宏观经济预测为例，假设关注GDP、通货膨胀率和失业率这三个关键经济指标。通过构建VAR模型，可以同时分析这三个变量之间的动态关系及其对未来走势的影响。

1. 数据收集

首先，收集过去几年的季度GDP、通货膨胀率和失业率数据。

2. 建模与估计

按照上述建模过程，确定合适的阶数并估计VAR模型的参数。

3. 预测

使用估计好的VAR模型对未来几个季度的GDP、通货膨胀率和失业率进行预测。

4. 结果分析

根据预测结果，我们可以了解未来经济走势的大致方向。例如，如果预测显示GDP将稳步增长而失业率将逐渐下降，这可能表明经济正在复苏。相反，如果通货膨胀率预计会上升，政策制定者可能需要考虑采取措施来控制物价上涨。

通过VAR模型的应用实例，可以看到该模型在捕捉多个经济变量之间的动态关系和进行宏观经济预测方面的有效性。然而，需要注意的是，任何经济预测都存在一定的不确定性，因此在使用VAR模型进行决策时，我们应谨慎并考虑多种可能性。

（三）VAR模型的建模与估计

在构建VAR模型时，变量选择是至关重要的第一步。这不仅涉及对经济系统的深入理解，也要求对数据的特性和质量有充分把握。选择的经济变量应具有代表性，能够全面反映研究对象的各个方面，同时也要考虑数据的可获取性和可靠性。

模型构建阶段，我们需要依据选定的经济变量，结合它们的自相关性、滞后效应以及变量间的相互影响，来设计出合理的VAR模型结构。这一阶段，我们通常需要借助统计软件和经济学理论来辅助完成。此外，模型的阶数也是一个重要的考虑因素，它决定了模型对历史信息的依赖程度以及预测的精度。

参数估计是VAR模型建模过程中的核心环节。在这一阶段，我们通常采用最小二乘法（Ordinary Least Square，OLS）等统计方法来估计模型的参数。OLS方法通过最小化残差平方和来求解参数，具有简单、直观且易于实现的优点。然而，在实际应用中，我们也可能需要根据数据的特性和模型的需求，选择其他更适合的参数估计方法。

模型诊断和检验是确保VAR模型拟合效果和预测准确性的重要步骤。这包括对模型的残差进行检验，以确保其满足正态性、无自相关等假设；同时，我们还需要对模型的预测性能进行评估，比如通过对比实际数据和模型预测数据，计算预测误差等指标。

在VAR模型的估计过程中，模型的稳定性和识别性问题也需要特别关注。稳定性意味着模型的参数在时间序列中应保持相对稳定，不会出现大幅度的波动或变化。这要求我们在选择的经济变量和构建的模型结构时，应充分考虑其经济意义和实际可行性。而识别性问题则关系VAR模型中的参数是否能够被唯一确定。为了确保模型的识别性，我们可能需要对模型的结构或参数施加一些约束条件。

VAR模型的建模与估计是一个复杂而细致的过程，需要综合考虑多个方面的因素。通过科学合理的建模步骤和参数估计方法，可以构建出具有较好拟合效果和预测准确性的VAR模型，从而为经济预测提供有力的工具。

（四）VAR模型在经济预测中的案例分析

以某国货币政策的分析为例，深入探讨VAR模型在经济预测中的实际应用效果。在这个案例中，我们选择了多个关键的宏观经济指标，包括GDP增长率、通货膨胀率和利率，作为构建VAR模型的基础数据。

在模型构建过程中，我们首先对这些经济指标进行了详细的数据清洗和预处理工作，以确保数据的准确性和一致性。随后，我们利用这些指标的历史数据，通过统计软件进行了VAR模型的构建和参数估计。在模型的选择和参数设置上，我们充分考虑了各经济指标之间的相互影响和滞后效应，以确保模型能够准确捕捉经济系统的动态变化。

通过VAR模型的预测，我们发现未来一段时间内，该国的货币政策将呈现宽松趋势。具体而言，模型预测利率水平将有所下降，这一预测结果与当前的经济形势和政策导向相吻合。为了验证模型的准确性，我们将模型的预测结果与实际政策进行了对比。结果显示，VAR模型的预测具有较高的准确性，能够较为准确地把握货币政策的走向。

这一案例的成功应用充分展示了VAR模型在经济预测中的优势。通过捕捉多个经济变量之间的动态相互关系，VAR模型能够为政策制定者提供全面、准确的经济预测信息。在当前复杂多变的经济环境下，这样的预测工具无疑具有重要的实际应用价值。

同时，我们还注意到VAR模型在预测过程中的稳定性和可靠性。由于模型充分考虑了各经济变量之间的相互影响，因此其预测结果较为稳健，不易受到单一变量波动的影响。这一点在实际应用中尤为重要，因为它意味着我们可以更加信赖模型的预测结果，从而做出更为科学合理的决策。

某国货币政策的案例分析，验证了VAR模型在经济预测中的有效性和准确性。该模型不仅能够帮助更好地理解经济系统的动态变化，还能为政策制定提供有益的参考和借鉴。在未来，期待VAR模型能够在更多的经济预测场景中发挥重要作用。

三、ARIMA模型与VAR模型的比较分析

（一）两种模型的适用场景分析

ARIMA模型和VAR模型在经济预测中各有其适用的场景。ARIMA模型更适合于对单一经济指标进行短期预测，特别是在数据呈现明显的趋势和季节性变化时。例如，对于月度或季度的销售额、工业生产指数等，ARIMA模型能够通过捕捉历史数据的变化规律，对未来一段时间的走势进行较为准确的预测。

而VAR模型则更适用于分析多个经济指标之间的相互作用和影响，特别是在需要考虑政策变动、市场冲击等复杂因素时。VAR模型能够同时纳入多个变量，捕捉它们之间的动态关系，从而提供更全面的经济预测。例如，在货币政策分析中，VAR模型可以综合考虑GDP增长率、通货膨胀率、利率等多个宏观经济指标，评估货币政策调整对经济系统的整体影响。

两种模型在数据要求和处理难度上也存在差异。ARIMA模型对数据的平稳性要求较高，其可能需要对原始数据进行差分或其他变换以满足模型假设。而VAR模型则需要处理更多的变量和参数，对数据的质量和数量都有更高的要求。因此，在实际应用

中，我们需要根据具体的研究目的和数据条件来选择合适的模型。

ARIMA模型和VAR模型在经济预测中各具特色，分别适用于不同的场景和需求。在实际应用中，我们应结合具体情况进行模型选择和应用，以充分发挥模型各自的优势。同时，我们也可以考虑将两种模型结合起来，以更全面地捕捉经济系统的动态变化。例如，我们可以先利用ARIMA模型对单一指标进行初步预测，再将预测结果作为VAR模型的输入变量之一，以进一步分析多个指标之间的相互作用和影响。

（二）两种模型预测性能的实证比较

为了深入探究ARIMA模型和VAR模型在经济预测中的实际表现，我们选择了某地区的居民消费价格指数（Consumer Price Index，CPI）作为预测对象，这是因为CPI是衡量通货膨胀的重要指标，其变动对经济政策的制定和市场的稳定具有重大意义。

我们分别应用ARIMA模型和VAR模型对该地区的CPI进行预测，在构建ARIMA模型时，我们仔细分析了CPI时间序列的平稳性、自相关性和季节性，从而确定了合适的模型参数。而在构建VAR模型时，除了考虑CPI自身，我们还纳入了与其密切相关的其他经济变量，如生产总值、失业率等，以期捕捉更全面的经济信息。

预测结果显示，在处理单变量时间序列数据时，ARIMA模型展现出了较好的预测能力。其能够准确地捕捉到CPI的历史变化趋势，并对未来短期的CPI变动给出了较为精准的预测。然而，当涉及多变量时间序列数据时，ARIMA模型的表现则稍显逊色。

VAR模型在处理多变量时间序列数据时展现出了其独特的优势。通过纳入多个相关的经济变量，VAR模型不仅能够捕捉到CPI的动态变化，还能反映出其他经济变量对CPI的影响。这使得VAR模型在预测未来CPI变动时，能够考虑到更全面的经济环境，从而给出更为准确和可靠的预测结果。

同时，我们还对两种模型的预测稳定性进行了评估。结果发现，VAR模型在处理复杂经济数据时具有更高的稳定性，其预测结果受数据波动的影响较小。而ARIMA模型在面对数据异常或突变时，其预测性能可能会受到一定影响。

ARIMA模型和VAR模型在经济预测中各有优劣。ARIMA模型适用于单变量时间序列数据的预测，而VAR模型则更适用于处理多变量时间序列数据。在实际应用中，我们应根据具体的研究目的和数据特点来选择合适的预测模型。对于需要捕捉多个经济变量之间相互影响的情况，VAR模型无疑是一个更为合适的选择。

第四章　描述性统计在经济分析中的应用

第一节 数据集中趋势与离散程度分析

一、数据集中趋势分析

（一）数据集中趋势的概念

数据集中趋势，作为统计学中的一个核心概念，其描述的是一组数据向某个中心值聚拢的趋向。这一指标在数据分析领域具有举足轻重的地位，因为它能够揭示数据整体的分布状态，特别是数据中的大多数值所处的中心位置。简而言之，集中趋势提供了数据整体水平的一个宏观概览。

为了量化这种集中趋势，统计学家引入了多种计算方法，其中最为人们熟知且广泛应用的有平均值、中位数和众数。这些统计量从不同的角度刻画了数据的中心位置，各自具有独特的优点和适用场景。例如，平均值能够反映出数据总体的“平均”水平，但对极端值较为敏感；中位数则更能体现数据的“中间”水平，对极端值不敏感，因此在数据分布偏斜时具有较好的代表性；众数则直接指出了数据中出现次数最多的值，反映了数据的“典型”水平。

在实际应用中，我们应根据数据的具体分布特点和分析目的来选择合适的集中趋势统计量。例如，在考察员工收入水平时，如果数据中存在极端高薪或低薪的情况，使用中位数可能更能真实反映大多数员工的收入状况；而在分析消费者购买偏好时，众数则能帮助快速定位到最受欢迎的产品或服务。

通过深入理解集中趋势的概念及其计算方法，我们能够更加准确地把握数据的整体特征，从而为后续的数据分析、预测和决策提供有力的支持。同时，这也体现了统计学在数据处理和分析中的重要作用，它不仅是一种工具或方法，更是一种科学思维和决策依据。

集中趋势只是描述数据特征的一个方面。为了全面理解数据的内在规律和外部表现，我们还需要结合其他统计指标和分析方法，如数据的离散程度、分布形态以及相关性等。这些指标和方法相互补充、相互验证，共同构成了一个完整的数据分析体系。

集中趋势作为数据分析的基础概念之一，具有重要的理论和实践意义。通过掌握其计算方法和应用技巧，我们能够更好地挖掘数据中的有用信息，为科学决策和有效管理提供坚实的数据支撑。同时，随着大数据和人工智能技术的不断发展，集中趋势等统计学概念和方法将在更多领域得到广泛应用和深化拓展。

（二）平均值的计算与应用

平均值作为数据集中趋势的一种量度，被广泛应用于各类数据分析中。其计算方法相对直接，即将数据集内所有数值相加后，除以数值的个数。这种计算方式使得平均值能够反映出数据集的“平均水平”，为研究者提供了一个从宏观角度审视数据的视角。

在商业分析中，平均值经常被用来评估销售数据、客户满意度或者市场调研的结果。例如，在计算某一产品的平均销售额时，可以帮助企业了解该产品的市场表现，从而做出更精准的市场策略调整。同时，在财务分析中，计算股票的平均收益率也是投资决策的重要依据。

教育领域同样广泛应用平均值来评估学生的学业表现。通过计算学生的平均分，教师可以快速了解班级或学校整体的教学成果。此外，平均分还可以作为评价教学质量、调整教学计划的重要参考。

平均值也有其局限性。它对数据集中的极端值较为敏感，一个显著的离群值就可能导致平均值的显著变化。因此，在使用平均值进行数据分析时，我们需要先对数据进行清洗，排除可能的异常值，以保证分析结果的准确性。

除了平均值，中位数和众数也是常用的集中趋势指标，它们在不同类型的数据集中各有优势。例如，在数据分布严重偏斜的情况下，中位数可能比平均值更能准确反映数据的中心位置。

在统计学的应用中，平均值常常与其他统计量（如方差、标准差）等一起使用，以全面描述数据的分布特征。这些统计量共同构成了对数据集整体特征的全面刻画，为数据分析提供了坚实的基础。

随着大数据时代的到来，数据量的激增对数据分析方法提出了新的挑战。平均值等传统统计量在大数据环境下的计算效率和准确性成为研究的热点。如何在海量数据中快速准确地计算出平均值等统计量，是数据分析领域需要解决的重要问题之一。

平均值作为描述数据集中趋势的重要指标，在各个领域的数据分析中发挥着不可替代的作用。在使用平均值进行分析时，我们也需要注意其局限性，并结合其他统计量，以获得更全面的数据描述。随着数据分析技术的不断发展，平均值等统计量的计算方法和应用场景也将不断拓展和完善。

在实际应用中，除了对平均值的理解和应用，我们还需要对数据的其他特性进行深入分析，如数据的离散程度。离散程度反映了数据的波动性和稳定性，与集中趋势指标共同构成了对数据全面、深入的描述。

（三）中位数与众数的计算与应用

中位数与众数作为描述数据集中趋势的重要统计量，在数据分析领域具有不可替代的作用。中位数是指将一组数据从小到大排序后，位于中间位置的数。当数据个数为奇数时，中位数即中间的那个数；当数据个数为偶数时，则为中间两个数的平均值。这一特性使得中位数能够较好地反映数据的中心位置，且不受极端值的影响。因此，在存在极端值或数据分布不均的情况下，中位数比平均值更能准确描述数据的真实情况。

在实际应用中，中位数被广泛用于收入分布、消费水平等经济指标的分析。例如，在收入分布分析中，中位数能够更真实地反映大多数人的收入水平，避免了极端高收入或低收入群体对平均值的影响，从而更准确地反映了社会的经济状况和贫富差距。

众数则是一组数据中出现次数最多的数。它能够揭示数据中的主流趋势或常见值，为了解数据的整体特征提供了有力工具。在市场调研中，众数的应用尤为突出。通过分析消费者的购买行为、喜好等数据，我们可以找到出现次数最多的选项或产品，从而了解消费者的主流偏好或需求趋势，为企业的市场定位和产品策略提供重要参考。

除了单独使用，中位数和众数还可以与其他统计量结合使用，共同描述数据的特征。例如，在统计分析中，我们可以同时计算平均值、中位数和众数，通过比较三者的差异，更全面地了解数据的分布情况和特点。这种综合应用的方法，在数据分析领域具有广泛的实用性和重要性。

虽然中位数和众数在描述数据集中趋势方面具有显著优势，但在某些情况下也可能存在局限性。例如，当数据分布较为均匀或存在多个峰值时，众数可能不明显或存在多个，这时需要结合其他统计量进行综合分析。

中位数与众数作为描述数据集中趋势的重要工具，在数据分析中发挥着不可或缺的作用。通过合理运用这两个统计量，我们可以更准确地了解数据的整体特征和内在规律，为决策提供有力支持。同时，我们也应认识到它们的局限性，并结合其他统计量进行综合分析，以确保数据分析的准确性和可靠性。

随着大数据和人工智能技术的不断发展，中位数与众数的计算方法和应用场景也在不断拓展和优化。未来，我们可以期待这两个统计量在更多领域发挥重要作用，为数据驱动的社会发展注入更多动力。

二、数据离散程度分析

（一）数据离散程度的概念

数据离散程度在统计学中占据着举足轻重的地位，它提供了一种量化数据变异性的方法。这种变异性可以是时间序列数据的波动，也可以是不同类别数据之间的差异。离散程度的测量有助于更全面地理解数据集，特别是在需要评估数据的稳定性和可靠性时。

离散程度的计算方法多种多样，每种方法都有其独特的适用范围和解释意义。例如，方差和标准差是衡量数据离散程度的常用指标。方差反映了每个数据与平均值的偏差平方的平均值，而标准差则是方差的平方根，它们提供了数据分布宽度的量化表示。在实际应用中，如果数据的方差或标准差较大，说明数据点相对分散，波动性高；反之，则说明数据点相对集中，稳定性好。

极差也是衡量数据离散程度的一种简单而直观的方法。它表示数据中的最大值与最小值之差，反映了数据的变动范围和幅度。极差计算简便，易于理解，但在某些情况下可能不够精确，因为它只考虑了数据的两个极端值，而忽略了中间数据的分布情况。

四分位距是又一种衡量数据离散程度的指标，它基于数据的四分位数来计算。四分位距表示了数据中间50%部分的变动范围，其对于识别异常值和偏态分布的数据具有很好的效果。与极差相比，四分位距更加稳健，因为它不受极端值的影响。

在数据分析中，离散程度的应用十分广泛。例如，在金融领域，通过计算股票价格的方差或标准差，我们可以评估股票市场的波动性和投资风险。在质量控制领域，离散程度的分析可以帮助确定产品的稳定性和生产过程的可靠性。此外，在医学研究中，离散程度的分析也有助于了解不同人群的生理指标变异情况，为临床诊断和治疗提供参考。

数据离散程度是描述数据变异性的重要指标，它提供了量化数据内部差异和波动性的方法。通过选择合适的离散程度指标进行计算和分析，我们可以更深入地了解数据的特征和内部结构，从而为数据驱动的决策提供有力支持。

（二）方差与标准差的计算与分析

方差与标准差作为衡量数据离散程度的关键指标，在数据分析领域扮演着举足轻重的角色。它们不仅能够帮助量化数据的变异性，还能够为后续的统计分析提供有力支持。

方差的计算涉及每个数据与平均值的偏离程度的平方。这种计算方式有效地放大了数据与平均值之间的偏差，即使是微小的变动也能被捕捉并反映出来。方差越大，说明数据点相对于平均值的偏离程度越高，数据的离散程度也就越大。而标准差则是方差的平方根，它将方差转换回与原始数据相同的量纲，从而更直观地展示了数据的离散情况。

在金融领域，方差和标准差的应用尤为广泛。例如，在评估投资组合的风险时，投资者可以利用方差和标准差来衡量资产价格的波动性。一个较高的方差或标准差通常意味着更大的价格波动，进而暗示着更高的投资风险。通过这种方式，投资者可以更加明智地分配资金，以平衡风险和回报。

在质量控制领域，方差和标准差也发挥着重要作用。通过计算产品的标准差，企业可以评估生产过程的稳定性和产品的一致性。一个较低的标准差意味着产品质量更加稳定可靠，这有助于提升消费者满意度和品牌形象。

除了上述应用，方差和标准差还在构建统计模型、进行假设检验等统计分析任务中发挥着关键作用。例如，在回归分析中，我们可以利用方差来量化模型预测值与实际观测值之间的差异，从而评估模型的拟合程度。在假设检验中，方差和标准差则可以帮助确定样本数据是否来自某个特定的分布，或者两个样本之间是否存在显著差异。

方差和标准差作为衡量数据离散程度的重要指标，在数据分析领域具有广泛的应用价值。通过深入理解这两个统计量的计算方法和应用场景，我们可以更加准确地把握数据的特征，为后续的数据分析和决策提供有力支持。

（三）四分位距的计算与分析

四分位距，作为一个重要的统计量，以其独特的方式揭示了数据集的离散程度。与方差和标准差不同，四分位距更侧重于描述数据集中部50%的数据离散情况，这使得它在处理存在极端值或偏态分布的数据时具有特别的优势。

四分位距的计算方法简洁明了，其结果直观易懂。更重要的是，它只关注数据集中部的离散情况，因此能够有效避免极端值对离散程度度量的干扰。这使得四分位距在处理包含异常值或偏态分布的数据集时，比方差和标准差更合适。

四分位距的应用范围十分广泛。在医学领域，研究人员可以利用四分位距来量化生理指标的波动范围，从而更准确地评估患者的健康状况。例如，通过计算血糖水平的四分位距，医生可以了解患者血糖控制的稳定性，进而调整治疗方案。在经济领域，四分位距也被广泛应用于收入不平等、贫富差距等问题的研究中。通过计算不同收入群体的四分位距，我们可以更直观地了解社会财富的分配情况，为政策制定者提供有价值的参考信息。

四分位距还可以与其他统计量相结合，以更全面地描述数据的离散程度特征。例如，我们可以同时计算方差、标准差和四分位距，以便从不同角度揭示数据的变异性。这种综合分析方法有助于更深入地理解数据集的内在规律和结构特征。

四分位距作为一种稳健的离散程度度量方法，在实际应用中具有独特的优势和价值。通过合理运用四分位距进行计算与分析，我们可以更准确地把握数据的分布特征和变异性，从而为决策提供更可靠的数据支持。

三、数据分析方法及应用案例

（一）数据分析方法

在深入研究数据集中趋势与离散程度时，我们不可避免地要接触各种数据分析方法。这些方法提供了从不同角度审视和理解数据的工具，有助于更全面地把握数据的本质和规律。以下将详细介绍几种在数据集中趋势与离散程度分析中常用的数据分析方法。

1. 描述性统计分析

描述性统计分析是数据分析的基石，它主要关注数据的描述和概括。通过计算诸如平均值、中位数、众数等集中趋势指标，我们能够迅速把握数据的主要特征。同时，方差、标准差和四分位距等离散程度指标则揭示了数据的波动情况和分布形态。这些统计量的综合应用绘制出数据的基本轮廓，为后续分析提供了有力支持。

2. 推断性统计分析

从样本数据转向总体时，推断性统计分析便发挥了其独特的作用。它允许基于样本数据对总体参数进行推断，从而了解整体的情况。在这一过程中，假设检验和参数估计成为关键步骤。通过设定合理的假设，并利用样本数据对其进行验证，我们能够判断某些观点或理论是否成立。而参数估计则帮助更精确地了解总体的某些特征，如均值、方差等。

3. 机器学习算法

随着数据量的不断增长和复杂性的提高，机器学习算法在数据分析中的应用日益广泛。这些算法能够处理海量的数据，并挖掘出其中的隐藏规律和模式。在数据集中趋势与离散程度分析中，机器学习算法可以帮助发现数据间的复杂关系，提供更深入的洞察。例如，聚类算法可以根据数据的相似性将其分组，从而揭示出不同的数据子集及其特征；而回归算法则可以预测某一变量的取值，以及基于其他变量的变化。

不同的数据分析方法有其特定的应用场景和局限性。在实际操作中，我们应根据数据的性质和分析目的来选择合适的方法。同时，综合运用多种方法进行分析往往能够更全面地揭示数据的特征和规律。

数据分析不仅是一个技术过程，更是一个需要严谨思维和创造力的过程。在利用上述方法进行数据分析时，我们应保持开放的心态和批判性的思考方式，以确保分析结果的准确性和可靠性。

数据分析方法在数据集中趋势与离散程度分析中发挥着举足轻重的作用。通过合理运用这些方法，我们能够更深入地理解数据的本质和规律，为决策和行动提供有力的支持。

（二）应用案例

1. 案例一：市场消费行为分析

为了深入理解市场消费行为的特征和规律，我们收集了一家大型零售商的客户购买数据。首先，我们通过计算各类商品的平均销售量和销售额，分析了市场的整体消费水平和购买趋势。数据显示，某些商品类别如电子产品和家居用品的平均销售量较高，显示出消费者对这些类别的强烈需求。

利用方差和标准差来探究消费者购买行为的离散程度，结果显示，在高档奢侈品类别中，消费者的购买量呈现出较大的波动性，这表明该类别的消费群体具有较大的差异化，一部分消费者愿意为高品质商品支付更高价格，而另一部分消费者则持保守态度。

为了更细致地分析消费行为的内部结构，我们还采用了四分位距的计算方法。通过对比不同商品类别的四分位距，我们发现食品类商品的销售量四分位距相对较小，说明这类商品的消费较为稳定，受外界因素影响较小。

基于以上分析，我们建议零售商针对不同商品类别制定差异化的市场策略，以满足不同消费群体的需求，同时优化库存管理和价格策略，以提高市场竞争力。

2. 案例二：城市空气质量监测

在城市环境管理中，空气质量监测是一项至关重要的任务。为了全面评估某城市的空气质量状况，收集了该市多个监测站点的空气质量指数（Air Quality Index，AQI）数据。

首先，计算了各监测站点AQI的平均值，以反映城市整体的空气质量水平。结果表明，该城市的平均AQI处于可接受范围内，但仍有改善空间。

其次，通过计算方差和标准差来探究各监测站点之间空气质量的离散程度。数据显示，某些区域的空气质量波动性较大，这可能与该区域的工业分布、交通状况或气象条件有关。

最后，为了更直观地展示空气质量的空间分布情况，还利用四分位距和箱线图进行了分析。结果显示，部分监测站点的AQI值明显高于其他站点，这些区域可能成为空气污染治理的重点。

基于以上分析，我们建议环保部门加强对高污染区域的监管力度，优化产业布局和交通规划，以减少空气污染物的排放。同时，我们应提高公众的环保意识，鼓励市民参与空气质量改善行动，共同打造宜居的城市环境。

第二节 数据分布形态与异常值检测

一、数据分布形态分析

（一）常见数据分布形态

数据分布形态，作为描述数据集整体特征的关键指标，其对于理解数据的内在规律具有重要意义。在众多分布形态中，正态分布、偏态分布以及峰态分布是常见的几种。

正态分布，因其形状呈钟形且具备对称性，被广泛应用于各类数据分析中。其特点在于，数据集的分布以均值为中心，向两侧逐渐递减，且大部分数据都集中在均值附近。正态分布的方差则衡量了数据集的离散程度，即数据点的分布紧密程度。在实际应用中，正态分布的普遍性使得许多自然现象和社会经济现象得以有效描述。例如，在财务分析领域，某些财务比率的数据分布符合正态分布的特征。

偏态分布，顾名思义，是指数据集的分布形态偏离了正态分布的情况。它可以根据偏斜的方向进一步细分为正偏态和负偏态。在正偏态分布中，数据集的较大部分值位于均值的左侧，而较小部分值位于右侧，形成一种右偏的趋势；负偏态则恰好相反，数据集的值主要集中在均值的右侧，形成左偏的趋势。偏态分布在实际数据中出现的频率相当高，如收入分布和考试成绩分布等，这些都可能因各种情况而呈现偏态特征。

峰态分布则侧重于描述数据集的尖锐程度。根据峰度的不同，我们可以区分出尖峰分布和平峰分布。在尖峰分布中，数据点的值更加集中于某一区域，使得分布曲线呈现出尖锐的峰值；而在平峰分布中，数据点的值则相对分散，导致分布曲线较为平缓。峰态分布的分析在金融时间序列数据的波动性研究中尤为重要，因为它能帮助我们更好地理解数据点的聚集和分散情况，进而预测市场的可能走势。

对数据分布形态进行深入理解，不仅有助于揭示数据的内在规律，还能为后续的数据处理和分析提供坚实的理论基础。正态分布、偏态分布和峰态分布作为三种常见的数据分布形态，在各个领域的数据分析中都有着广泛的应用价值。通过深入分析这些分布形态的特征和识别方法，我们可以更加准确地把握数据的整体结构和特性，从而做出更为精确的分析和预测。同时，随着大数据技术的不断发展，我们对数据分布形态的研究也将更加深入和细致，为各行各业的数据分析提供更多有力的支持。

在实际应用中，例如，在制冷热泵系统的数字孪生模型构建过程中，对数据分布形态的理解也是至关重要的。通过对系统运行数据的分布形态进行分析，我们可以更准确地识别出异常值，进而提高数据质量，增强模型的预测精度和可靠性。此外，在医疗健康领域，利用高斯核密度估计方法对健康数据进行异常值检测时，我们也需要对数据分布形态有深入了解。只有充分理解了数据的分布特征，才能有效地识别出那些与整体分布不符的异常点，确保检测结果的准确性。因此，无论是在哪个领域，对数据分布形态的研究都是数据分析工作中不可或缺的一环。

（二）数据分布形态的识别方法

数据分布形态的识别是数据分析的重要环节，它有助于理解数据的内在结构和特性。在实际应用中，我们通常采用图形法、统计量法和模型拟合法等方法来识别数据的分布形态。

图形法是一种直观且易于操作的方法，其主要通过绘制数据的直方图、箱线图等图形来观察数据的分布形态。例如，直方图可以清晰地展示数据的分布情况和集中趋势，而箱线图则可以揭示数据的分散程度和异常值情况。图形法的准确性受到样本量和绘图工具的限制，有时可能无法准确反映数据的真实分布形态。

统计量法则是通过计算数据的统计量，如均值、方差、偏度和峰度等，来描述数据的分布特征。均值和方差可以反映数据的集中趋势和离散程度，而偏度和峰度则可以揭示数据分布的对称性和尖锐程度。统计量法的优点在于能够量化数据的分布形态，但需要对统计量有深入理解，才能准确解读其含义。

模型拟合法是一种更为精确的数据分布形态识别方法。它通过选择合适的概率分布模型对数据集进行拟合，从而确定数据的分布形态。这种方法需要事先确定备选模型库，如正态分布、偏态分布等，并通过比较拟合优度等指标选择最佳模型。模型拟合法的优点在于能够更准确地描述数据的分布形态，但需要对概率分布模型和拟合优度评估方法有深入了解。

在实际应用中，我们可以根据数据的特性和分析需求选择合适的数据分布形态识别方法。例如，在探索性数据分析阶段，我们可以使用图形法来初步了解数据的分布情况；在需要量化描述数据分布特征时，我们可以使用统计量法；在需要更精确地描述数据分布形态时，我们则可以使用模型拟合法。

随着数据科学的发展，一些新的数据分布形态识别方法也逐渐涌现。例如，基于核密度估计的非参数方法可以更灵活地描述数据的分布形态，而基于信息熵的复杂性度量方法则可以从信息论的角度揭示数据的内在规律。这些方法提供了更多的选择，有助于更准确地识别数据的分布形态。

同时，我们也需要注意到，不同的识别方法可能受到不同因素的影响，如样本量、数据特性等。因此，在使用这些方法时，我们需要充分了解其原理和适用范围，并结合实际情况进行选择和应用。此外，随着数据科学和统计学的发展，期待未来能够出现更多高效、准确的数据分布形态识别方法，以满足不断增长的数据分析需求。

值得注意的是，数据分布形态的识别与异常值检测紧密相连。异常值是指那些与数据集中其他值显著不同的值，它们可能是测量误差、数据录入错误或其他原因导致的。在识别数据分布形态时，我们需要关注这些异常值，因为它们可能对数据的整体分布形态产生显著影响。一些统计量法，如基于四分位数的IQR方法，可以帮助识别和处理这些异常值。

通过综合运用这些方法，可以更全面地了解数据的分布形态，为后续的数据处理和分析奠定坚实的基础。

（三）数据分布形态的实际应用

在实际应用中，数据分布形态的理解和分析对正确解读数据和做出合理决策至关重要。不同的数据分布形态反映了不同的数据生成机制和内在规律，对于各领域的数据分析师而言，掌握数据分布形态的识别方法和应用场景是进行数据科学探索的基础。

在金融领域，数据分布形态的分析尤为重要。金融时间序列数据，如股票价格、汇率变动等，常常呈现出尖峰厚尾的分布特征。这种分布形态表明，极端值出现的概率高于正态分布下的预期，这对于风险管理和投资策略制定具有重要意义。例如，在构建金融风险模型时，我们需要充分考虑数据的尖峰厚尾特性，以确保模型能够准确捕捉极端风险事件，从而为投资者提供更为稳健的风险评估结果。

医疗数据分析领域同样需要关注数据分布形态。患者的生理指标数据，如血糖、血压等，可能呈现偏态分布。这种分布形态下，数据的一侧会比另一侧更为分散，这反映了不同患者之间生理指标的差异性。在疾病诊断和预后评估中，医生需要根据数据的偏态分布特征来选择合适的分析方法，以确保诊断结果的准确性和可靠性。例如，我们可以采用非参数统计方法来处理偏态分布的医疗数据，以避免传统参数方法可能带来的偏差。

在电商领域，用户行为数据的分布形态则更加复杂多样。用户点击、购买、浏览等行为数据可能受到多种因素的影响，从而呈现出不同的分布特征。为了准确刻画用户行为模式，电商数据分析师需要灵活运用多种数据分析方法，以适应不同数据的分布形态。例如，我们可以采用聚类分析来识别具有相似行为模式的用户群体，或者利用时间序列分析来捕捉用户行为的动态变化趋势。

在其他领域如工业生产、环境监测等，数据分布形态的分析同样具有广泛应用。例如，在工业生产过程中，通过对生产数据的分布形态进行分析，我们可以及时发现生产过程中的异常情况，从而提高生产效率和产品质量。在环境监测领域，通过对环境数据的分布形态进行研究，我们可以揭示环境污染的来源和传播规律，为环境保护政策制定提供科学依据。

数据分布形态与实际应用密切相关。在不同领域的数据分析过程中，我们需要充分考虑数据的分布形态特征，并选择合适的数据分析方法以确保分析结果的准确性和可靠性。随着大数据技术的不断发展，数据分布形态分析将在更多领域发挥重要作用，为数据驱动的科学决策提供有力支持。

二、异常值检测技术研究

（一）异常值检测方法的原理与特点

异常值检测是数据处理和分析的重要环节，旨在识别和排除与大多数数据显著不同的值。各种异常值检测方法都有其独特的原理和特点，适用于不同的应用场景。

基于统计量的方法是异常值检测的常用手段之一。这类方法通过计算数据的统计量（如均值、标准差等），并设定相应的阈值来判断数据点是否为异常值。例如，我们可以利用拉依达准则（3σ准则）或箱线图来判断数据点是否超出正常范围。这类方法的优点在于简单直观，但阈值的设定往往依赖经验，且对数据的分布形态有一定假设。

基于距离的方法则是通过计算数据点之间的距离来判断异常值。这类方法认为异常值是与大多数数据点距离较远的点。常见的基于距离的方法包括K-最近邻（K-Nearest Neighbor，KNN）和局部异常因子（Local Outlier Factor，LOF）等。KNN方法通过计算数据点与周围K个最近邻的距离来判断其异常程度，而LOF方法则通过比较数据点与其周围点的局部密度差异来识别异常值。这类方法的优点在于能够处理多维数据，但对参数的选择敏感，且计算复杂度较高。

基于密度的方法是通过估计数据点的局部密度来判断异常值。这类方法认为异常值是位于低密度区域的点。常见的基于密度的方法包括DBSCAN和基于核密度估计的方法等。DBSCAN方法通过定义核心对象和邻域的概念来识别密度相连的点簇，并将孤立点视为异常值；而基于核密度估计的方法则通过拟合数据的概率密度函数来判断数据点的异常程度。这类方法的优点在于能够发现任意形状的簇并识别异常值，但对参数的设置和核函数的选择要求较高。

还有一些基于机器学习的方法被应用于异常值检测，如支持向量机、随机森林等。这些方法通过训练模型来学习数据的正常模式，并将与正常模式显著不同的点识别为异常值。这类方法的优点在于能够自动学习数据的特征并适应复杂的数据分布，但需要大量的标记数据来训练模型，且对模型的参数和性能调优有一定要求。

各种异常值检测方法都有其独特的原理和特点，适用于不同的应用场景。在实际应用中，我们需要根据数据的特性、异常值的类型以及具体需求来选择合适的检测方法。同时，我们也可以结合多种方法进行综合判断，以提高异常值检测的准确性和可靠性。

（二）异常值检测方法的具体技术

在深入研究异常值检测的过程中，我们进一步探讨了各种具体技术的实施细节及其应用场景。以下是对几种主流异常值检测技术的详细剖析。

1. 基于统计量的异常值检测

基于统计量的方法是通过计算数据集的统计特征，如均值、标准差、偏度和峰度等，来确定数据点的异常性。例如，对于服从正态分布的数据，我们可以使用Z-score或T-test等方法来识别那些显著偏离均值的点作为异常值。这种方法在金融领域的风险管理、医疗领域的生理指标监测等方面有广泛应用。

2. 基于距离的异常值检测

基于距离的方法主要依赖数据点之间的距离度量，常见的如欧氏距离、马氏距离等。通过计算每个数据点到其他数据点的平均距离或最近邻距离，可以识别出那些距离显著偏大的点作为异常值。这类方法在处理高维数据时特别有效，如图像识别中的异常图像检测、网络安全中的入侵检测等。

3. 基于密度的异常值检测

基于密度的方法考虑数据点的局部邻域密度，其认为密度显著偏低的数据点为异常值。典型的算法有局部异常因子算法，它通过比较数据点与其周围点的密度差异来识别异常值。这种方法在处理非均匀分布数据时表现优秀，如社交媒体中的异常行为检测、城市规划中的交通异常识别等。

4. 基于机器学习的异常值检测

基于机器学习的方法则利用机器学习模型对数据集进行建模，通过预测误差或模型输出来识别异常值。例如，使用支持向量机可以构建一个分类器来区分正常数据和异常数据；神经网络和深度学习模型则可以通过学习数据的复杂表示来检测异常值。这类方法在复杂系统的故障预测、金融市场的异常交易识别等领域有广泛应用。

异常值检测方法的选择应根据具体的应用场景和数据特性来决定。在实际应用中，我们可能需要结合多种方法以获得更准确的检测结果。此外，随着大数据和人工智能技术的不断发展，异常值检测将面临更多的挑战和机遇，值得进一步深入研究和探索。

（三）异常值检测算法的实现与优化

在实现异常值检测算法时，每一个步骤都至关重要，从数据预处理到模型训练，再到异常值检测，最后到结果的输出，每一步都需要细致操作和严谨思考。

数据预处理是异常值检测的首要步骤。在这一阶段，我们需要对数据进行清洗，去除重复、缺失或无效的数据，以确保数据集的准确性和完整性。同时，归一化处理也是必不可少的环节，它可以消除不同特征之间的量纲差异，使得算法能够更为准确地捕捉到数据中的异常。

接下来是模型训练阶段。在这一阶段，我们需要根据数据的特性和异常值检测的需求，选择合适的算法进行建模。无论是基于统计量的方法、基于距离的方法，还是基于密度的方法，抑或基于机器学习的方法，都需要根据具体情况进行灵活选择，并通过不断调整模型参数，以达到最佳的检测效果。

异常值检测阶段是整个流程的核心。在这一阶段，我们需要根据模型训练的结果，对数据集中的每个数据点进行逐一判断，识别出其中的异常值。这一过程需要严谨的逻辑推理和精细的操作技巧，以确保检测结果的准确性和可靠性。

最后是结果输出阶段。在这一阶段，我们需要将检测到的异常值以直观、易懂的方式展示出来，如可视化图表或报告文件等，以便后续的分析和处理。

为了提高异常值检测算法的准确性和效率，优化算法是关键。参数调优是提升算法性能的重要手段。通过不断调整算法的参数设置，我们可以找到最适合当前数据集的参数组合，从而提高异常值检测的准确率。特征选择也是优化算法的重要环节。挑选出对异常值检测最有影响的特征进行建模，不仅可以降低数据的维度和复杂性，还能使算法更加聚焦于关键信息，提高检测的灵敏度。此外，集成学习也是一种有效的优化方法。将多个算法的检测结果进行融合和综合分析，可以得到更为全面和准确的异常值检测结果。

异常值检测算法的实现与优化是一个系统而复杂的过程，我们需要在实践中不断探索和创新，以更好地满足实际应用的需求。

三、实验设计与分析

（一）实验方案与评估指标

在实验设计上，我们可采取多种数据分布形态分析和异常值检测方法来处理数据集，并对比它们的性能。具体来说，选取正态分布、偏态分布等常见的数据分布形态进行拟合，并利用图形法、统计量法和模型拟合法等方法对数据分布形态进行了识别。同时，我们可采用基于统计量、基于距离、基于密度和基于机器学习的多种异常值检测方法，以全面评估各种方法在实际数据上的表现。

为了客观评价各种方法的性能，我们可制定一套评估指标。对于数据分布形态的识别，主要考察识别准确率，即正确识别数据分布形态的比例。对于异常值检测，采用准确率、召回率等指标来评估不同方法的检测性能。这些指标能够综合反映检测方法的精确性和完整性，为选择合适的方法提供了重要依据。

（二）实验过程与结果分析

在实验过程中，我们按照实验方案逐步进行了数据分布形态识别和异常值检测。首先，利用图形法对数据集进行了直观的观察，发现数据分布呈现一定的偏态特征。接着，我们通过统计量法计算了数据的均值、方差、偏度和峰度等统计量，进一步确认了数据的偏态分布形态。最后，我们采用模型拟合法，选取了多种分布模型进行拟合，并根据拟合优度等指标选择了最佳的模型。

在异常值检测方面，我们分别应用了基于统计量、基于距离、基于密度和基于机器学习的方法。通过对比各种方法的检测结果，发现基于机器学习的方法在准确率和召回率上均表现出较好的性能，尤其是在处理复杂数据集时具有明显优势。而基于统计量和基于距离的方法在处理特定类型的数据集时也取得了不错的效果。

为了更直观地展示实验结果，我们绘制了混淆矩阵、ROC曲线等可视化图表。这些图表清晰地展示了各种方法在不同数据集上的表现，为进一步分析和改进方法提供了有力支持。

（三）实验结论与启示

通过实验验证，我们得出了以下结论：首先，在选择数据分布形态识别方法时，应根据数据的实际特征进行选取，以确保识别的准确性；其次，在异常值检测方面，基于机器学习的方法在处理复杂数据集时具有显著优势，但也需要结合具体场景和数据特性进行选择和优化；最后，实验过程中的评估指标和可视化图表对于分析和改进方法具有重要意义。

本次实验提供了宝贵的启示：在实际应用中，我们应充分考虑数据的分布形态和异常值情况，选择合适的方法进行处理和分析。同时，我们也应关注新兴技术的发展和应用，如深度学习在异常值检测领域的潜力，以期在未来的研究中取得更好的成果。

（四）实验结果与讨论

经过上述实验方法与步骤的实施，我们得到了一系列实验结果。以下是对这些结果的详细讨论。

1. 数据分布形态分析结果

通过图形法和统计量法的综合应用，我们成功地描述了数据集的分布形态。直方图和箱线图清晰地展示了数据的集中趋势、离散程度以及可能存在的异常值。统计量的计算进一步量化了这些特征，例如，通过偏度和峰度的计算，发现数据集呈现轻微的负偏态和较高的峰度，这表明数据分布具有一定的特殊性。

2. 异常值检测结果

我们采用基于密度的局部离群因子算法进行异常值检测，成功地识别出了一些与大多数数据显著不同的值。这些异常值在数据分布形态图中也得到了直观的体现，它们远离数据的主体部分，形成了明显的离群点。通过进一步分析这些异常值，我们发现它们可能是由于数据录入错误、测量误差或某些特殊事件导致的。

3. 讨论

实验结果验证了数据分布形态分析和异常值检测技术的有效性。数据分布形态分析有助于我们更好地理解数据的内在规律和特征，为后续的数据处理和分析提供了重要依据。异常值检测则有助于发现并处理数据中的异常情况，提高数据质量和分析的准确性。

不同的数据集可能呈现不同的分布形态和异常值特征。因此，在实际应用中，我们需要根据具体情况选择合适的数据分布形态分析方法和异常值检测技术。此外，随着大数据和机器学习技术的不断发展，未来可以进一步探索更加高效和准确的数据分布形态分析与异常值检测方法，以适应复杂多变的数据环境。

（五）实验结果与分析

通过详细分析实验结果，我们获得了一些有趣的发现。首先，数据分布形态的分析显示，交易金额主要服从正态分布，这表明大部分交易都在一个相对稳定的范围内进行，而极端的大额或小额交易较为少见。这一发现对理解客户的交易行为和制定相关金融策略具有重要意义。

交易时间字段的偏态分布提醒，交易并非均匀分布在一天的所有时间段，而是存在高峰期和低谷期。金融机构可以利用这一信息优化服务时间，提高交易处理的效率。

在异常值检测方面，LOF算法表现出色，成功识别出多个异常交易记录。这些异常交易具有显著的特征，如交易金额远超平均水平，或者交易时间高度集中。这些异常可能指示着潜在的欺诈行为、系统错误或是特殊的市场活动。进一步分析这些异常交易，发现它们往往与特定的客户或交易类型相关联，这为金融机构提供了风险预警和管理的有力工具。

异常值检测并不仅仅是识别出那些极端值，更重要的是理解这些异常背后的原因和含义。例如，某些异常交易可能是合法的大额交易，而另一些则可能是欺诈行为的迹象。因此，对于检测到的异常值，我们需要结合具体的业务场景和数据进行深入的分析和判断。

通过数据分布形态分析和异常值检测，我们能够更深入地理解金融交易数据的内在规律和潜在风险。这些分析结果不仅有助于金融机构优化业务流程，提高服务质量，还能为其风险管理和决策支持提供有力的数据支撑。

同时，我们也应认识到，数据分布形态和异常值检测只是数据分析的起点，而非终点。在未来的研究中，将进一步探索如何结合更多的数据源和业务知识，构建更为复杂和精细的数据分析模型，以更好地服务于金融行业的实际需求。同时，我们也将关注异常值检测算法的优化和改进，以提高其在大数据环境下的性能和准确性。

第三节 描述性统计在宏观经济指标分析中的应用

一、相关理论基础

（一）描述性统计

描述性统计，作为统计学的一个重要分支，其专注于对数据进行系统性的总结和描述。其核心目的在于揭示数据的分布特征、集中趋势以及离散程度，进而为研究者提供全面而深入的数据理解。在宏观经济指标分析中，描述性统计的应用显得尤为重要，因为它能够帮助更好地理解和解释复杂的经济数据。

在描述性统计的框架下，均值、中位数和众数被广泛应用于揭示数据的集中趋势。均值，即所有数据的平均值，反映了数据的总体水平。中位数，则是将数据从小到大排列后位于中间的数值，它对描述数据的中间位置具有重要意义。众数，则是数据中出现次数最多的数值，它揭示了数据的普遍水平或最常见的值。

除了集中趋势，数据的离散程度也是描述性统计关注的重点。方差和标准差是两个常用的衡量数据离散程度的指标。方差反映了数据与均值之间的偏离程度，而标准差则是方差的平方根，它衡量了数据的波动幅度。这两个指标能够帮助了解数据的稳定性和分布情况。

在宏观经济分析中，描述性统计的应用具有广泛性和实用性。例如，在研究人民币汇率的波动性时，可以利用均值和中位数来描述汇率的平均水平和中间水平，通过方差和标准差来衡量汇率的波动幅度和稳定性。这样的分析不仅有助于理解汇率的走势，还能为政策制定者提供有益的参考。

在探讨财政农业支出对农业增长的贡献时，描述性统计也发挥着重要作用。通过计算财政农业支出的均值、中位数和众数，可以了解支出的总体水平、中间水平和普遍水平。我们利用方差和标准差来分析支出的离散程度，有助于评估支出的稳定性和可持续性。这样的分析对于优化财政支出结构、促进农业持续增长具有重要意义。

在构建宏观经济指标体系的过程中，描述性统计也扮演着关键角色。通过对各项指标进行描述性统计分析，可以全面了解指标体系的整体特征和分布情况。这不仅有助于发现指标之间的关联性和差异性，还能为指标体系的优化和完善提供科学依据。

描述性统计在宏观经济指标分析中的应用具有重要意义。它不仅能够揭示数据的分布特征、集中趋势和离散程度，还能帮助更好地理解和解释经济数据。在未来的研究中，我们应进一步探讨描述性统计与宏观经济分析的深度融合，以推动经济学研究的持续发展和创新。

（二）宏观经济指标

宏观经济指标是反映国家整体经济运行状况的一系列量化指标，它们为政府、企业以及个人提供了关于经济活动的重要信息。这些指标不仅揭示了经济的增长速度和趋势，还反映了经济的稳定性和结构特点。国内生产总值（Gross Domestic Product，GDP）、通货膨胀率、失业率和利率等，都是常被引用的关键宏观经济指标。

国内生产总值是衡量一个国家或地区在一定时期内所有常住单位的生产活动的最终成果。它被广泛用作衡量经济增长的主要指标，可以反映一个国家或地区的经济规模和发展速度。通过比较不同时期的GDP数据，可以分析经济增长的快慢以及经济周期的变化。

通货膨胀率则是衡量物价水平上涨速度的指标，它反映了货币价值的变化。过高的通货膨胀率可能会导致物价飞涨，货币贬值，进而影响人民的生活水平和企业的投资决策。因此，通货膨胀率是宏观经济稳定与否的重要标志。

失业率显示了劳动力市场的状况，它是指在一定时期内失业人口与劳动力人口的比率。失业率的高低直接关系社会的稳定和经济的持续发展。高失业率可能意味着经济活动的减缓，而低失业率则通常与经济增长和充分就业相关联。

特别是利率，是宏观经济政策的重要工具。它直接影响借贷成本，进而对投资和消费产生影响。政府或中央银行通常会通过调整利率来控制货币供应，进而影响经济的运行。

宏观经济指标还可以根据其性质和作用进一步分类。例如，增长类指标主要关注经济的增长速度和发展趋势，如GDP增长率；稳定类指标则侧重于经济的稳定性和物价水平，如通货膨胀率和失业率；而先行指标则试图预测未来经济的走势，为政策制定者和投资者提供决策依据。

宏观经济指标是了解和评估一个国家或地区经济状况的关键工具。通过对这些指标的深入分析和解读，我们可以更好地把握经济的脉搏，为政策制定和投资决策提供科学依据。同时，这些指标也是国际间经济比较和交流的重要参照，有助于了解不同国家和地区的经济发展水平和特点。

（三）描述性统计与宏观经济指标的关系

描述性统计在宏观经济指标分析中占有举足轻重的地位，其通过数学和统计学的手段，对宏观经济数据进行整理、概括和描述，从而揭示数据的内在规律和特征。这种分析方法不仅有助于理解经济的整体状况，还能为政策制定者提供科学的决策依据。

宏观经济指标，如国内生产总值、通货膨胀率、失业率和利率等，是反映一个国家或地区经济状况的重要数据。这些数据通常具有复杂性和多样性，而描述性统计正是解读这些数据的有力工具。通过计算均值、中位数、众数等统计量，可以了解到宏观经济指标的中心趋势；而方差、标准差等则揭示了数据的离散程度，即经济活动的波动性和稳定性。此外，描述性统计还能帮助发现数据中的异常值，这些异常值可能代表着经济活动中的特殊情况或突发事件，对政策制定和风险防范具有重要意义。

以GDP为例，通过计算历年GDP的均值和增长率，可以对一个国家或地区的经济增长速度和趋势有一个大致的了解。如果GDP增长率持续保持在较高水平，说明该国或地区的经济发展势头良好；反之，如果增长率出现下滑，则可能意味着经济发展面临挑战。此时，政策制定者就需要根据这些描述性统计结果，结合其他宏观经济指标，制定相应的政策措施来刺激经济增长或防范金融风险。

通货膨胀率是另一个重要的宏观经济指标，它反映了货币价值的变化情况。通过描述性统计方法，可以分析通货膨胀率的波动范围和稳定性，从而判断一个国家的物价水平是否处于合理区间。如果通货膨胀率过高或波动过大，可能会对经济造成不良影响，如导致消费者购买力下降、企业成本上升等。此时，政策制定者需要密切关注通货膨胀率的变化情况，并采取相应措施来稳定物价水平。

失业率也是描述性统计在宏观经济分析中的一个重要应用方面。通过计算不同地区的失业率均值和方差等统计量，可以了解到劳动力市场的整体状况和就业形势。高失业率可能意味着经济发展不足或产业结构不合理等问题，需要政策制定者采取相应的措施来促进就业和经济增长。

利率作为宏观经济调控的重要手段之一，也受到了描述性统计的广泛关注。通过描述性统计方法分析利率的变动趋势和波动范围等特征，可以更好地了解货币市场的供求关系和资金流向情况。这些信息对政策制定者制定合理的货币政策和调控手段具有重要意义。

描述性统计在宏观经济指标分析中发挥着至关重要的作用。通过对宏观经济指标进行量化描述和总结，我们可以更加深入地了解经济的整体状况和内在规律，为政策制定提供科学依据。同时，描述性统计方法还能够提高分析的准确性和可靠性，帮助发现数据中的异常值和极端情况，为风险防范和应对措施提供有力支持。因此，在未来的宏观经济分析中，我们应该进一步加强对描述性统计方法的研究和应用，以更好地服务于经济发展和政策制定。

二、描述性统计在宏观经济指标分析中的应用方法

（一）数据可视化解读

数据可视化是将大量数据转化为视觉形式的过程，便于我们更直观地理解和分析数据。在宏观经济指标分析中，通过图表、图像等形式展示数据，能够帮助我们更清晰地看到经济指标的变化趋势、波动情况以及相互之间的关系。例如，通过绘制时间序列图，我们可以观察GDP、通货膨胀率等指标随时间的变化情况，进而分析经济的稳定性和增长趋势。

在数据可视化的基础上，我们需要对数据进行深入解读。这包括对数据的特征、趋势和模式进行识别和分析，以及探究数据背后的原因和影响因素。例如，当发现某一时期的失业率显著上升时，我们需要进一步探讨其背后的原因，如经济周期、政策调整或产业结构变化等，以便更准确地把握经济形势和政策效果。

数据可视化与解读过程中，我们还需要注意数据的可比性和一致性。由于宏观经济指标涉及多个领域和部门，数据来源和统计口径可能存在差异。因此，在进行比较分析时，我们需要确保数据的可比性和一致性，避免数据差异而导致分析结果的偏差。

数据可视化与解读是描述性统计在宏观经济指标分析中的重要应用环节。通过直观地展示数据和深入解读数据特征、趋势和模式，我们能够更全面地理解经济形势和政策效果，为政策制定提供科学依据。

（二）统计指标的选择与应用

在宏观经济指标分析中，选择合适的统计指标是至关重要的。不同的统计指标具有不同的经济含义和适用范围，因此我们需要根据研究目的和数据特点进行选择。例如，均值可以反映数据的平均水平，适用于衡量经济指标的总体水平；中位数和众数则可以揭示数据的集中趋势，有助于识别经济指标的主要特征和分布情况。

除了常规的统计指标，我们还可以根据具体需求构建复合指标或综合指数。例如，通过加权平均等方法将多个相关指标合成为一个综合指数，以便更全面地反映经济状况。此外，我们还可以利用标准差、变异系数等指标衡量数据的离散程度，进一步揭示经济指标的波动性和稳定性。

在应用统计指标时，我们需要注意其局限性和约束条件。例如，均值容易受到极端值的影响，因此在数据存在严重偏态分布时可能不够准确；同时，不同指标之间可能存在相关性或多重共线性问题，我们需要进行适当的处理和分析。

统计指标的选择与应用是描述性统计在宏观经济指标分析中的关键环节。通过合理选择和应用统计指标，我们能够更全面、准确地揭示经济状况和政策效果，为政策制定提供科学依据。

（三）异常值与缺失值的处理

在宏观经济指标的数据收集中，异常值和缺失值是常见的问题。异常值可能是数据录入错误、测量误差或特殊情况导致的极端数据点，而缺失值则可能是数据采集不全、遗漏或无法获取等原因造成的。这些问题的存在会对描述性统计分析造成干扰，因此我们需要进行适当的处理。

对于异常值，我们首先需要通过统计方法（如Z-score、IQR等）进行识别。一旦识别出异常值，我们可以根据实际情况选择删除、替换或用其他方法进行修正。在处理异常值时，需要谨慎判断其产生的原因，避免误删或误修重要信息。

对于缺失值，我们处理的方法包括删除含有缺失值的观测、对缺失值进行插补或使用模型进行估计。插补的方法可以是简单的均值、中位数、众数插补，也可以是更复杂的回归插补、多重插补等。选择哪种方法取决于数据的性质、缺失值的比例以及分析的目的。

无论是异常值还是缺失值的处理，都需要在保证数据质量的前提下进行，以确保描述性统计分析的准确性和可靠性。同时，处理过程中我们应详细记录所使用的方法和理由，以便在后续分析中提供参考和验证。

通过这些处理方法，我们可以有效地减少数据中的噪声和干扰，描述性统计在宏观经济指标分析中的应用更加准确和有效。

（四）常用描述性统计方法

在宏观经济指标分析中，描述性统计方法的应用是不可或缺的一环。其中，均值作为最基本的统计量之一，通过计算所有数据的平均值来反映数据的总体水平。这一方法在宏观经济分析中尤为重要，例如，在计算国内生产总值的平均增长率时，均值能够帮助了解一个国家或地区在一段时间内的整体经济增长情况。

中位数是另一个重要的描述性统计方法，它表示一组数据排序后位于中间位置的数值。在宏观经济分析中，中位数常用于揭示收入分布或消费水平的中间状态，从而提供一个关于经济状况的中等水平的参考。比如，在研究收入分配时，中位数收入能够反映出大多数人的收入水平，为政策制定者提供更为精准的扶贫或税收策略。

标准差则是衡量数据离散程度的一个重要指标，它反映了数据点与均值之间的偏离程度。在宏观经济分析中，标准差常用于评估经济指标的波动性或稳定性。例如，通货膨胀率的标准差可以揭示价格水平的波动情况，为货币政策制定提供参考。

除了上述基本的描述性统计方法，图形化展示也是一种直观且有效的分析手段。箱线图能够清晰地展示出数据的最大值、最小值、中位数等，一目了然地了解数据的分布情况和异常值。在宏观经济分析中，箱线图可以用于展示如失业率、经济增长率等指标的分布情况，揭示出经济状况的波动范围和稳定性。

直方图则是通过条形图的形式来展示数据的分布情况，每个条形的高度代表了对应数据区间的频数或频率。在宏观经济分析中，直方图常用于展示如收入水平、消费支出等连续型经济指标的分布情况。通过直方图，我们可以直观地观察到数据的主要集中区域和分散情况，为经济政策的制定提供有力支持。

均值、中位数、标准差以及箱线图和直方图等描述性统计方法在宏观经济指标分析中发挥着重要作用。它们不仅能够提供直观的数据展示，还能帮助深入理解经济现象的本质和规律。通过综合运用这些方法，我们可以更加全面、准确地把握宏观经济状况，为政策制定和决策提供科学依据。

（五）案例分析

以国内生产总值作为具体的宏观经济指标，通过描述性统计的方法，我们能够详细地揭示其增长动态与波动特性。GDP，作为衡量一个国家经济规模和经济增长的重要指标，其数据包含了丰富的经济信息和发展趋势。

首先，对GDP数据进行初步的均值和中位数计算。均值，即所有GDP数据的平均值，它能够反映出一个国家在一定时期内的总体经济水平。而中位数，则将所有的GDP数据分为两部分，一部分的数据比它大；另一部分的数据比它小，它能够有效地反映出GDP数据的中心趋势，特别是在数据分布不对称的情况下，中位数能够提供比均值更加稳健的中心趋势度量。

其次，为了深入探究GDP的波动情况，我们可以进一步计算其标准差和变异系数。标准差是衡量数据分布离散程度的一个重要指标，它能够反映出GDP数据偏离均值的程度，从而揭示出经济的稳定性。而变异系数则是标准差与均值的比值，它消除了均值大小对数据离散程度的影响，使得不同国家或不同时期的GDP波动性能够进行直接的比较。

最后，为了更好地理解GDP的增长趋势和周期性变化，我们可以利用时间序列图来直观地展示GDP的历史数据。时间序列图能够清晰地反映出经济的增长路径和波动模式，帮助识别出经济周期和潜在的增长拐点。

通过这些描述性统计方法的综合应用，我们不仅能够全面而深入地理解GDP的变化规律和影响因素，还能够为政策制定者提供科学的数据支持和决策依据。例如，在识别出经济周期后，政策制定者可以适时地调整财政政策和货币政策，以平滑经济波动并促进持续增长。同时，对GDP分布特征的深入理解也有助于政策制定者更加精准地定位经济发展中的短板和问题，从而制定出更加针对性和有效的政策措施。

三、实证分析

（一）数据来源与处理

在实证分析过程中，数据的来源与处理是至关重要的环节。为了确保分析的准确性和可靠性，我们特地从国家统计局官方网站获取了权威的宏观经济指标数据。这些数据涵盖了GDP、通货膨胀率和失业率等多个关键指标，为全面分析宏观经济状况提供了坚实的基础。

在数据预处理阶段，我们采取了严格的数据清洗和整理措施。首先，对原始数据进行了逐一核查，以识别和排除可能存在的异常值。这些异常值可能是数据录入错误、统计口径不一致或其他原因导致的，它们的存在会严重影响分析的准确性。因此，我们通过对比历史数据、分析数据变化的合理性等方法，成功剔除了这些异常值。

其次，我们也处理了数据中的缺失值问题。在某些情况下，由于各种情况，原始数据中可能会存在缺失值。为了确保数据的完整性，我们采用插值、回归等方法对缺失值进行了合理的填补。这一过程是在充分理解数据特性和变化趋势的基础上进行的，以确保填补后的数据能够真实反映原始数据的特征和规律。

经过这一系列的数据预处理工作，我们得到了一个完整、准确且具有代表性的数据集。这一数据集不仅为后续的描述性统计分析提供了可靠的基础，也为确保分析结果的准确性和可信度提供了有力保障。

在此基础上，进一步运用描述性统计方法对处理后的数据进行了深入分析。通过计算各项指标的均值、中位数、标准差等统计量，揭示了数据的分布特征、集中趋势和离散程度。这些统计结果不仅有助于我们更好地理解宏观经济指标的变化规律和趋势，也为政策制定者提供了有益的参考依据。同时，我们还结合实际情况对统计结果进行了合理解读，以确保分析结果的科学性和实用性。

（二）描述性统计分析结果

经过对所选宏观经济指标的详尽描述性统计分析，我们得出了以下具有洞察力的结果。

对于GDP而言，其均值达到了××万亿元，这反映出经济在考察期间内保持了较高的总体水平。中位数为××万亿元，与均值相近，这进一步印证了经济增长的稳定性。而标准差为××万亿元，虽然表明GDP增长过程中存在一定的波动性，但相较于均值和中位数而言，这种波动仍在可接受的范围内。这一系列的统计数据描绘出了稳健而持续的经济增长图景。

通过对GDP、通货膨胀率和失业率的描述性统计分析，不仅可以全面了解国家宏观经济的整体状况，还能洞察各经济指标之间的内在联系和相互影响。这为政策制定者提供了宝贵的决策依据，有助于他们更加精准地把握经济走势，制定出更加科学合理的经济政策。

（三）结果解读与讨论

在对宏观经济指标进行详尽的描述性统计分析之后，我们可以从中洞察到国家经济的深层运行规律与潜在风险。以下是对结果的进一步解读与讨论。

GDP作为衡量国家经济总量的关键指标，其稳定增长无疑是国家经济实力增强的直观体现。然而也注意到，GDP在增长过程中存在一定的波动性，这既反映了经济发展的动态性，也提示在追求经济增长的同时，我们更要关注其质量和可持续性。特别是在全球经济环境日趋复杂的背景下，如何保持经济增长的稳定性，避免大起大落，成为政策制定者需要深入思考的问题。

通货膨胀率的平稳波动则显示出国家物价水平的总体稳定。物价稳定是宏观经济调控的重要目标之一，对维护市场秩序、保障人民生活水平具有重要意义。然而，也不能因此忽视通货膨胀的潜在风险。特别是在全球通胀压力上升的情况下，如何有效应对外部冲击，保持国内物价水平的稳定，是摆在我们面前的一大挑战。

失业率的整体较低水平则从一个侧面反映了国家就业形势的良好。就业是民生之本，也是经济发展的重要支撑。较低的失业率意味着更多的劳动力得到了有效利用，为经济增长提供了源源不断的动力。然而，我们也应看到，失业率数据中蕴含的波动性和不确定性。因此，在保持就业形势总体稳定的同时，还需进一步加强就业保障体系建设，提高劳动力市场的灵活性和适应性，以应对可能出现的各种风险和挑战。

我们通过对宏观经济指标的描述性统计分析，不仅能够了解到国家经济的总体运行状况，还能从中发现潜在的问题和风险。这为政策制定者提供了宝贵的决策依据，有助于他们更加精准地把握宏观经济形势，制定出更加科学、合理的政策措施。同时，我们也应认识到，宏观经济分析是一个复杂而系统的工程，需要综合运用多种方法和技术手段进行深入挖掘和分析。只有这样，我们才能更好地揭示经济发展的内在规律，为国家的繁荣和人民的福祉贡献智慧和力量。

第五章　多元统计方法在经济分析中的高级应用

第一节 多元统计方法应用概述

一、相关理论基础

（一）主成分分析理论

主成分分析作为一种经典的降维方法，其核心思想在于通过寻找数据中的主要变化方向，将原始的多维数据投影到这些方向上，从而得到少数几个主成分。这些主成分能够最大限度地保留原始数据的信息，同时降低了数据的维度，后续的数据处理和分析变得更为简便。

在详细阐述主成分分析的理论之前，首先需要理解其背后的数学原理。主成分分析是通过对原始数据进行标准化处理，消除量纲和数量级的影响，使得各个指标之间具有可比性。计算数据的协方差矩阵，该矩阵反映了各个指标之间的相关性。通过求解协方差矩阵的特征值和特征向量，我们可以得到数据的主要变化方向，即主成分的方向。特征值的大小反映了对应主成分所包含的信息量，因此，我们可以根据特征值的大小来确定主成分的个数。

在实际应用中，主成分分析的实施流程通常包括以下几个步骤：首先，对原始数据进行标准化处理；其次，计算协方差矩阵；再次，求解协方差矩阵的特征值和特征向量；复次，根据特征值的大小选择主成分；最后，通过特征向量构建主成分的表达式，并得到主成分得分。这一流程不仅简化了数据结构，还揭示了数据中的内在规律。

主成分分析在各个领域都有广泛的应用。在数据预处理方面，主成分分析可以有效地降低数据的维度，减少冗余信息，提高数据处理的效率。在特征提取方面，主成分分析能够提取出数据中的主要特征，为后续的分类、聚类等任务提供有力的支持。在图像压缩方面，主成分分析可以将图像数据投影到少数几个主成分上，从而实现图像的压缩存储和传输。

主成分分析作为一种基于“降维”思想的多元统计方法，通过将多个相关指标进行线性组合，形成少数几个综合指标，简化了数据结构，提高了数据处理的效率。同时，主成分分析还揭示了数据中的内在规律，为后续的数据分析提供了有力的支持。在实际应用中，我们应根据具体需求和数据特点选择合适的主成分个数，并结合其他统计方法进行深入分析。

（二）因子分析理论

因子分析，作为一种基于“潜在变量”思想的多元统计技术，其核心理念在于通过提取少数几个潜在因子来解释多个观测变量之间的相关性，从而达到简化复杂数据结构的目的。这种方法假设观测到的变量是少数潜在因子与随机误差项共同影响的结果。

在实际应用中，因子分析被广泛应用于心理学、社会学、经济学等多个领域。例如，在心理学领域，因子分析常被用于构建理论模型，评估量表的结构效度；在经济学领域，它则常被用来分析经济指标之间的关联，以及识别影响经济发展的潜在因素。

与主成分分析相比，因子分析更注重解释观测变量之间的相关性，而主成分分析则更注重数据的降维和特征的提取。尽管两者都旨在简化数据结构，但它们的统计依据、数学模型以及计算方法存在显著差异。因此，在实际应用中，我们需要根据具体的研究目的和数据特点来选择合适的方法。

因子分析是一种强大的多元统计技术，其能够深入挖掘数据中的潜在结构，揭示观测变量之间的内在联系。在未来的研究中，随着数据科学和统计技术的不断发展，因子分析有望在更多领域发挥其独特的优势和作用。

因子分析在实际操作中还需要注意一些问题。例如，在提取公因子时，我们需要确定合适的因子数量，这通常需要通过一些统计检验方法来实现，以确保提取的因子具有实际意义。同时，在解释因子时，我们也需要注意避免过度解读或误读因子的意义，以确保研究结果的准确性和可靠性。

近年来随着计算机技术的快速发展，因子分析的算法和实现方式也在不断改进和优化。例如，一些研究者提出了基于并行化算法的因子分析方法，以提高大规模数据处理的效率和准确性。这些新方法和技术的发展为因子分析在更多领域的应用提供了有力支持。

因子分析作为一种重要的多元统计方法，在简化数据结构、揭示观测变量内在联系等方面具有显著优势。通过深入理解和掌握因子分析的理论和方法，我们能够更好地应用它来解决实际研究中的问题，推动相关领域的科学发展和进步。

（三）主成分分析理论与因子分析理论的比较与联系

主成分分析与因子分析，两者在数据处理与分析中均占据重要地位，尤其在降维与变量筛选方面。尽管它们有着相似的应用目标，但在基本原理、数学模型以及应用场景上存在显著差异。

主成分分析的核心在于通过线性组合的方式，从原始数据中提取主要信息，进而形成少数几个综合指标，即主成分。这些主成分能够保留原始变量的大部分信息，并且彼此之间保持独立。这一方法的关键在于对原始数据进行标准化处理，进而计算协方差矩阵，并求解其特征值和特征向量。根据特征值的大小，我们可以确定主成分的个数，并通过特征向量构建出主成分的表达式。因此，主成分分析在数据预处理、特征提取以及图像压缩等领域得到了广泛应用。

相较于主成分分析，因子分析则侧重于通过提取潜在因子来解释观测变量之间的相关性。它假设观测变量是由少数几个潜在因子和随机误差项共同决定的。因子分析的模型构建涉及提取公因子、估计因子载荷以及旋转因子等步骤。此方法能够深入挖掘数据中的潜在结构，从而揭示观测变量之间的内在联系。因子分析在心理学、社会学以及经济学等多个领域均有所应用，尤其是在构建理论模型和评估量表结构方面。

尽管主成分分析与因子分析在基本原理和数学模型上有所不同，但它们在数据降维和提高模型效率方面具有共同的目标。例如，在体检数据分析中，主成分分析可以提取出影响健康的主要因素，而因子分析则能够揭示这些因素之间的内在联系和影响机制。

主成分分析与因子分析并非相互排斥，而是可以相互补充的。在某些复杂的数据分析场景中，我们可以先使用主成分分析进行数据降维，再利用因子分析深入挖掘潜在结构。这种综合应用的方式有助于更全面、深入地理解数据，从而为后续的决策提供更加准确、科学的依据。

主成分分析与因子分析在降维与变量筛选方面各具特色，选择哪种方法取决于具体的研究需求和数据特点。在实际应用中，我们应充分考虑这两种方法的优势和局限性，结合实际情况做出最佳选择。同时，不断探索和创新数据分析方法也是重要课题之一，以期在大数据时代背景下更好地挖掘数据的价值，为各行业的发展提供有力支持。

二、相关方法论的实施步骤

（一）主成分分析与因子分析的实施步骤

主成分分析与因子分析虽然有着不同的理论背景和数学模型，但在实际应用中，它们的实施步骤具有一定的相似性。以下将分别介绍这两种分析方法的实施步骤，并强调其中的关键环节。

对于主成分分析而言，其实施步骤主要包括以下几个阶段：首先，对原始数据进行标准化处理，以消除不同变量之间的量纲差异和数量级差异，确保各变量在后续分析中具有相同的权重。其次，计算标准化数据的协方差矩阵，以反映各变量之间的相关性。再次，通过求解协方差矩阵的特征值和特征向量，确定主成分的数量和表达式。在这一步骤中，特征值的大小反映了对应主成分所包含的信息量，而特征向量则决定了主成分的构成方式。最后，根据实际需要，选择合适的主成分个数进行后续分析。

与主成分分析相比，因子分析的实施步骤则更加注重潜在因子的提取和解释。具体而言，因子分析的步骤包括：首先，对原始数据进行相关性分析，以判断数据是否适合进行因子分析。如果数据之间的相关性较高，说明存在潜在的公共因子，可以进行因子分析。其次，通过特定的方法（如主成分法、极大似然法等）提取公共因子，并估计因子载荷矩阵。因子载荷矩阵反映了各观测变量与公共因子之间的关系强度和方向。再次，为了使公共因子更具实际意义，我们可以对因子载荷矩阵进行旋转处理（如正交旋转、斜交旋转等），以得到更易于解释的因子结构。最后，根据旋转后的因子载荷矩阵和公共因子的得分情况，可以对观测数据进行进一步的分类、评价或预测等分析。

在实施主成分分析与因子分析时，我们需要注意以下几个关键环节：一是数据质量的控制，包括数据的真实性、完整性和一致性等；二是模型选择的合理性，即根据实际问题和数据特点选择合适的分析方法；三是参数设置的科学性，如主成分个数的确定、因子旋转方式的选择等；四是结果解释的准确性，即结合专业知识和实际背景对分析结果进行合理解释和推断。这些关键环节的把握对于确保主成分分析与因子分析的有效性和可靠性至关重要。

（二）主成分分析实施步骤

主成分分析的实施步骤详尽而严谨，每一步都承载着重要的数学和统计原理。以下是对这些步骤的详细阐述，以及它们在整个分析过程中的作用和意义。

数据标准化是主成分分析的基石。由于原始数据中的各个变量可能具有不同的量纲和数量级，直接进行分析可能会导致结果的偏差。数据标准化通过一定的数学变换，使得每个变量的均值为0，方差为1，从而消除了量纲的影响，为后续分析提供了统一的尺度。

计算标准化后数据的协方差矩阵。协方差矩阵是衡量各个变量之间相关性的重要工具，它反映了变量间的协同变化趋势。在主成分分析中，协方差矩阵的计算是为后续求解特征值和特征向量做准备。

然后，通过求解协方差矩阵的特征值和特征向量，我们可以得到主成分的基本构成元素。特征值反映了对应主成分所携带的原始数据信息量的大小，而特征向量则决定了主成分的构成方式。这一步是主成分分析的核心，它找到了数据的主要变化方向和关键信息。

在确定主成分的个数时，通常需要根据特征值的大小进行选择。一般来说，我们会选择累计贡献率达到一定比例（如85%）的前几个主成分，以确保所选取的主成分能够涵盖原始数据的大部分信息。这一步的决策直接影响降维的效果和信息的保留程度。

构建主成分表达式是利用特征向量将原始数据转换为主成分的过程。每个主成分都是原始变量的线性组合，其系数由对应的特征向量决定。通过这一步，实现了数据的降维和关键信息的提取。

解释主成分是整个分析过程的收尾工作。其需要结合专业知识和实际背景，对提取出的主成分进行合理的解释和命名。这一步不仅有助于理解数据的内在结构和含义，还为后续的应用和决策提供了重要的参考依据。

主成分分析的实施步骤环环相扣，每一步都承载着重要的统计原理和实际意义。通过这些步骤的严谨执行，我们能够有效地提取出数据中的关键信息，实现数据的降维和简化，为后续的分析和应用提供便利。

（三）因子分析实施步骤

因子分析作为一种深入挖掘数据内在结构的方法，其实施步骤至关重要。以下是因子分析的详细实施步骤。

1. 数据探索与初步分析

在开始因子分析之前，对数据进行初步的探索性分析是必要的。这包括了解数据的分布、识别潜在的异常值、检查数据的缺失情况，以及初步评估变量之间的关系。这一步骤有助于为后续的数据标准化和因子提取提供基础。

2. 数据标准化

为了确保不同变量之间的可比性，我们需要对原始数据进行标准化处理。标准化的目的是消除不同变量之间的量纲和数量级差异，所有变量在因子分析中具有相同的权重。标准化通常采用z-score方法，即减去均值并除以标准差。

3. 相关性检验

在提取公因子之前，我们需要检验数据是否适合进行因子分析。这通常通过计算变量间的相关系数矩阵来实现，以判断变量之间是否存在足够的相关性。如果变量之间几乎没有相关性，那么因子分析可能不是合适的数据分析方法。

4. 提取公因子

公因子的提取是因子分析的核心步骤之一。常用的提取方法包括主成分法、主轴因子法、极大似然法等。这些方法的目标都是识别能够解释数据变异的主要因子。在这个过程中，我们需要确定要提取的因子数量。这通常基于特征值、累积方差贡献率或碎石图等准则来决定。

5. 估计因子载荷

因子载荷表示观测变量与公因子之间的关系强度。通过计算因子载荷矩阵，我们可以了解每个观测变量在各个公因子上的权重。这有助于解释公因子的实际意义，并为后续的因子旋转提供基础。

6. 旋转因子

因子旋转的目的是使得提取的公因子具有更明确的实际意义。通过旋转因子载荷矩阵，我们可以改变因子的解释性，每个因子代表更具体、更独立的维度。常用的旋转方法包括正交旋转（如varimax旋转）和斜交旋转。旋转后的因子载荷矩阵更易于解释，有助于理解数据的内在结构。

7. 计算因子得分

因子得分是观测数据在各个公因子上的投影值，反映了观测数据在各个因子维度上的表现。通过计算因子得分，我们可以对观测数据进行降维表示，便于后续的数据分析和可视化。

8. 解释与验证

结合专业知识和实际背景对提取的公因子进行解释和验证。这包括分析每个公因子的实际意义、识别与特定因子相关联的观测变量，并可能通过与其他数据源或先前研究的对比来验证因子的有效性。

通过以上步骤，因子分析可以深入理解数据的内在结构，提取关键信息，并为后续的数据分析和决策提供支持。

三、实证分析与应用案例

（一）实证分析过程与结果

在对信用评级数据进行主成分分析与因子分析之前进行了详尽的数据探索，以确保数据质量并识别出潜在的数据问题。数据清洗和预处理阶段去除了无效和重复数据，对缺失值进行了插补，并对异常值进行了适当处理。接着，对数据进行了标准化，以消除不同变量之间的量纲差异，确保分析的准确性。

1. 主成分分析应用

在主成分分析中，我们首先计算了数据的协方差矩阵，进而求解其特征值和特征向量。根据特征值的大小，选择了前几个主成分，这些主成分的累计贡献率达到了预定的阈值，从而有效地降低了数据的维度。通过主成分分析，我们成功地将原始的多个观测变量压缩为少数几个主成分，这些主成分不仅保留了原始数据的大部分信息，而且彼此之间相互独立。

主成分分析的结果显示，第一主成分主要反映了客户的“能力”和“资本”，表明这些因素在评估客户信用等级时占据主导地位。第二主成分则更多地体现了“担保”和“环境”因素，显示了这些方面在信用评级中的重要性。通过对主成分的解读，我们能够更清晰地理解影响信用评级的关键因素。

2. 因子分析应用

在因子分析中，我们采用了适当的方法提取公因子，并估计了观测变量与公因子之间的因子载荷。为了更好地解释公因子的含义，我们对因子载荷矩阵进行了旋转。通过因子分析，我们深入挖掘了数据中的潜在结构，揭示了观测变量之间的内在联系。

因子分析的结果揭示了几个潜在的公共因子，这些因子分别对应着不同的信用评级维度。例如，某个公共因子可能主要反映了客户的经济实力和偿债能力，而另一个公共因子则可能更多地与客户的信用历史和还款意愿相关。这些公共因子的提取和解释，为金融服务公司提供了更全面的客户信用画像，有助于更准确地评估客户的信用等级。

（二）结果比较与讨论

通过对比主成分分析和因子分析的结果，我们发现这两种方法都能有效地降低数据的维度并提取关键信息。主成分分析更注重数据的压缩和变量的去相关性，而因子分析则更侧重于挖掘数据中的潜在结构和内在联系。在实际应用中，这两种方法各有优势，应根据具体需求和研究目的进行选择。

对于金融服务公司而言，主成分分析和因子分析提供了从不同角度审视客户信用数据的手段。通过这些分析方法，公司能够更深入地了解客户的信用状况，从而制定更精准的信贷政策和风险控制策略。这不仅有助于提高信贷效率，还能有效降低信贷风险，为公司的稳健运营提供有力支持。

（三）因子分析应用实例

我们同样采用该金融服务公司的信用评级数据，将详细阐述因子分析在挖掘潜在结构和解释观测变量相关性方面的应用。在数据标准化之后，我们首先采用主成分法提取公因子。通过计算，我们发现前几个公因子的累计方差贡献率已经达到了一个相当高的比例，这意味着这些公因子已经足够代表原始数据的大部分信息。

进行因子载荷的估计有助于理解每个公因子与观测变量之间的关系。通过观察因子载荷矩阵，可以清晰地看到哪些变量在哪些公因子上有较高的载荷，从而理解这些公因子的实际意义。

为了进一步增强公因子的解释性，我们对因子载荷矩阵进行了旋转。旋转后的矩阵显示出更加明显的结构，使得每个公因子与特定的几个观测变量高度相关，这大大简化了数据结构并提高了可解释性。

根据旋转后的因子载荷矩阵计算了每个公因子的得分，这些得分可以用于后续的分析和建模。通过分析这些得分，我们发现第一个公因子主要与客户的个人财务状况相关，可以解释为“财务稳健性”；而第二个公因子则更多地与外部环境因素相关联，如市场状况和政策变化，可以命名为“外部环境因子”。

我们通过因子分析，不仅能够有效地降低数据的维度，还能揭示出观测变量之间的内在联系，为后续的决策提供了有力支持。与主成分分析相比，因子分析在解释性方面有着独特的优势，它能够更深入地理解数据的潜在结构。

通过深入探讨因子分析如何在实际应用中发挥作用，特别是在金融服务公司的信用评级数据分析中。我们将以同一份信用评级数据为例，详细阐述因子分析的各个步骤，并解读其结果。

首先，数据的标准化处理是因子分析的前提。这一步骤的目的是消除不同变量之间的量纲和数量级差异，使得所有变量在后续分析中处于同等地位。标准化处理通常采用z-score方法，将原始数据转化为均值为0、标准差为1的标准正态分布。

其次，我们采用主成分法来提取公因子。主成分法是一种常用的因子提取方法，它通过对标准化后的数据计算协方差矩阵，并求解其特征值和特征向量，从而确定公因子的个数和载荷。在这一过程中，根据特征值的大小和累计贡献率来确定要提取的公因子个数。一般来说，选择累计贡献率达到一定水平（如80%或90%）以上的公因子。

再次，在提取出公因子后，我们需要计算因子载荷矩阵。因子载荷矩阵反映了观测变量与公因子之间的关系强度和方向。为了更直观地解释公因子的含义，通常会对因子载荷矩阵进行旋转。旋转的方法有多种，如正交旋转和斜交旋转等，具体选择哪种方法应根据实际情况和研究目的来确定。

最后，旋转后的因子载荷矩阵提供了更清晰的公因子解释。在本例中，成功提取了两个公因子。第一个公因子与能力、品格、资本、担保等变量密切相关，这些变量都是衡量个人信用状况的关键因素，因此可以将这个公因子解释为“个人信用状况”；第二个公因子则与环境变量密切相关，环境变量主要反映了宏观经济环境对信用评级的影响，因此可以将这个公因子解释为“宏观经济环境”。

通过因子分析，我们不仅实现了数据的降维处理，简化了数据结构，还揭示了观测变量之间的内在联系。这种内在联系在信用评级领域具有重要意义，它可以更深入地理解客户的信用状况及其影响因素，从而为金融机构提供更准确、更可靠的信用评估服务。同时，因子分析的结果也为后续的数据挖掘和建模工作提供了有力的支持。

第二节 聚类分析在市场细分、消费者行为研究中的应用

一、聚类分析基本理论

（一）聚类分析的定义与原理

聚类分析，作为一种无监督的机器学习方法，其核心目标是将数据对象划分为不同的簇或群组。这种划分的标准是使得同一簇内的数据对象间具有较高的相似度，而不同簇之间的数据对象则展现出较低的相似度。这一方法的关键在于通过计算数据对象之间的相似性度量，例如距离或相似系数，来确定它们之间的关联程度。在实际操

作中，我们常采用的相似性度量方法包括欧氏距离、曼哈顿距离以及夹角余弦等。

欧氏距离，也称为欧几里得距离，是在多维空间中测量两点之间的直线距离。这种方法简单直观，适用于连续型变量的相似性度量。曼哈顿距离，又称为城市街区距离，是按照网格线行走的距离来计算，它对于数据中的离群点或异常值较为稳健。夹角余弦则是通过计算两个向量的夹角来衡量它们之间的相似性，更侧重于方向上的相似性而非距离上的接近程度。

聚类分析的过程大致可以分为以下几个步骤：首先，选择适合的相似性度量方法，这是聚类分析的基础；其次，根据所选的相似性度量方法，对数据对象进行两两比较，计算它们之间的相似度；再次，基于相似度计算结果，将数据对象分组，形成不同的簇；最后，对形成的簇进行评估和优化，确保同一簇内的数据对象尽可能相似，而不同簇之间的数据对象尽可能不同。

聚类分析在市场细分和消费者行为研究中的应用尤为广泛。通过聚类分析，企业可以将消费者划分为不同的群体，每个群体具有相似的消费习惯和需求特点。这有助于企业更精准地理解消费者，制定针对性的营销策略，提高市场竞争力。同时，聚类分析还可以揭示消费者行为的内在规律和特征，为企业预测和引导消费者行为提供有力支持。

在电信行业中，通过聚类分析，我们可以将家庭客户细分为不同的群体，如高消费群体、低消费群体、稳定消费群体等。针对不同群体，电信运营商可以制定不同的套餐和优惠政策，以满足不同消费者的需求。这不仅可以提高客户满意度和忠诚度，还可以实现精细化营销，提升市场竞争力。

在商业银行个人理财产品市场细分中，聚类分析也发挥着重要作用。通过对客户的购买历史、风险偏好、资产规模等数据进行聚类分析，银行可以将客户划分为不同的群体，并针对不同群体推出适合的理财产品。这不仅可以提高产品的销售量，还可以降低市场风险，实现双赢。

聚类分析作为一种无监督的机器学习方法，在市场细分和消费者行为研究中具有广泛的应用价值和意义。通过选择合适的相似性度量方法和聚类算法，企业可以更深入地了解消费者需求和行为模式，为制定营销策略、产品开发和市场推广提供有力支持。

（二）常用聚类算法介绍

聚类分析算法在数据挖掘领域扮演着重要角色，它们能够根据不同的数据特性将数据对象划分为多个簇。这些算法种类繁多，各具特色，其中K均值聚类、层次聚类、密度聚类和网格聚类是几种常用的方法。

K均值聚类是一种基于划分的聚类算法，其核心思想是通过迭代优化目标函数，将数据对象划分为K个簇。这种算法的优势在于其简单易懂且计算速度快。它也存在一定的局限性，特别是对初始聚类中心的选择和K均值的确定较为敏感。在实际应用中，选择合适的K均值和初始聚类中心是确保聚类效果的关键。

层次聚类则采用了一种树形结构的聚类方式，它通过不断合并或分裂数据对象来形成不同层次的聚类结果。这种算法能够产生不同粒度的聚类结果，从而为用户提供更灵活的选择。层次聚类的计算复杂度相对较高，且需要人工设定合并或分裂的停止条件，这在一定程度上增加了操作的难度和主观性。

密度聚类是基于数据对象的局部密度和连通性来进行聚类的。它能够识别任意形状的簇，因此在处理复杂数据结构时具有较大的优势。在实际应用中，我们需要根据数据的实际特性来合理设定密度参数。

网格聚类则是一种基于数据网格的聚类方法。它将数据空间划分为有限数量的网格单元，并在这些网格单元上进行聚类操作。这种方法的优势在于其计算速度快且对大数据集具有较好的适应性。网格单元的划分和聚类结果的精度之间需要权衡。过细的网格划分可能会导致过多的簇，而过粗的划分则可能无法准确反映数据的实际结构。

不同的聚类算法具有各自的优势和局限性。在实际应用中，我们需要根据数据的特性和分析目的来选择合适的聚类算法。同时，我们也需要注意聚类算法的参数设置和结果解释，以确保聚类结果的准确性和可靠性。通过合理运用这些聚类算法，我们可以更深入地了解数据的内在结构和特征，从而为市场细分和消费者行为研究提供有力支持。

（三）不同聚类算法优缺点比较

不同聚类算法在性能和应用场景上存在显著差异，因此，在实际应用中，需要根据具体的数据特性和分析目标来选择合适的算法。以下是几种常用聚类算法的优缺点比较。

K均值聚类以其简单易懂和计算速度快的特点而受到广泛应用。这种算法也存在明显的缺点。它对于初始聚类中心的选择和K均值的设定极为敏感，不同的初始设定可能导致完全不同的聚类结果。此外，K均值聚类对噪声和异常点也较为敏感，这些因素可能严重干扰聚类的准确性。

层次聚类算法能够产生不同粒度的聚类结果，这是其独特的优势。它可以通过合并或分裂数据对象形成不同层次的聚类，从而满足不同的分析需求。层次聚类的计算复杂度较高，尤其是在处理大规模数据集时，其效率问题更为突出。此外，层次聚类需要人工设定合并或分裂的停止条件，这增加了操作难度和主观性。

密度聚类算法能够识别任意形状的簇，这使得它在处理复杂数据结构时具有显著优势。密度聚类对密度参数的设定较为敏感，不同的参数设定可能导致截然不同的聚类结果。同时，密度聚类的计算复杂度也相对较高，特别是在处理大规模数据集时，其性能可能受到限制。

网格聚类算法以其计算速度快和对大数据集适应性好的特点而受到关注。网格单元的划分和聚类结果的精度需要权衡。过于精细的网格划分可能导致计算量增加，而过于粗糙的划分则可能影响聚类结果的准确性。此外，网格聚类对噪声和异常点的处理能力相对较弱。

每种聚类算法都有其独特的优点和局限性。在实际应用中，我们需要根据数据特性和分析目标来选择合适的算法。例如，在处理大规模数据集且对计算速度有较高要求时，可以考虑使用网格聚类算法；而在需要识别复杂数据结构中的任意形状簇时，则可以选择密度聚类算法。

二、市场细分中的聚类分析应用

（一）聚类分析在市场细分中的具体应用

在市场细分领域，聚类分析的应用显得尤为重要。企业面临着多样化的消费者需求和市场环境，通过聚类分析，我们可以更为精确地识别出不同的消费者群体，进而实现资源的优化配置和营销策略的精准投放。

聚类分析在市场细分中的应用主要体现在以下几个方面。

1. 消费者群体划分

通过收集消费者的购买记录、消费习惯、人口统计信息等多维度数据，我们利用聚类算法可以将消费者划分为不同的群体。这些群体在消费行为、偏好和需求上具有较高的内部一致性，有助于企业针对不同群体制定差异化的营销策略。例如，在快消品市场，通过聚类分析发现某一群体消费者偏好健康、天然的食品，企业可以针对这一群体推出符合其需求的产品，并通过定向营销提升其购买意愿。

2. 市场机会识别

聚类分析不仅可以帮助企业了解现有消费者群体的特征，还可以揭示潜在的市场机会。通过对市场数据的聚类分析，企业可能发现某些尚未被充分开发或服务的细分市场。这些细分市场可能代表着新的消费趋势或未被满足的需求，为企业提供了创新和拓展的机会。例如，在新能源汽车市场，通过聚类分析发现某一细分市场对高性能、长续航的电动车型有较高需求，企业可以针对这一细分市场投入研发资源，推出符合市场需求的新产品。

3. 营销策略优化

基于聚类分析的市场细分结果，企业可以更加精准地制定和调整营销策略。通过对不同消费者群体的特征分析，企业可以选择合适的营销渠道、传播方式和促销手段，以提高营销活动的有效性和转化率。例如，在时尚服装市场，针对通过聚类分析识别出的不同风格偏好的消费者群体，企业可以分别设计符合其审美需求的广告宣传和产品线，并通过定向推送实现精准营销。

4. 客户关系管理

聚类分析还有助于企业优化客户关系管理。通过对客户数据进行聚类分析，企业可以识别出高价值客户、潜在客户和流失风险等不同类型的客户群体。针对不同类型的客户群体，企业可以采取相应的客户关系维护策略，如提供个性化服务、加强沟通互动、推出优惠活动等，以提升客户满意度和忠诚度。例如，在电信服务市场，通过聚类分析发现某一客户群体具有较高的离网风险，企业可以针对这一群体提供优惠套餐或增值服务，以降低其离网意愿并提升客户黏性。

聚类分析在市场细分中的应用具有广泛性和深入性。通过合理利用聚类分析技术，企业可以更为精确地把握市场动态和消费者需求，为制定有效的营销策略和市场决策提供有力支持。

（二）市场细分策略的制定与优化

在制定和优化市场细分策略时，企业应充分利用聚类分析的结果，深入挖掘数据背后的价值，以便更精确地满足各类消费者的需求。以下是基于聚类分析结果的市场细分策略制定与优化的详细探讨。

1. 精准定位目标市场

聚类分析能够将消费者细致分类，揭示不同群体的独特特征和需求。企业应根据这些分类结果，精准定位目标市场。例如，对于追求高端品质和个性化服务的消费者群体，企业可以将其定位为高端市场，并推出相应的高价值产品和服务。而对于价格敏感、注重性价比的消费者，企业可以推出经济实惠的产品线，并通过促销活动吸引他们。

2. 定制化的产品组合

了解不同消费者群体的需求和偏好后，企业应优化产品组合，以满足各类消费者的特定需求。例如，对于年轻、时尚的消费者群体，我们可以推出设计新颖、功能多样的产品；而对于成熟、稳重的消费者群体，我们则应注重产品的品质和实用性。此外，企业还可以根据聚类分析结果，预测未来市场趋势，提前布局新产品线。

3. 提高营销活动的针对性

根据聚类分析揭示的消费者购买行为和消费习惯，企业可以选择最合适的营销渠道和促销方式。例如，对于经常使用社交媒体的年轻消费者群体，企业可以通过社交媒体平台进行精准广告投放和互动营销活动。同时，针对不同类型的消费者群体，企业还可以设计差异化的促销活动，如限时折扣、买一赠一等，以提高销售转化率。

4. 加强客户关系管理

聚类分析不仅可以帮助企业了解消费者的当前需求，还能预测其未来需求变化。

因此，企业应密切关注聚类分析结果，及时调整客户关系管理策略。例如，对于高价值消费者群体，企业可以提供更加个性化的服务和关怀，如专属客服、定期回访等，以提高客户满意度和忠诚度。同时，对于潜在的高价值消费者群体，企业也应积极培育和维护关系，以期将其转化为忠实客户。

通过充分利用聚类分析结果，企业可以更加精准地制定和优化市场细分策略，从而更好地满足消费者需求、提升市场份额和竞争力。

三、消费者行为研究中的聚类分析应用

（一）消费者行为研究的内容与目标

消费者行为研究是市场营销领域的一个重要分支，其核心目的在于揭示消费者在购买、使用、评价和处理产品或服务过程中的心理和行为规律。通过深入研究消费者的需求、态度、感知、决策等各个环节，企业能够更准确地把握市场动态，为产品开发、营销策略制定提供有力的数据支持。

在消费者行为研究中，需求分析是至关重要的一环。消费者的需求是多种多样的，而且随着时间和情境的变化而不断变化。通过聚类分析，企业可以将具有相似需求的消费者聚集在一起，进而针对这些不同的需求群体开发相应的产品或服务。例如，在智能手机市场，有些消费者更注重拍照功能，有些消费者则更看重电池续航能力。通过聚类分析，企业可以识别出这些不同的需求群体，并据此推出符合他们需求的产品。

购买决策过程分析是消费者行为研究的另一个重要方面。消费者在做出购买决策时，会经历一系列的心理和行为过程，包括问题识别、信息收集、方案评估、购买决策和购后行为等。聚类分析可以帮助企业了解不同消费者在购买决策过程中的共性和差异，从而制定更加精准的营销策略。例如，对于在购买决策过程中更注重性价比的消费者，企业可以通过提供优惠券、打折促销等方式来吸引他们。

消费偏好分析也是消费者行为研究的重要内容之一。不同消费者对于产品或服务的偏好是不同的，这些偏好可能受到文化、社会、个人和心理等多种因素的影响。通过聚类分析，企业可以将具有相似偏好的消费者聚集在一起，并据此调整产品或服务的设计和推广方式。例如，在餐饮行业，有些消费者更喜欢辣味食物，而有些消费者则更偏爱甜食。通过聚类分析识别出这些不同的偏好群体后，餐厅可以推出更符合消费者口味的美食。

购买频率和忠诚度分析也是消费者行为研究中不可忽视的一部分。消费者的购买频率和忠诚度直接影响企业的销售额和市场份额。通过聚类分析，企业可以识别出高频购买和忠诚的消费者群体，进而制定相应的营销策略来维护和拓展这部分客户群

体。例如，对于经常购买某一品牌产品的消费者群体，企业可以通过提供会员服务、积分兑换等方式来增强他们的忠诚度和购买意愿。

消费者行为研究中的聚类分析应用具有广泛的实际意义和应用价值。通过深入研究消费者的需求、购买决策过程、消费偏好以及购买频率和忠诚度等方面的特征和行为模式，企业可以更加精准地把握市场动态和消费者心理，为产品开发、营销策略制定提供有力的数据支持。

（二）聚类分析在消费者忠诚度划分中的应用

聚类分析同样在消费者忠诚度划分中展现出其实用价值。企业通常希望能够识别并区分出那些对其品牌或产品具有高度忠诚度的消费者，因为这些消费者往往能够为企业带来持续且稳定的收益。通过聚类分析，企业可以有效地将消费者按照其忠诚度进行划分。

以一家连锁咖啡店为例，他们收集了大量顾客的消费数据，包括购买频率、购买金额、购买的商品类型等。利用这些信息，企业决定采用聚类分析，特别是K-means聚类方法，来划分消费者的忠诚度。通过聚类分析，他们成功地将顾客划分为几个不同的群体，包括高忠诚度顾客、中度忠诚度顾客和低忠诚度顾客。

高忠诚度顾客群体是那些经常光顾店铺，消费金额较高，且愿意尝试店铺新推出的产品和服务的顾客。针对这一群体，企业可以设计更为个性化的营销活动，如提供专属优惠、定期赠送新品试饮等，以进一步增强他们的忠诚度。

中度忠诚度顾客群体表现出一定的购买规律性，但可能不像高忠诚度顾客那样频繁。对于这部分顾客，企业可以通过推送定制化的优惠信息或者开展积分兑换活动来刺激他们增加购买频次。

低忠诚度顾客群体则可能是偶尔光顾或者对品牌没有太多偏好的消费者。针对这一群体，企业可能需要通过更广泛的市场推广和品牌建设活动来提升他们的兴趣和忠诚度。

通过聚类分析在消费者忠诚度划分中的应用，企业不仅能够更好地理解其顾客群体，还能够制定更为精准的市场策略，从而提高顾客满意度，增强品牌影响力，最终实现销售业绩的提升。

（三）基于聚类分析的消费者行为预测与引导策略

消费者行为研究是市场营销领域的核心组成部分，它专注于探索和理解消费者在购买和使用产品或服务过程中的心理、情感、态度和行为。通过深入研究消费者的需求、动机、决策过程以及影响因素，企业能够更好地把握市场动态，为产品设计、营销策略制定提供有力支持。

消费者行为研究的主要目标包括识别消费者的不同需求和偏好，揭示消费者购买决策的内在逻辑，以及分析消费者行为的变化趋势。这些目标的实现有助于企业精准定位目标市场，提升营销活动的针对性和有效性。

聚类分析作为一种强大的数据分析工具，在消费者行为分类中发挥着重要作用。它能够将消费者根据相似的行为特征划分为不同的群组，从而帮助企业更细致地理解消费者群体的异质性。

例如，在零售行业，企业可以利用聚类分析对消费者的购物数据进行挖掘，识别出不同的购物行为模式。这些模式可能包括价格敏感型、品质追求型、时尚潮流型等。通过了解这些不同行为模式的消费者群体，企业能够更精准地制定商品定价策略、优化库存管理和提升购物体验。

聚类分析不仅能够帮助企业理解现有的消费者行为，还能为预测和引导未来消费者行为提供有力支持。

在预测方面，通过对历史消费数据的聚类分析，企业可以发现消费者行为的潜在规律和趋势。这些规律和趋势可以作为预测未来市场需求的依据，指导企业的生产计划和市场布局。

在引导方面，聚类分析能够帮助企业识别出具有潜力的消费者群体，并针对这些群体制定个性化的营销策略。例如，对于高价值的消费者群体，企业可以提供更高端的产品和服务，以满足他们对品质和体验的追求；对于价格敏感的消费者群体，企业则可以通过促销活动来吸引他们的注意力。

聚类分析还可以用于评估营销策略的有效性。企业可以通过对比不同聚类群体在营销活动前后的行为变化，来判断营销策略是否成功引导了消费者行为。这种基于数据的评估方法能够帮助企业及时调整策略，优化营销效果。

聚类分析在消费者行为研究中具有广泛的应用价值。通过聚类分析，企业能够更深入地了解消费者，更精准地预测和引导消费者行为，从而在市场竞争中占据有利地位。

（四）聚类分析在消费者行为研究中的应用实践

聚类分析在消费者行为研究中具有显著的应用价值。以下是一个关于聚类分析在消费者行为研究中的应用实践案例。

一家大型连锁超市希望深入了解其消费者的购物行为，以便优化商品布局、提升销售效率。为此，该超市采集了消费者在店内的购物数据，包括购买商品种类、数量、价格、购物时间等，并运用聚类分析技术对消费者进行行为分类。

通过聚类分析，研究人员发现消费者可以大致分为四类：便捷型购物者、价格敏感型购物者、品质追求型购物者和全面型购物者。便捷型购物者倾向于选择离入口较近的商品，购物时间较短；价格敏感型购物者则会在多个货架间比较价格，选择性价比高的商品；品质追求型购物者更注重商品的品质和品牌，对价格相对不敏感；而全面型购物者则会遍历整个超市，购买各类商品。

基于这一聚类结果，超市对商品布局进行了针对性调整。例如，我们可将便捷型购物者常购的商品放置在入口附近，以便他们快速完成购物；为价格敏感型购物者提供清晰的价格标签和比价服务；在品质追求型购物者常光顾的区域增加高端品牌和进口商品；同时，优化全面型购物者的购物路径，减少他们在店内的迷路时间。

该超市还根据聚类分析结果制定了个性化的营销策略。例如，向便捷型购物者推送线上购物平台和快速结账服务；为价格敏感型购物者提供优惠券和打折信息；向品质追求型购物者介绍新品和独家优惠；为全面型购物者提供积分兑换和会员特权等。

通过这些措施的实施，超市不仅提升了消费者的购物体验，还实现了销售额的显著增长。这一案例充分展示了聚类分析在消费者行为研究中的应用潜力和实践价值。

第三节 判别分析在信用风险评估、企业绩效评价中的应用

一、判别分析的基本理论

（一）判别分析的原理

判别分析，作为一种经典的统计学方法，已广泛应用于数据分类和预测的各个领域。其基本原理在于，通过深入挖掘已知类别数据间的差异性特征，我们可构建出具有区分度的判别函数或规则，从而实现对未知数据的准确分类和预测。

在判别分析中，根据数据的线性可分性，我们可主要将其分为线性判别分析和非线性判别分析两大类。线性判别分析是基于一个核心假设，即各类别的数据均服从多元正态分布。在这种假设下，通过精确计算各类别的均值向量和协方差矩阵，构建出一个线性判别函数，用于划分不同类别的数据边界。这种方法在数据具有明显线性特征时，表现出色，能够有效简化模型并提高分类效率。

在现实世界中，许多数据的分布并非严格线性。为了处理这类更为复杂的数据结构，非线性判别分析应运而生。它通过引入非线性变换或核函数等高级数学工具，我们可将数据映射到更高维的空间中，从而在新的空间内实现数据的线性可分。这种方法在处理原始空间中线性不可分的数据时，具有显著的优势，能够捕捉到更多的数据特征，进而提升分类的准确性。

判别分析在信用风险评估领域的应用尤为突出。在金融风险管理中，信用风险评估是一个至关重要的环节。传统的评估方法往往依赖专家的主观判断和历史数据的统计分析，这些方法虽然在一定程度上有效，但难以全面、客观地反映借款人的真实信用风险。判别分析通过构建分类模型，能够更为精确地预测借款人的违约概率，从而为金融机构提供更加科学、可靠的决策依据。

在企业绩效评价中，判别分析也发挥着不可忽视的作用。通过选取关键的财务指标，构建判别分析模型，可以对企业绩效进行客观、准确的分类和预测。这不仅有助于投资者做出更为明智的投资决策，还能为企业管理者提供有针对性的改进建议，推动企业持续健康发展。

判别分析以其独特的分类和预测能力，在信用风险评估和企业绩效评价等领域展现出了广泛的应用前景。通过深入理解其原理并根据实际应用场景进行灵活调整和优化模型参数设置等操作步骤，可以更好地挖掘数据中的潜在价值并做出更为明智的决策。

（二）判别分析的常用方法

判别分析的常用方法涵盖了多种技术，每种方法都有其独特的理论基础和应用场景。以下将详细介绍这些常用方法及其特点。

距离判别法是判别分析中的一种直观且常用的方法。它主要基于样本与各类别中心或均值之间的距离来进行分类。该方法首先计算每个类别的中心或均值，然后测量新样本与这些中心或均值的距离。样本被归类到距离其最近的类别中心或均值所对应的类别中。这种方法简单易懂，计算效率高，但其在处理复杂数据时可能效果不佳。

贝叶斯方法则是一种基于概率的方法。它利用贝叶斯定理来计算样本属于各个类别的后验概率，即根据已有的先验信息和样本信息来推断样本所属的类别。这种方法考虑了数据的不确定性，因此在处理具有噪声或不完全数据的情况时具有较好的鲁棒性。贝叶斯方法的应用需要满足一定的条件，如各类别的先验概率和条件概率分布已知，这在实际应用中可能难以完全满足。

费氏法是一种基于方差分析的线性判别方法。它通过计算各类别均值之间的方差来构建判别函数，从而实现对样本的分类。这种方法能够有效地提取不同类别之间的差异性特征，对线性可分的数据集具有较好的分类效果。当数据呈现非线性关系时，费氏法的性能可能会受到影响。

逐步判别法则是一种基于逐步回归思想的方法。它通过逐步引入或剔除变量来优化判别函数，从而达到提高分类准确性的目的。这种方法在处理高维数据时具有较好的效果，能够有效地筛选对分类结果有显著影响的特征。逐步判别法的计算过程相对复杂，且可能受到多重共线性的影响。

这些判别分析的常用方法各有优缺点，适用于不同的应用场景。在实际应用中，我们需要根据数据的特征和问题的需求来选择合适的方法。同时，我们也可以考虑将这些方法与其他机器学习算法相结合，以提高分类的准确性和稳定性。

（三）判别分析的优缺点

判别分析作为一种经典的统计学方法，在众多领域中都展现出了其独特的价值。

正如许多其他统计方法一样，判别分析也非尽善尽美，它有着自身的优点与局限性。

判别分析的主要优点之一在于其计算的简便性。在构建分类模型时，判别分析往往能够提供直观且易于理解的算法，使得研究者能够迅速掌握并运用。此外，判别分析的应用范围相当广泛，不仅可以用于信用风险评估，还可以应用于企业绩效评价等多个领域，充分展现了其灵活性和通用性。

更重要的是，判别分析能够为决策者提供科学的依据。在面临未知类别的数据时，通过判别分析构建的分类模型，我们可以对这些数据进行预测和分类，从而辅助决策者做出更为明智的选择。这一点在金融风险管理、企业绩效评价等需要快速准确判断的领域尤为重要。

判别分析也存在不容忽视的局限性。以线性判别分析为例，它假设各类别的数据服从多元正态分布。这一假设在理论研究中或许可行，但在实际应用中却往往难以完全满足。实际数据的分布可能更为复杂，这使得线性判别分析在实际应用中的准确性受到一定影响。

非线性判别分析虽然能够处理更为复杂的非线性数据，但其模型的复杂度和计算量也相应增加。这在一定程度上限制了非线性判别分析在实时性要求较高的场景中的应用。

除了上述局限性，判别分析的结果还受到多种因素的影响。样本量的大小、变量的选择以及分类标准的设定等都会对判别分析的结果产生显著影响。因此，在实际应用中，我们需要谨慎处理这些因素，以确保判别分析的准确性和可靠性。

判别分析作为一种重要的统计学方法，在信用风险评估和企业绩效评价等领域具有广泛的应用前景。也应充分认识到其局限性，并在实际应用中加以注意和克服。通过不断优化模型、改进算法以及合理选择样本和变量，我们可以进一步提高判别分析的准确性和实用性，为决策者提供更为科学可靠的依据。

二、信用风险评估中的判别分析

（一）判别分析在信用风险评估中的具体应用

判别分析在信用风险评估中的具体应用主要体现在对企业或个人的信贷风险进行量化评估。在实际操作中，金融机构通常会收集大量与信贷风险相关的历史数据，包括借款人的财务状况、经营情况、信用记录等。这些数据经过处理后，可以作为判别分析的输入变量。

通过判别分析，可以构建一个分类模型，该模型能够根据输入变量的特征将借款人划分为不同的信用风险等级。这种分类模型不仅考虑了多种变量的综合影响，还能够通过计算后验概率来量化借款人的违约风险。

在具体应用中，判别分析模型可以帮助金融机构实现以下目标。

1. 客户筛选与分类

金融机构可以利用判别分析模型对潜在客户进行分类，识别出优质客户和高风险客户。这有助于金融机构制定更加精准的营销策略和风险管理策略。

2. 信贷额度决策

通过判别分析模型，金融机构可以根据借款人的信用风险等级来确定其信贷额度。这不仅可以降低信贷风险，还可以提高金融机构的资金利用效率。

3. 风险预警与监控

判别分析模型还可以用于实时监测借款人的信用风险变化情况。一旦发现借款人的信用风险等级上升，金融机构可以及时采取措施进行风险控制。

判别分析在信用风险评估中的应用还具有以下优势。

第一，客观性：判别分析基于大量历史数据进行建模，避免了主观判断带来的偏差。

第二，准确性：通过构建分类模型，判别分析能够综合考虑多种因素的影响，提高信用风险评估的准确性。

第三，灵活性：判别分析模型可以根据实际情况进行调整和优化，以适应不同场景下的信用风险评估需求。

判别分析在信用风险评估中也存在一定的局限性。例如，模型的准确性高度依赖于历史数据的数量和质量。如果历史数据存在偏差或不足，可能会导致模型预测结果的失真。因此，在实际应用中，金融机构需要结合其他方法和工具进行综合评估，以确保信用风险评估的准确性和可靠性。

（二）判别分析在信用风险评估中的实施步骤

在信用风险评估中，判别分析作为一种有效的工具，其实施步骤需要严谨而细致。以下将详细阐述判别分析在信用风险评估中的具体实施步骤。

数据准备阶段是判别分析的基础。在这一阶段，我们需要从金融机构的数据库中收集借款人的信贷数据和相关财务指标。这些数据包括但不限于借款人的还款记录、财务状况、经营情况等。同时，为了确保数据的可比性和准确性，我们还需要对数据进行预处理和标准化处理。预处理包括清洗数据、处理缺失值和异常值等，以确保数据的完整性和一致性。标准化处理则是为了消除不同变量之间的量纲差异，使数据更具可比性。

接下来是变量选择阶段。在这一阶段，我们需要根据信用风险评估的实际需求，从收集到的数据中挑选出与信用风险密切相关的变量作为判别分析的输入特征。这些特征可能包括借款人的资产负债率、流动比率、速动比率等财务指标，以及借款人的历史信用记录等。选择合适的变量对提高判别分析的准确性和有效性至关重要。

模型构建阶段是判别分析的核心环节。在这一阶段，我们需要利用已知类别的数据进行模型训练，构建判别分析模型。具体来说，我们可以通过线性判别分析、非线性判别分析等方法，根据选取的变量构建分类模型。在构建模型时，我们还需要考虑模型的复杂度和泛化能力，以避免过拟合或欠拟合等问题。

最后是结果验证阶段。在这一阶段，我们需要通过验证集数据对构建好的判别分析模型进行验证和评估。验证集数据是与训练集数据相互独立的数据集，用于检验模型的准确性和有效性。通过计算模型的准确率、召回率等指标，可以评估模型在未知数据上的表现。如果模型表现良好，则可以将其应用于实际的信用风险评估中。

判别分析在信用风险评估中的实施步骤包括数据准备、变量选择、模型构建和结果验证等阶段。这些步骤需要严谨而细致地进行，以确保判别分析在信用风险评估中的准确性和有效性。同时，我们也需要注意到判别分析的局限性和挑战，如数据的质量和数量要求、模型的复杂度和泛化能力等，以便在实际应用中做出合理调整和优化。

（三）判别分析在企业绩效评价中的应用效果

在企业绩效评价中，判别分析的应用旨在为企业提供一种客观、科学的评价方法。通过判别分析，可以选取关键性的财务指标，如营业收入、净利润、资产总额等，作为评价企业绩效的基础数据。这些指标不仅反映了企业的盈利能力、运营效率和偿债能力，还能揭示企业的发展潜力和市场竞争力。

在实际操作中，判别分析模型能够通过学习和识别已知类别的企业财务数据，建立一个有效的分类标准。当输入新的企业财务数据时，模型能够迅速准确地判断出其绩效等级。这种评价方式不仅避免了人为因素的主观干扰，还提高了评价的客观性和准确性。

通过对比传统绩效评价方法和判别分析方法，我们可以发现后者在多个方面表现出明显的优势。首先，判别分析能够处理大量数据，并通过挖掘数据中的潜在规律，为企业提供更全面的绩效评价。其次，判别分析具有较高的预测精度，能够帮助企业及时发现潜在问题，为管理者提供决策支持。最后，判别分析方法具有较强的适应性，可以根据不同行业和市场环境的变化调整评价模型，确保评价结果的时效性和准确性。

以某上市公司为例，通过收集其近几年的财务数据，并运用判别分析进行绩效评价。结果显示，该公司的绩效等级在行业中处于中上水平，具有较强的盈利能力和市场竞争力。同时，判别分析还揭示出该公司在某些方面存在潜在的风险和问题，为管理者提供了有针对性的改进建议。

判别分析在企业绩效评价中的应用效果显著，能够为企业提供客观、科学的评价方法，帮助企业全面提升绩效管理水平。在未来，随着大数据和机器学习技术的不断发展，判别分析将在企业绩效评价中发挥更大的作用。

三、企业绩效评价中的判别分析

（一）判别分析在企业绩效评价中的实施步骤

在企业绩效评价中，判别分析的实施步骤与信用风险评估类似，但其也有一些特定的考虑因素。以下是判别分析在企业绩效评价中的关键实施步骤。

1. 数据收集与预处理

收集企业的历史财务数据，包括收入、利润、成本、资产、负债等关键指标。

收集非财务数据，如市场份额、客户满意度、创新能力等，这些数据对于全面评价企业绩效同样重要。

对数据进行清洗和预处理，包括处理缺失值、异常值和重复值，确保数据的准确性和可靠性。

2. 变量选择与特征提取

根据企业绩效评价的目标，选择与绩效紧密相关的变量。

利用统计方法或机器学习技术进行特征提取，以降低数据的维度，同时保留重要信息。

3. 模型构建与训练

利用已知的企业绩效数据（如优秀、良好、一般等类别）作为训练集，构建判别分析模型。

根据数据的特性选择合适的判别分析方法，如线性判别分析或非线性判别分析。

4. 模型验证与优化

使用独立的验证集数据来评估模型的准确性和泛化能力。

根据验证结果调整模型参数或尝试不同的特征组合，以优化模型性能。

5. 结果解释与应用

解释判别分析模型的结果，识别影响企业绩效的关键因素。

将模型应用于新的企业数据，以预测其绩效类别，并据此制定相应的管理策略或投资决策。

（二）判别分析在企业绩效评价中的优势与挑战

1. 判别分析在企业绩效评价中的优势

客观性：通过数据驱动的方法，减少主观评价的影响。

多维性：能够综合考虑多个方面的数据，提供全面的绩效评价。

预测性：不仅可以对历史数据进行分类，还能预测未来可能的绩效表现。

2. 判别分析在企业绩效评价中的挑战

数据依赖：判别分析的效果高度依赖数据的质量和完整性。

类别不平衡：如果某些绩效类别的样本数量远少于其他类别，可能会影响模型的准确性。

动态环境变化：企业环境是不断变化的，模型需要定期更新，以适应新的数据和市场情况。

（三）判别分析在某企业绩效评价中的应用

以某大型制造企业为例，收集该企业过去几年的财务和非财务数据，并利用判别分析进行绩效评价。通过选择合适的财务指标（如营业收入增长率、净利润率等）和非财务指标（如研发投入比例、员工满意度等），构建了一个判别分析模型来区分“优秀”“良好”和“一般”三个绩效类别。

经过模型训练和验证，发现判别分析模型在预测企业绩效方面具有较高的准确性。进一步分析表明，研发投入比例、员工满意度和净利润率是区分不同绩效类别的关键因素。这一发现为企业管理层提供了有针对性的改进方向，如增加研发投入、提高员工福利待遇以优化净利润率等，从而提升企业整体绩效。

（四）判别分析在企业绩效评价中的运用

判别分析在企业绩效评价中的运用的核心在于通过财务数据构建出一个能够全面、客观地反映企业绩效的模型。该模型不仅有助于外部投资者进行投资决策，也能为企业管理层提供经营效率的反馈，以便及时调整战略方向。

在构建这一模型时，首先需精心挑选一系列能够全面反映企业运营状况的财务指标。这些指标应包括盈利能力、运营效率、偿债能力及成长潜力等多个维度，如营业收入增长率、净利润率、总资产周转率以及资产负债率等，它们共同构成了判别分析模型的输入特征集。

利用已知绩效等级的企业数据作为训练样本，通过判别分析技术来训练模型。在这一过程中，模型会学习到不同绩效等级企业在财务指标上的表现规律，从而建立起财务指标与绩效等级之间的映射关系。

模型训练完成后，即可用于对未知绩效等级的企业进行预测和分类。通过将企业的财务指标数据输入模型，可以迅速得到该企业的绩效等级预测结果。这一结果不仅是一个具体的分类标签，更代表了企业在行业中的相对位置和综合实力。

判别分析模型的输出结果并非一成不变。随着市场环境的变化和企业自身的发展，模型的预测结果也会进行相应调整。这就要求投资者和管理者在使用模型时，我们需结合实际情况进行动态分析，以确保决策的时效性和准确性。

判别分析模型的应用还具有一定的灵活性。根据实际需求，我们可以调整输入特征的选择和模型的参数设置，以优化模型的预测性能。这种灵活性使得判别分析在企业绩效评价中具有广泛的应用前景。

判别分析在企业绩效评价中的运用为投资者和管理者提供了一种科学、客观的评价方法。通过构建绩效评价模型并对其进行动态调整和优化，可以更好地把握企业的运营状况和发展趋势，为相关决策提供有力支持。

（五）实证分析

本次实证分析以某上市公司为研究对象，旨在通过判别分析深入探索其企业绩效。该公司在行业内拥有一定的市场份额和影响力，其财务数据公开透明，具有较高的研究价值。

在实证分析过程中，首先对公司近几年的财务数据进行了详细的梳理和分析，选取了具有代表性的财务指标作为判别分析的输入特征。这些指标包括营业收入、净利润、总资产周转率、资产负债率等，它们能够从不同角度反映企业的经营状况和绩效水平。

利用已知类别的企业数据进行了模型训练。这些数据来自同行业内的其他上市公司，它们具有相似的经营环境和业务特点，因此可以作为有效的训练样本。通过构建判别分析模型，我们可对未知类别的企业进行了预测和分类。结果显示，该模型能够较为准确地划分出不同绩效等级的企业，为后续的绩效评价提供了有力的支持。

在得到企业的绩效等级和综合评价结果后，进一步对各项财务指标进行了深入分析。通过对比不同绩效等级企业的财务指标数据，发现营业收入和净利润在影响企业绩效方面起着至关重要的作用。具体来说，营业收入的增长能够带动企业整体业绩的提升，而净利润的增加则意味着企业盈利能力的增强。这一发现为企业制定针对性的发展战略提供了重要的参考依据。

实证分析还显示，总资产周转率和资产负债率等指标也在一定程度上影响着企业的绩效。总资产周转率的提高意味着企业资产运营效率的提升，有助于增强企业的市场竞争力；而合理的资产负债率则能够保证企业在稳健经营的同时，充分利用财务杠杆效应，实现快速发展。

通过判别分析，我们对某上市公司进行企业绩效评价的实证分析，这不仅验证了判别分析在绩效评价中的有效性，还为企业提供了科学的决策依据。这一研究方法对于其他企业同样具有借鉴意义，有助于推动整个行业的持续健康发展。

第六章　非参数统计方法在经济分析中的应用

第一节 非参数检验的基本方法

一、非参数检验的理论基础

（一）非参数检验的概念及特点

非参数检验，作为一种不依赖总体分布具体形式的统计检验方法，其在数据分析领域具有独特的地位和价值。非参数检验最显著的特点之一，便是不需要对数据的分布形式进行预先的假设，因此，它具有广泛的适用性，特别是在数据分布未知或不符合常见分布（如正态分布）时，非参数检验能够发挥出极大的作用。在实际应用中，这一特点使得非参数检验能够处理更多种类的数据，为研究者提供了更大的灵活性。

除了不依赖具体分布形式，非参数检验还通过比较样本数据的相对大小或位置关系来进行统计推断，而不是依赖具体的分布参数。这一特点意味着，即使在小样本数据或非正态分布数据的情况下，非参数检验也能保持较高的稳健性，提供可靠的统计结果。这在许多实际研究场景中，尤其是数据收集受限或数据质量不高时，显得尤为重要。

非参数检验的广泛应用也是其特点之一。在医学、生物学、经济学、社会学等多个领域，非参数检验都发挥着重要作用。例如，在医学研究中，当我们需要比较两种治疗方法的效果时，如果数据分布不符合正态分布，或者样本量较小，那么非参数检验就成为一个非常有效的分析工具。同样，在经济学领域，面对复杂多变的市场数据，非参数检验也能够帮助研究者更准确地把握市场动态，做出更科学的决策。

非参数检验以其不依赖具体分布形式、通过比较相对大小或位置关系进行推断以及广泛适用于多个领域的特点，成为现代统计学中一个不可或缺的重要工具。在实际应用中，研究者应根据数据的实际情况和分析目的，合理选择和应用非参数检验方法，以确保研究结果的准确性和可靠性。同时，随着统计学和数据科学的不断发展，非参数检验方法也在不断创新和完善，为更多领域的研究提供了有力支持。

（二）常见的非参数检验方法

常见的非参数检验方法主要包括符号检验、秩和检验、游程检验和卡方检验。这些方法在统计学中占据着重要的地位，因为它们不依赖数据的具体分布形式，从而具有更广泛的适用性。本部分将逐一介绍这些方法的基本原理和应用场景。

符号检验是一种简单的非参数检验方法，主要用于比较两组相关样本的差异。其基本原理是通过比较两组样本数据的符号（正或负）来判断它们之间是否存在显著差异。例如，在医学研究中，可以利用符号检验来比较两种治疗方法对患者疗效的影响，通过观察疗效指标的符号变化来推断哪种治疗方法更有效。

秩和检验则适用于比较两组或多组独立样本的差异。该方法的核心思想是对样本数据进行排序，并赋予相应的秩次，然后利用秩次的和来进行统计推断。秩和检验不仅能够处理连续型数据，还能处理等级数据，因此在实践中具有广泛应用。比如，在市场调研中，我们可以利用秩和检验来比较不同品牌产品的消费者满意度，通过秩次的比较来得出哪个品牌更受消费者欢迎的结论。

游程检验主要用于检验数据中的随机性或周期性。其基本思想是将数据序列按照一定的规则划分为若干个游程，然后通过比较游程的数量或长度来进行统计推断。游程检验在质量控制、金融分析等领域具有广泛的应用。例如，在股票市场分析中，我们可以利用游程检验来检测股票价格是否存在某种周期性波动，从而为投资决策提供依据。

卡方检验则常用于分类数据的独立性检验。它的基本原理是通过比较实际观测频数与期望频数之间的差异来判断两个分类变量是否独立。卡方检验在社会科学、医学研究等领域具有广泛应用。例如，在医学研究中，我们可以利用卡方检验来分析某种疾病与患者的性别、年龄等分类变量之间是否存在关联关系。

这些非参数检验方法各具特点，适用于不同的数据类型和研究目的。在实际应用中，我们需要根据具体的研究问题和数据特点来选择合适的非参数检验方法。同时，我们还需要注意非参数检验方法的局限性和适用条件，以确保研究结果的准确性和可靠性。

随着统计学和计算机技术的不断发展，非参数检验方法也在不断创新和完善。未来，我们可以期待更多的非参数检验方法被开发出来，为各个领域的研究提供更强大的统计支持。

（三）非参数检验的优缺点分析

非参数检验作为一种重要的统计分析方法，在现代统计学中占据着不可或缺的地位。相较于传统的参数检验，非参数检验展现出其独特的优点和局限性。

非参数检验的显著优点之一是对数据分布的要求宽松。在进行统计分析时，参数检验通常假定数据来自特定的分布（如正态分布），且需要估计和检验这些分布的参数。在实际应用中，数据的真实分布往往难以确定或不符合参数检验的假设条件。此时，非参数检验便显示出其优越性，因为它并不需要对数据的分布形式做出严格的假设。这种广泛的适用性使得非参数检验在处理各种类型的数据时更加灵活和实用。

除了对数据分布要求的灵活性，非参数检验还对异常值具有较强的稳健性。由于非参数检验主要基于数据的相对大小或位置关系进行推断，而不是依赖具体的分布参数，因此它对数据中的个别极端值或异常值不敏感。这种稳健性在实际应用中具有重要意义，因为现实世界中的数据往往包含各种噪声和异常值，非参数检验能够有效地处理这些情况，提供更为可靠的统计推断结果。

非参数检验通常适用于小样本数据或非正态分布数据。在许多研究领域，尤其是医学、生物学和社会科学中，获取大量样本数据可能是一项挑战。非参数检验能够在样本量较小的情况下提供有效的统计推断，这使得它在处理这类数据时具有显著优势。同时，对于非正态分布的数据，非参数检验同样能够给出准确的统计结论，进一步增强了其在实际应用中的价值。

非参数检验也存在一些局限性。相较于参数检验，非参数检验的检验效能通常较低。这意味着在某些情况下，非参数检验可能无法检测到一些微小的差异，尤其是当样本量较大且数据分布接近正态分布时。因此，在选择使用非参数检验时，我们需要权衡其灵活性和检验效能之间的平衡。

非参数检验在处理复杂交互作用时可能存在局限。非参数检验主要关注数据的相对大小或位置关系，而不是具体的数值信息，因此它可能无法充分捕捉数据中的复杂结构和交互作用。在某些需要深入探究数据内在关系的研究中，这可能是一个重要的考虑因素。

非参数检验以其对数据分布要求的灵活性、对异常值的稳健性以及在小样本和非正态分布数据中的适用性而备受推崇。我们在选择使用非参数检验时，也需要考虑其检验效能和处理复杂交互作用的局限性。在实际应用中，根据数据特点和研究目的选择合适的检验方法至关重要。通过充分利用非参数检验的优点并认识到其局限性，研究人员可以更加准确地解读统计数据，为科学研究和决策提供有力支持。

二、非参数检验的基本方法及应用

（一）符号检验

1. 符号检验的效力与局限性

符号检验作为一种非参数检验方法，虽然其对数据分布没有特定要求，显示出广泛的适用性，但其效力通常低于相应的参数检验。这是因为符号检验仅考虑了差异的符号，而未充分利用数据的具体数值信息。因此，在数据满足参数检验条件时，参数检验往往能提供更精确的结果。然而，当数据分布未知或不符合正态分布假设时，符号检验便成了一个稳健且可靠的选择。

符号检验在处理具有相等或近似相等数值的数据时可能不够敏感。例如，当两组数据的差异非常微小时，符号检验可能无法准确检测出这些差异。因此，在应用符号检验时，我们应充分考虑其局限性，并结合研究目的和数据特点进行合理选择。

2. 符号检验与其他非参数检验方法的比较

与秩和检验、游程检验等其他非参数检验方法相比，符号检验具有其独特之处。秩和检验通过比较两组数据的秩和来判断差异，而游程检验则通过分析数据序列中的游程数来检验随机性。相比之下，符号检验更为简单直观，主要关注差异的符号而非具体数值或秩次。这使得符号检验在特定场景下具有更高的实用性和便捷性。

符号检验的简单性也带来了某些限制。与秩和检验相比，它可能无法充分利用数据中的信息；与游程检验相比，它在处理具有周期性或趋势性的数据时可能不够敏感。因此，在选择非参数检验方法时，应根据具体的研究问题和数据特点进行权衡。

3. 符号检验的变体及应用场景

在实际应用中，为了满足不同的研究需求，符号检验还可以进行一些变体和改进。例如，当数据中存在大量的零差异值时，我们可以采用Wilcoxon符号秩和检验作为符号检验的一种改进方法。该方法不仅考虑了差异的符号，还结合了差异的秩次信息，从而提高了检验的敏感性。

符号检验还可以应用于多组数据的比较。例如，在临床试验中，我们可能需要比较多种治疗方法对患者指标的影响。此时，我们可以采用多重符号检验或结合其他统计方法进行综合分析。

符号检验作为一种简单且稳健的非参数检验方法，在多个领域具有广泛的应用价值。在实际应用中，我们应充分了解其原理、步骤、适用范围及局限性，并结合具体的研究问题和数据特点进行合理选择和应用。

（二）秩和检验

1. 基本思想及步骤

秩和检验的基本思想在于不直接比较样本的观测值，而是比较它们的秩。这种方法规避了对数据分布的假设，从而在处理非正态或非连续数据时具有独特的优势。具体步骤如下。

（1）数据合并与排序

首先，将来自不同总体的独立样本数据合并成一个数据集，并按照从小到大的顺序排列。

（2）计算秩次

为每个数据分配一个秩次，即排序后的位置编号。若有相同的数据值（“结”），则平均分配秩次。

（3）计算秩和

分别计算各组样本数据的秩和。秩和即该组所有数据的秩次之和。

（4）构造统计量并检验

根据两组的秩和，可以计算出Wilcoxon秩和统计量W（对于小样本）或统计量Z（对于大样本）。随后，根据所选的统计量和相应的临界值进行比较，以判断两组数据是否存在显著差异。

2. 应用场景及案例

秩和检验特别适用于那些不满足正态分布假设、样本量较小或数据中存在异常值的情况。因此，它在多个学科领域，特别是那些数据分布不易满足传统参数检验假设的领域，有着广泛应用。

例如在一个关于新型镇痛药物效果的研究中，研究者招募了40名患者，随机分配到实验组和对照组，每组20人。实验组接受新型镇痛药物治疗，而对照组接受传统镇痛治疗。治疗一个月后，记录两组患者的疼痛缓解程度评分。由于疼痛缓解程度可能受到多种因素的影响，数据分布可能并不正态，因此，研究者决定使用秩和检验来比较两组患者的疼痛缓解程度。

经过数据收集与整理，研究者对两组数据进行了秩和检验。结果表明，实验组患者的疼痛缓解程度秩和显著高于对照组，说明新型镇痛药物在缓解疼痛方面可能更有效。这一结论为药物的进一步研发和推广提供了重要依据。

在这个案例中，秩和检验的灵活性和稳健性得到了充分体现。它不仅能够处理非正态分布的数据，还能在样本量相对较小的情况下提供有效的统计推断。

（三）游程检验

1. 深入解析

游程检验，作为一种非参数统计方法，其核心在于通过游程的数量来判断数据的随机性。游程，简而言之，就是一系列连续的同类型数据。例如，在一系列正负数中，连续的正数或连续的负数均可被视为一个游程。通过对比实际游程数与期望游程数，我们能够洞察数据的内在特性。

2. 实际应用与价值

游程检验在多个领域均有广泛应用。在金融市场分析中，它可以帮助判断股票价格的波动是否存在某种非随机性趋势，从而为投资决策提供有力依据。在环境监测领域，游程检验可用于分析空气质量、水温变化等数据的随机性，进而评估环境因素对生态系统的影响。

以金融市场为例，假设有一组股票价格的历史数据。通过游程检验，我们可以分析这些数据中是否存在某种趋势或周期性变化。如果存在显著的非随机性趋势，这可能意味着市场存在一定的预测性，投资者可以据此调整其投资策略。

3. 方法优化与发展

随着统计学和数据分析技术的不断发展，游程检验也在不断优化和完善。一方面，研究者们致力于提高游程检验的精度和效率，以更好地适应大规模数据处理的需求；另一方面，游程检验与其他统计方法的结合也成了一个新的研究方向，以期在复杂数据分析中发挥更大的作用。

随着人工智能和机器学习技术的兴起，游程检验与这些先进技术的结合也展现出了巨大的潜力。例如，通过结合机器学习算法，其可以自动识别和预测数据中的趋势和周期性变化，从而为决策提供更加精准的支持。

总的来说，游程检验作为一种重要的非参数统计方法，在实际应用中具有广泛的适用性和重要价值。随着技术的不断进步和应用领域的拓展，游程检验将继续发挥其在数据分析中的关键作用。

三、非参数检验方法的比较与选择

（一）不同非参数检验方法比较

在非参数检验的领域中，我们有多种方法可以选择，包括但不限于符号检验、秩和检验、游程检验以及卡方检验。这些方法各有千秋，适用于不同的数据场景和研究需求。为了更深入地理解和合理运用这些方法，将从准确性、稳健性和适用性三个维度对其进行比较分析。

谈到准确性，我们不能忽视每种方法的检验效能。符号检验，以其计算简单、易于理解的特点，在两组相关样本的差异比较中占据一席之地。然而，也正是由于其简单性，符号检验可能在检测微小差异时显得力不从心。当然，秩和检验的计算相对复杂，需要研究者具备一定的统计知识。

再来看稳健性，这是衡量非参数检验方法在面对数据异常或偏离时仍能保持稳定性的重要指标。在这个方面，游程检验表现出色。它主要用于检验数据中的随机性或周期性，对数据中的异常值或偏离具有较强的抵抗力。游程检验的高灵敏度使其能够迅速捕捉到数据中的任何非随机模式。然而，这也意味着它对数据的分组规则有着较高的要求，需要研究者谨慎选择以确保检验的有效性。

谈到适用性，我们必须考虑每种方法在实际应用中的广泛性和灵活性。卡方检验在这方面无疑具有显著优势。它常用于分类数据的独立性检验，被广泛应用于医学、社会科学、经济学等多个领域。卡方检验的强大之处在于其能够处理各种类型的数据和复杂的交互作用，为研究者提供了极大的便利。然而，这并不意味着卡方检验没有局限性。它对样本量有一定的要求，且对数据的分布形式有一定的假设。因此，在使用卡方检验时，研究者需要确保数据满足其前提条件以保证检验的有效性。

非参数检验的各种方法各有优势和局限性。在选择具体方法时，研究者需要根据数据的特点、研究目的以及自身的统计知识来进行综合考虑。通过合理运用这些方法，可以更深入地挖掘数据的潜在信息，为实际问题的解决提供有力支持。

（二）不同非参数检验方法选择建议

在实际的数据分析过程中，非参数检验方法的选择至关重要，它直接关系分析结果的准确性和可靠性。因此，研究者需要根据数据的具体特征和研究的主要目标来谨慎选择适当的非参数检验方法。

对于两组相关样本的数据，符号检验是一个有效选择。这种方法通过比较样本间差异的符号来进行推断，特别适用于那些数据分布不明或不符合正态分布假设的情况。例如，在研究某种处理或干预前后差异的场景中，符号检验能够提供简洁且直观的结果。

当面对两组或多组独立样本时，秩和检验则展现出其优势。它通过对数据进行排序，并利用秩次信息进行推断，从而避免了对数据分布的严格假设。秩和检验在比较不同组别之间的整体差异时尤为有效，如评估不同治疗方法对患者康复效果的影响。

游程检验在处理时间序列数据或需要检测数据随机性的场景中特别有用。它通过分析数据序列中相同符号或属性的连续段（游程）来推断数据的随机性，对检测周期性或趋势性变化具有高度的敏感性。

对于分类数据的分析，卡方检验是一种强有力的工具。它常用于检验分类变量之间的独立性，如分析广告投放与销售额之间的关系。卡方检验能够帮助研究者识别不同类别之间的关联性和依赖性。

在选择合适的非参数检验方法时，研究者还应考虑样本量的大小、数据的分布形态以及异常值的存在等因素。这些因素都可能对检验结果的稳健性和准确性产生影响。因此，综合考量数据的特性和研究的需求，选择最适合的非参数检验方法，是确保研究结果可信度的关键。

四、实证研究

（一）数据分析方法

在实证研究中采用了非参数检验方法对数据进行分析。由于本研究中的数据并非全部符合正态分布，且样本量相对较小，因此非参数检验方法具有更好的适用性和稳健性。具体来说，根据数据的特性和研究目的，我们选择了符号检验、秩和检验以及游程检验等方法。

（二）符号检验的应用与结果

首先使用符号检验对两种药物治疗前后的血压变化进行了比较。将每位患者治疗前后的血压差值作为样本数据，根据差值的正负符号进行检验。结果显示，接受新药治疗的患者组，其血压下降的符号数量明显多于对照组，这表明新药在降低高血压患者血压方面具有显著效果。

（三）秩和检验的应用与结果

为了进一步比较两组药物治疗效果的差异，采用秩和检验将两组患者的血压数据合并排序后，计算每组的秩和。通过比较两组秩和的差值，我们可发现新药治疗组的秩和明显低于对照组，这意味着新药治疗组的患者血压普遍低于对照组，进一步证实了新药的治疗效果。

（四）游程检验的应用与结果

利用游程检验对数据中的随机性进行检查，通过统计连续出现的血压数据段（游程）的数量，我们可发现数据中没有明显的趋势或周期性，这说明患者的血压变化是随机的，没有受到其他未知因素的干扰。这一结果增强了对前述检验结果的信心。

（五）结果讨论与结论

通过综合运用符号检验、秩和检验和游程检验等非参数检验方法，我们可得出新药在治疗高血压患者方面具有显著效果的结论。这些非参数检验方法不仅适用于本研究的小样本和非正态分布数据，还提高了检验结果的稳健性和可靠性。因此，在医学研究和实际应用中，非参数检验方法具有重要的价值和意义。

（六）数据收集与整理

在实证研究部分，数据的收集与整理工作至关重要。为了确保数据的准确性和可靠性，与某医院紧密合作，从他们的高血压患者中随机选取了100名参与者。这些患者在参与研究前均签署了知情同意书，并被告知了研究的目的和流程。

在数据收集过程中，我们详细记录了每位患者的基本信息，如年龄、性别、病史等。随后，这些患者被随机分为两组，每组50人，分别接受两种不同的药物治疗。在治疗期间，我们定期对患者进行血压测量，并记录相关数据。

数据整理阶段，对收集到的原始数据进行了仔细的核查和清洗，以确保数据的真实性和完整性。对于缺失或异常的数据，我们进行必要的插补或剔除处理。最终，我们整理得到了一份包含患者基本信息、治疗分组、血压测量值等关键信息的完整数据集。

（七）实证分析方法

在实证分析中，我们主要采用非参数检验方法来比较两种不同药物治疗效果的差异。考虑到数据的特点和研究目的，选择符号检验和秩和检验作为主要的分析工具。

使用符号检验来比较两组患者接受治疗后血压变化的方向和显著性。通过计算每位患者治疗前后的血压差异值，并根据差异值的正负符号进行分类统计，可以得到一个关于血压变化方向的初步判断。

为了更精确地比较两种药物的治疗效果，我们采用秩和检验将两组患者的血压测量值合并并排序，然后计算每组患者的秩和。通过比较两组患者的秩和差异，可以进一步推断出哪种药物在治疗高血压方面更具优势。

（八）实证结果与分析

经过严格的实证分析，得到了以下主要结果。

第一，通过符号检验，发现接受药物A治疗的患者中，有更多人的血压出现了显著的下降（正符号数量明显多于负符号数量）。这表明药物A在降低血压方面可能具有更好的效果。

第二，秩和检验的结果进一步支持了上述发现。在秩和比较中，药物A治疗组的秩和明显低于药物B治疗组，这意味着在整体上，药物A对降低高血压患者的血压具有更显著的效果。

综合以上实证结果，我们可以得出初步结论：在本次研究中，药物A在治疗高血压方面相较于药物B表现出更好的疗效。然而，需要注意的是，本研究的结论仅基于特定样本和数据，并不能代表所有高血压患者的治疗效果。因此，在实际应用中，医生还需根据患者的具体情况进行个体化的治疗方案制定。

（九）研究局限与展望

尽管本研究在实证分析方面取得了一定的成果，但仍存在一些局限性。首先，样本量相对较小，可能无法全面反映不同药物治疗效果的差异。未来，我们可以通过扩大样本量来提高研究的可靠性和普适性。其次，本研究仅关注了血压这一单一指标，未能综合考虑其他相关因素（如患者的生活质量、药物副作用等）。在未来的研究中，我们可以进一步拓展评价指标体系，以更全面地评估不同药物的治疗效果。

随着医学研究的不断深入和新技术的发展，未来有望出现更多创新性的非参数检验方法，为高血压等慢性病的治疗效果评价提供更准确、更科学的依据。我们期待在未来的研究中看到更多有意义的探索和突破。

第二节　非参数统计在异质性数据分析中的应用

一、非参数统计理论基础

（一）非参数统计的概念及特点

非参数统计，作为一种数据分析的重要手段，其在应用中的独特性和价值主要体现在对数据的灵活处理和对假设的较少依赖。这种方法的核心思想在于，它并不要求数据必须符合某种特定的分布形式，如正态分布或指数分布，而是直接从数据本身提取信息，如数据的排序、相对位置或整体形状，以此作为分析的基础。

这种数据驱动的分析方式，使得非参数统计在处理异质性数据时展现出显著的优势。异质性数据，顾名思义，指的是数据集中包含了多种不同分布或生成机制的数据子集。在这种情况下，传统的参数统计方法往往难以奏效，因为它们通常需要数据满足一定的分布假设，而这些假设在异质性数据背景下往往难以成立。相比之下，非参数统计方法则无须此类假设，因此能够更加灵活地应对数据的多样性。

非参数统计方法的另一个显著特点是其对数据异常值和极端值的较强抵抗力。在数据分析过程中，异常值和极端值往往会对结果产生显著影响，甚至导致误导性的结论。非参数统计方法通常基于数据的秩或位置信息进行推断，这意味着它们对数据的具体数值并不敏感，而是更关注数据之间的相对关系。这种特性使得非参数统计方法在处理包含异常值或极端值的数据时具有更高的稳健性。

非参数统计方法的结果解释通常更为直观和易于理解。由于它们依赖于复杂的数学模型和假设，非参数统计方法的结果往往可以直接从数据本身得出，无须经过复杂的数学变换或推导。这使得非参数统计方法不仅适用于专业的统计学家或数据分析师，也适用于那些对统计学原理了解不多的普通用户。他们可以通过直观的结果解释更好地理解数据的特征和规律，从而做出更为明智的决策。

非参数统计以其独特的数据处理方式和较少的假设依赖，在异质性数据分析中发挥着越来越重要的作用。随着数据科学的不断发展和数据复杂性的日益增加，非参数统计方法的应用前景将更加广阔。

（二）常用非参数统计方法

非参数统计方法以其灵活性和稳健性在数据分析领域占有重要地位。以下是几种常用的非参数统计方法及其应用场景的详细介绍。

核密度估计是一种用于估计数据的概率密度函数的非参数方法。它适用于数据分布未知或复杂的情况。通过核函数对数据点进行平滑处理，核密度估计能够揭示数据的分布形态，为进一步的数据分析提供有力支持。在实际应用中，核密度估计常被用于探索性数据分析阶段，帮助研究者直观地理解数据的分布特征。

K-S检验是一种用于比较两个样本或样本与总体之间分布差异的非参数方法。它适用于检验数据的异质性，即判断两组数据是否来自同一分布。K-S检验通过计算两组数据的累积分布函数之间的差异，来评估它们之间的相似性。这种方法在质量控制、生物医学研究等领域具有广泛应用。

Wilcoxon秩和检验是一种用于比较两个独立样本的中位数差异的非参数方法。它适用于数据不满足正态分布假设的情况。通过计算两组数据的秩和，Wilcoxon秩和检验能够判断两组数据的中位数是否存在显著差异。这种方法在市场调研、临床试验等领域具有较高的实用价值。

Spearman秩相关系数是一种用于衡量两个变量之间单调关系强度的非参数方法。

它适用于数据分布未知或非线性关系的情况。通过计算两个变量的秩次之间的相关性，Spearman秩相关系数能够揭示变量之间的关联程度。这种方法在社会科学、经济学等领域被广泛应用，用于探索变量之间的潜在关系。

符号检验是一种用于比较两个配对样本差异的非参数方法。它适用于数据为有序分类变量或等级变量的情况。通过比较配对样本的符号差异，符号检验能够判断两组数据之间是否存在显著差异。这种方法在心理学、教育学等领域具有一定的应用价值。

非参数统计方法在处理异质性数据时具有独特的优势。它们不依赖数据的具体分布形式，而是基于数据的排序、位置或形状等特征进行分析。这使得非参数统计方法在实际应用中具有更高的灵活性和稳健性。通过合理运用这些方法，可以更准确地揭示数据背后的规律，为科学研究和决策提供有力支持。

随着计算技术的进步，非参数统计方法的应用范围将进一步拓展。例如，核密度估计可以借助高性能计算技术处理大规模数据集，揭示更复杂的分布特征；K-S检验可以通过优化算法提高检验效率，适用于实时数据分析场景；Wilcoxon秩和检验、Spearman秩相关系数和符号检验等方法也可以借助机器学习等技术进行改进和优化，以适应更广泛的数据分析需求。

在未来的研究中，我们可以进一步探索非参数统计方法与机器学习、深度学习等技术的结合点，以发展出更加高效、准确的数据分析方法。同时，我们也应关注非参数统计方法在实际应用中的局限性和挑战，不断完善和优化这些方法，以更好地服务于科学研究和社会实践。

（三）非参数统计的优缺点分析

非参数统计方法，相较于传统的参数统计方法，其展现出了独特的优势，但同时也存在一些局限性。其主要优势在于其灵活性和稳健性。由于非参数统计方法无须对数据的总体分布进行严格的假设，因此它能够更加灵活地应对各种类型的数据，特别是那些分布复杂或未知的数据。这种灵活性使得非参数统计方法在处理异质性数据时具有显著的优势，因为异质性数据往往不符合传统的分布假设。

非参数统计方法对数据的异常值和极端值具有较强的抵抗力。在传统的参数统计中，异常值可能会对整体的分析结果产生显著的影响，导致结果的偏差。非参数统计方法通常基于数据的秩或位置信息进行推断，从而降低了异常值对结果的影响，提高了分析的稳健性。

非参数统计方法的另一个显著优点是其结果解释更为直观和易于理解。由于不依赖复杂的数学模型和假设，非参数统计方法的结果往往更容易被研究人员和普通公众所理解。这种直观性有助于增强统计分析的可解释性和可接受性。

非参数统计方法也存在一些局限性。首先，在某些情况下，由于非参数方法不依赖具体的分布形式，其可能会损失部分信息，导致效率降低。例如，在数据确实符合某种特定分布（如正态分布）的情况下，使用参数统计方法可能会得到更准确的结果。

对于大规模数据集的处理，非参数统计方法可能会面临计算复杂度较高的问题。由于非参数方法通常需要对数据进行排序或计算数据点之间的距离等操作，这些操作在处理大规模数据集时可能会变得非常耗时。

在某些特定应用场景下，非参数统计方法可能缺乏足够的理论支持。虽然非参数统计方法在实践中表现出了良好的效果，但在某些领域或特定问题中，其理论基础可能还不够完善，这可能会限制其应用的广泛性。

非参数统计方法具有显著的优点，如灵活性和稳健性，但也存在一定的局限性。在实际应用中，研究人员需要根据数据的特性和研究目的来选择合适的统计方法。对于异质性数据或分布复杂的数据，非参数统计方法可能是有力的分析工具；而对于符合特定分布的数据或需要高效处理大规模数据集的情况，则可能需要考虑使用参数统计方法或其他更高效的算法。

二、异质性数据的挑战与解决策略

（一）异质性数据带来的挑战

异质性数据给数据分析带来了前所未有的挑战。首先，由于数据分布多样，我们不能简单假设所有数据都来自同一个分布，这使得许多基于特定分布假设的传统参数统计方法失效。例如，当数据中存在多个峰值或者数据分布严重偏斜时，依赖正态分布假设的t检验或F检验可能会产生误导性的结果。

异质性数据的生成机制复杂，可能涉及多种因素的交互作用，这使得数据的解读变得更为困难。在这种情况下，即使能够识别出数据的不同子集，也很难确定每个子集的生成原因，以及它们之间如何相互作用。

异质性数据中复杂的相关性结构也是一个重要的挑战。数据点之间可能存在着复杂的依赖关系，这些关系可能随着时间和空间的变化而变化。如果忽视了这些相关性，那么分析结果可能会产生严重的偏差。

（二）解决策略

面对异质性数据带来的挑战，非参数统计方法提供了一种有效的解决策略。由于非参数统计方法不依赖特定的分布假设，它们能够更灵活地适应数据的多样性。无论数据是服从正态分布、偏态分布还是多模态分布，非参数统计方法都能够提供一致和稳健的结果。

非参数统计方法对数据生成机制的复杂性也有很好的适应性。通过关注数据的排序、位置或形状等特征，而非具体的数值，非参数统计方法能够揭示数据中的潜在结构和模式，即使这些结构和模式的生成机制是未知的或复杂的。

对于异质性数据中的复杂相关性结构，非参数统计方法同样具有优势。许多非参数方法，如核密度估计和K-S检验，都能够在考虑数据点之间相关性的情况下进行分析，因此我们能够更准确地理解数据的整体结构和动态变化。

总的来说，非参数统计方法为异质性数据分析提供了一种灵活、稳健且有效的解决策略。通过运用这些方法，我们能够更好地理解和解释复杂多变的数据集，从而推动各个学科领域的研究进展。

（三）非参数统计在异质性数据分析中的应用价值

非参数统计在异质性数据分析中展现了其不可或缺的价值。这种价值不仅源于其灵活性和稳健性，更在于其能够深入探索数据的内在结构和关系，从而为研究者提供更为丰富和准确的信息。

非参数统计方法的灵活性使其能够适应各种数据分布。在异质性数据中，不同子集的数据可能服从不同的分布，这使得传统的参数统计方法难以应用。然而，非参数统计方法并不依赖特定的分布假设，因此能够轻松应对这种情况。无论是正态分布、偏态分布还是其他任何形式的分布，非参数统计方法都能够提供有效的分析工具，帮助研究者揭示数据的真实面貌。

非参数统计方法对异常值和极端值的抵抗力也是其在异质性数据分析中的一大优势。在实际数据中，异常值和极端值是难以避免的，它们可能会对传统的参数统计方法造成严重的干扰。然而，非参数统计方法基于数据的排序、位置或形状等特征进行分析，从而有效地降低了异常值和极端值对结果的影响。这使得非参数统计方法在处理包含噪声或离群点的异质性数据时具有更高的稳健性。

非参数统计方法的结果解释直观易懂，这也是其在异质性数据分析中的一大亮点。复杂的数学模型和假设往往会使得结果解释变得困难重重，而非参数统计方法则通过直观的数据特征展现结果，研究者能够更轻松地理解数据的含义和关系。这种直观性不仅有助于研究者在数据分析过程中做出更准确的判断，还能够促进结果的传播和应用。

总的来说，非参数统计在异质性数据分析中的应用价值主要体现在其灵活性、稳健性和直观性上。这些优势使得非参数统计方法成为处理异质性数据的理想选择，为研究者提供了更为广阔的分析视角和更准确的结果解读。随着数据科学的不断发展，非参数统计方法将在异质性数据分析中发挥越来越重要的作用。

（四）解决策略的相关实践案例

面对异质性数据分析的复杂性，非参数统计方法展现了其独特的解决策略。这些方法不仅理论上可行，而且在多个领域已经有了成功的应用案例。以下将详细探讨几种策略及其实际应用。

策略一：基于核密度估计的数据分类

核密度估计是一种用于估计概率密度函数的非参数方法，它能够捕捉数据的局部特征。当数据呈现出多种分布模式时，核密度估计可以有效地揭示这些模式。例如，在市场营销中，消费者的购买行为可能因年龄、性别、收入等多种因素而呈现异质性。通过核密度估计，企业可以更准确地理解不同消费者群体的购买习惯，从而制定更为精准的营销策略。

案例：某电商平台通过分析用户的购买历史数据，利用核密度估计识别出了几个不同的用户群体。这些群体在购买频率、购买金额以及商品类别偏好等方面存在显著差异。基于这些发现，平台对不同类型的用户推送了个性化的商品推荐和优惠活动，有效提高了转化率和用户满意度。

策略二：利用K-S检验进行异质性识别

K-S检验是一种非参数检验方法，用于比较两个样本的分布是否相同。在异质性数据分析中，K-S检验可以帮助识别出哪些变量或子集之间存在显著的分布差异。这对于后续的数据处理和分析至关重要。

案例：在环境监测领域，研究人员收集了不同区域的水质数据。利用K-S检验，他们发现某些区域的水质指标分布与其他区域存在显著差异。这些差异可能与污染源、水流条件或地理位置等因素有关。基于这些发现，研究人员可以更有针对性制定水质改善措施和污染治理策略。

策略三：Wilcoxon秩和检验在差异分析中的应用

Wilcoxon秩和检验是一种基于秩的非参数检验方法，用于比较两个独立样本的中位数是否存在差异。当数据不满足正态分布假设时，Wilcoxon秩和检验提供了一种稳健的差异分析方法。

案例：在医疗健康领域，研究人员对比了两种不同治疗方法对患者康复效果的影响。由于患者的康复进程受到多种因素的影响，数据呈现明显的异质性。利用Wilcoxon秩和检验，研究人员发现两种治疗方法在康复效果上存在显著差异。这一发现为临床医生提供了重要的治疗决策依据，有助于改善患者的康复质量。

非参数统计方法在异质性数据分析中展现出了强大的应用潜力。通过结合具体的解决策略和实践案例，可以看到这些方法在各个领域中的广泛应用和实际效果。随着数据科学的不断发展，非参数统计方法将在处理复杂数据问题中发挥更加重要的作用。

三、非参数统计在异质性数据分析中的实证研究

（一）实证研究方法与过程

在本次实证研究中，我们采用多种非参数统计方法，以全面深入地分析电商平台用户行为的异质性数据。这些方法包括核密度估计、K-S检验以及Wilcoxon秩和检验

等，旨在从不同角度揭示用户行为的特征和规律。

首先，我们利用核密度估计方法对用户行为的分布情况进行了探索。通过绘制核密度估计曲线，我们观察到用户行为数据呈现出明显的多峰分布特征，这表明用户群体中存在着不同的行为模式和偏好。这一发现为后续的特征提取和分类提供了重要依据。

其次，我们运用K-S检验对不同用户群体之间的行为数据进行了比较。通过对比不同用户群体的行为分布，我们发现了一些显著的差异。例如，某些用户群体在购买频率、购买金额以及评价习惯等方面表现出明显的异质性。这些差异为进一步理解用户行为提供了有价值的线索。

再次，为了深入探究用户行为之间的差异，我们还采用Wilcoxon秩和检验对特定用户行为进行了两两比较。通过这种方法，我们成功识别出了一些关键的用户行为特征，这些特征在不同用户群体之间具有显著的差异。这些发现对于制定个性化的营销策略和优化用户体验具有重要意义。

最后，在实证研究过程中，我们还注重对数据的可视化呈现，以便更直观地展示分析结果。通过绘制各种图表，如核密度估计曲线图、K-S检验的P-P图和Q-Q图等，分析结果更加生动和易于理解。这些可视化手段不仅有助于深入挖掘数据中的信息，还为与团队成员和其他利益相关者之间的沟通提供了便利。

（二）实证研究结果与分析

通过本次实证研究，我们取得了丰富的成果。首先，我们成功揭示了电商平台用户行为的异质性特征，为后续的个性化推荐、精准营销等提供了数据支持。其次，我们发现了一些关键的用户行为差异点，这些差异点对于优化用户体验和提升用户满意度具有重要意义。最后，我们还探索了非参数统计方法在异质性数据分析中的有效性和可靠性，为后续的相关研究提供了有益的参考。

在具体结果方面，我们通过核密度估计方法发现用户购买金额的分布呈现出明显的双峰特征，这表明用户群体中存在着不同的消费能力和购买习惯。通过K-S检验，我们进一步验证了不同用户群体在购买金额、购买频率等方面的显著差异。此外，我们利用Wilcoxon秩和检验，还发现了一些特定的用户行为特征在不同群体之间的显著差异，如评价习惯、浏览时长等。

在分析过程中，我们也遇到了一些挑战和限制。例如，在处理大规模数据集时，非参数统计方法的计算复杂度较高，需要借助高效的算法和计算资源来进行优化。此外，虽然非参数统计方法在处理异质性数据时具有独特优势，但在某些特定场景下可能缺乏足够的理论支持，因此我们需要结合其他统计方法和领域知识进行综合分析。

通过本次实证研究，我们深入探究了非参数统计在异质性数据分析中的应用价值和实践意义。这些发现不仅有助于更好地理解电商平台用户行为的特征和规律，还为后续的个性化推荐、精准营销以及用户体验优化等方面提供了有力的数据支持和理论依据。

（三）研究结果与讨论

通过实施上述非参数统计方法，我们获得了一系列有意义的研究结果。以下是对这些结果的详细讨论。

1. 核密度估计结果分析

核密度估计方法揭示了用户购买频次的分布特性。我们发现，用户购买频次呈现多峰分布，表明存在多个不同的购买行为子集。这些子集可能代表了不同类型的用户，如高频购买者、低频购买者等。通过进一步分析这些子集的用户特征，可以为电商平台提供个性化的营销策略和服务。

2. K-S检验结果分析

K-S检验用于比较不同用户群体浏览时长的分布差异。结果表明，某些用户群体的浏览时长确实存在显著差异。例如，年轻用户群体与老年用户群体在浏览时长上呈现明显的不同。这一发现有助于电商平台针对不同年龄段用户优化页面设计和内容推荐，提高用户体验和满意度。

3. Wilcoxon秩和检验结果分析

通过Wilcoxon秩和检验，我们发现购买行为对用户评价得分具有显著影响。具体来说，购买后的用户评价得分普遍高于购买前，这表明购买行为可能提升了用户对产品的满意度。这一结果有助于电商平台更好地理解用户需求，优化产品和服务质量。

非参数统计方法在异质性数据分析中展现了其独特的优势和价值。通过核密度估计、K-S检验和Wilcoxon秩和检验等方法的应用，我们能够更深入地了解用户行为特征，为电商平台提供有针对性的改进建议。未来，我们将进一步探索非参数统计方法在其他领域的应用，以期为更多实际问题提供有效的解决方案。

（四）K-S检验结果

K-S检验的结果显示，不同用户群体的浏览时长分布存在显著差异。具体来说，我们发现某些用户群体的浏览时长明显长于其他群体，这可能与他们的购物习惯、兴趣偏好或者产品需求有关。这一发现对于电商平台来说具有重要价值，因为它可以帮助平台更好地理解用户的浏览行为，从而优化页面设计和商品推荐策略。

（五）综合讨论与启示

本实证研究通过应用非参数统计方法，揭示了电商平台用户行为的异质性及其背后的影响因素。这些发现不仅有助于电商平台更深入地了解用户需求和行为模式，还为平台的营销策略、页面设计和用户体验优化提供了有力支持。

通过核密度估计和K-S检验，可以识别出具有不同购买和浏览行为的用户群体，这为平台实施精准营销提供了目标群体。例如，针对高购买频次和长浏览时长的用户，平台可以提供更多的优惠活动和个性化推荐，以增强他们的忠诚度和购买意愿。

Wilcoxon秩和检验的结果表明购买行为与用户满意度之间的正相关关系。这意味着平台应该注重提升用户的购买体验，如简化购买流程、提供多样化的支付方式和优质的售后服务等，以提高用户的满意度和忠诚度。

本实证研究展示了非参数统计在异质性数据分析中的有效性和实用性。通过综合运用核密度估计、K-S检验和Wilcoxon秩和检验等方法，可以更深入地了解用户行为背后的异质性特征，并为电商平台的发展提供有针对性的建议和策略。

第三节　非参数统计在经济政策效果评估中的应用

一、非参数统计方法概述

（一）非参数统计的定义与特点

非参数统计，作为一种不依赖数据具体分布的统计分析方法，在经济学和多个其他领域中发挥着重要作用。与参数统计相比，非参数统计的显著特点在于其无须对数据的分布形式进行预先假设。这一特点使得非参数统计在应用上具有更强的适应性和灵活性，特别是在处理不符合特定分布假设的实际数据时。

非参数统计方法主要依赖数据的排序、位置和形状等基本信息进行分析。例如，在中小企业融资缺口的部门间差异研究中，非参数统计方法被用于分析不同部门中小企业的信贷需求和获得情况。这种方法不仅揭示了部门间融资缺口的差异，还进一步指出了农业部门面临的较大信贷限制。这表明非参数统计能够有效处理复杂的实际问题，提供有价值的洞见。

非参数统计的另一个重要特点是其对异常值和离群点的相对不敏感性。由于不依赖特定的数据分布，非参数统计方法在处理包含异常值的数据集时，通常能够保持较好的稳健性。这一点在经济学研究中尤为重要，因为经济数据往往受到多种不可控因素的影响，容易出现异常波动。

非参数统计以其独特的优势，在经济政策效果评估等领域中展现出了广泛的应用前景。通过深入分析实际数据，非参数统计能够为政策制定者提供更为准确、全面的决策依据，有助于实现经济政策的科学化和精细化。同时，随着大数据和机器学习等技术的不断发展，非参数统计方法有望在未来实现更为广泛的应用和深化。

在非参数统计的应用过程中，我们还需要注意其局限性。例如，在某些情况下，非参数统计方法可能无法充分利用数据的全部信息，导致分析结果的精度受到限制。因此，在实际应用中，我们应根据具体问题的特点和需求，合理选择适当的统计方法，以实现最佳的分析效果。

为了更好地说明非参数统计在经济政策评估中的应用，后续章节将通过具体案例进行详细分析。这些案例将展示非参数统计方法在实际问题中的操作过程、分析结果以及与其他评估方法的比较，从而为读者提供更为深入、全面的理解。同时，这些案例也将为非参数统计在经济学领域的进一步推广和应用提供有益的参考。

（二）常用的非参数统计方法

非参数统计方法在经济政策效果评估中扮演着重要角色，其无须对数据分布进行预先假设，因此具有广泛的适用性。以下将详细介绍几种常用的非参数统计方法，包括秩和检验、核密度估计和Kruskal-Wallis检验，并探讨它们在经济政策评估中的具体应用。

1. 秩和检验

秩和检验，作为一种基于数据秩次的非参数检验方法，旨在比较两组或多组数据的差异。其特点在于不依赖数据的具体分布形式，因此特别适用于小样本和异方差数据的分析。在经济政策评估中，秩和检验常被用于评估政策实施前后经济指标的变化情况。例如，在评估一项就业政策的效果时，可以通过秩和检验来比较政策实施前后就业率的变化，从而判断政策是否有效促进了就业增长。

2. 核密度估计

核密度估计是一种用于估计随机变量概率密度函数的非参数方法。该方法通过平滑数据点来构建数据的概率密度曲线，进而揭示数据的分布特征。在经济政策评估中，核密度估计可用于分析政策影响下的收入分布变化。例如，通过比较政策实施前后的收入数据，利用核密度估计方法绘制出收入分布曲线，可以观察到政策对收入分配的影响。

3. Kruskal-Wallis检验

Kruskal-Wallis检验是一种适用于多组数据的非参数检验方法，其目的在于检验多组数据之间是否存在显著差异。该方法基于数据的秩次进行比较，因此其不受数据分布和方差齐性的影响。在经济政策评估中，Kruskal-Wallis检验可用于比较不同地区或不同行业在政策实施后的经济表现。通过该检验方法，可以判断政策是否在不同地区或行业间产生了显著差异，从而为政策调整和优化提供依据。

非参数统计方法在经济政策效果评估中具有广泛的应用价值。通过秩和检验、核密度估计和Kruskal-Wallis检验等方法，可以对政策实施前后的经济指标进行全面而深入的分析，从而为政策制定者提供科学、准确的决策依据。未来，随着非参数统计方法的不断发展和完善，其在经济政策评估中的应用将更加广泛和深入。

（三）非参数统计的优缺点分析

非参数统计方法在众多统计分析工具中独树一帜，这主要得益于其独特的优点和一些固有的局限性。首先，其灵活性表现在对数据分布的无须预设上。在实际的经济数据分析中，数据往往并不总是服从某种理想的分布，如正态分布。非参数统计方法能够自如地处理这种非正态分布的数据，甚至是那些分布形式未知的数据，这极大拓宽了其应用范围。

广泛适用性也是非参数统计方法的一大亮点。无论是连续型数据、离散型数据、同方差数据还是异方差数据，非参数统计方法都能提供有效的分析工具。这种广泛的适用性使得非参数统计方法在处理复杂多变的经济数据时具有显著的优势。

非参数统计方法对数据中的异常值和离群点也展现出了较强的鲁棒性。在经济数据中，异常值和离群点的出现是不可避免的，而这些值往往会对传统的参数统计方法造成较大的干扰。非参数统计方法由于不依赖数据的具体分布，因此其对这些异常值和离群点的敏感性较低，从而能够提供更为稳健的分析结果。

非参数统计方法也并非完美无缺。其主要的局限性在于，由于不依赖数据分布形式，它可能无法充分利用数据的全部信息。在某些情况下，这可能会导致统计效能相对较低，即可能无法探测到数据间的一些细微差异或关联。

非参数统计方法的解释性相对较弱。与参数统计方法相比，非参数统计方法的结果往往更难以直接转化为具有明确经济意义的结论。这可能会给政策制定者或经济分析师在解读和应用分析结果时带来一定的挑战。

非参数统计方法以其灵活性和广泛适用性在经济政策效果评估中占据了重要的地位。其局限性也提示我们在实际应用中需要谨慎选择并结合其他分析方法，以获得更全面、准确的经济政策效果评估。

二、经济政策效果评估框架

（一）评估目标与原则

在经济政策效果评估中，明确评估目标与遵循一定的原则是至关重要的。评估目标的确立，为整个评估过程提供了明确的方向和指引，而评估原则的遵循，则确保了评估结果的客观性、准确性和有效性。

经济政策效果评估的核心目标，在于深入剖析和客观反映经济政策实施后对经济社会发展的实际影响。这包括但不限于政策对经济增长、就业状况、收入分配、社会福祉等关键领域的具体作用。通过全面、系统的评估，旨在揭示政策效果的全貌，为政策制定者提供有力的决策支持，同时也为公众和政策利益相关者提供清晰、透明的政策效果信息。

在实现这一目标的过程中，必须坚持以下四个原则。

一是科学性原则。这要求在评估过程中，我们必须采用科学、合理的评估方法，确保所使用的数据真实可靠，避免主观臆断和随意猜测。科学性是评估工作的基石，只有基于科学的方法和真实的数据，才能得出客观、准确的评估结论。

二是全面性原则。经济政策的影响是多元且复杂的，因此，在评估政策效果时，我们必须从多个角度和层面进行考察，以全面揭示政策的影响。这包括但不限于政策的经济效应、社会效应、环境效应等各个方面。只有全面评估，才能提供全面的政策效果信息，进而为政策优化提供全面的参考。

三是可比性原则。在评估不同经济政策的效果时，我们必须确保评估结果之间具有可比性。这要求在评估过程中，我们要采用统一的评估标准和方法，以便对不同政策的效果进行公正、客观的比较。可比性原则有助于发现不同政策之间的优劣差异，为政策选择和优化提供有力的依据。

四是实用性原则。评估结果不仅应具有学术价值，更应具有明确的政策指导意义和实际应用价值。这要求在评估过程中，我们要紧密结合实际政策问题和需求，确保评估结果能够为政策制定和实施提供有益的参考。实用性原则强调了评估工作的实践导向，确保了评估成果能够转化为实际政策行动的动力和指引。

（二）评估指标体系的构建

在构建经济政策效果评估指标体系时，我们需深入理解各项指标的内涵及其相互关系，以确保评估的全面性和准确性。直接指标和间接指标的选择应相互补充，共同反映政策的综合效果。

直接指标是衡量经济政策效果最为直观和核心的指标。经济增长率作为衡量一个国家或地区经济发展速度的主要指标，能够直接反映政策对经济增长的推动作用。失业率的变化则能够揭示政策对就业市场的影响，通货膨胀率则体现了政策在物价稳定方面的成效。这些宏观经济指标的变化，直接反映了经济政策的短期和中期效果。

经济政策的影响并非仅限于宏观经济层面，其更深层次的影响需要通过间接指标来体现。居民收入水平的变化，不仅反映了经济增长的成果是否惠及广大民众，也是衡量政策公平性和可持续性的重要依据。产业结构优化程度则揭示了政策在推动经济转型升级方面的作用，体现了政策对于长期经济发展的布局和考量。社会福利改善情况更是直接关系民众的生活质量和幸福感，是评价政策效果不可或缺的一部分。

在构建评估指标体系时，我们还需关注政策的可持续性和公平性。可持续性要求政策在实施过程中不仅注重当前效果，更要考虑对未来经济发展的影响，避免短视行为带来的长期负面后果。公平性则强调政策应惠及全体民众，特别是弱势群体，确保他们也能分享经济发展的成果。

评估指标体系的构建是一个复杂而系统的过程，需要综合考虑多个层面的因素。通过科学合理选择和组合各项指标，我们能够更加全面、准确地评估经济政策的效果，为政策制定和调整提供有力的依据。

（三）评估流程与方法

在经济政策效果评估的实践中，评估流程与方法的选择至关重要。一个科学、系统的评估流程能够确保评估结果的客观性和准确性，而恰当的评估方法则能够深入挖掘数据背后的信息，为政策制定者提供有价值的参考。

评估流程的第一步是确定评估目标。这一步需要明确评估的具体内容、目的和期望达到的效果。例如，我们是对某项具体经济政策的短期效果进行评估，还是对其长期影响进行探究，这将直接影响后续评估指标的选择和数据收集的方向。

接下来是构建评估指标体系。一个完善的评估指标体系应能够全面反映经济政策的多方面影响，包括经济增长、社会公平、环境保护等。在选择评估指标时，我们应注重指标的相关性、可操作性和敏感性，确保所选指标能够真实有效反映政策的实施效果。

数据收集和分析是评估流程中的关键环节。这一阶段需要广泛搜集与政策实施相关的数据，包括宏观经济数据、社会调查数据等，以便为后续的计算和分析提供坚实基础。在数据分析过程中，我们应注重数据的清洗和整理，确保数据的质量和可靠性。

计算评估指标是评估流程的核心步骤。在这一阶段，我们需要运用适当的统计方法和经济模型对数据进行处理和分析，得出各项评估指标的具体数值。这些数值将直接反映经济政策的实施效果，为政策制定者提供决策依据。

最后一步是解读评估结果。通过对评估指标的深入剖析和比较，可以揭示出经济政策在不同方面的实际效果，以及可能存在的问题和改进方向。这一步需要评估者具备丰富的专业知识和敏锐的洞察力，以便准确理解和传达评估结果所蕴含的信息。

在评估方法上，我们特别强调非参数统计方法的应用。非参数统计方法因其无须事先假定数据分布形式的灵活性，特别适合于处理经济政策评估中复杂多变的数据情况。例如，秩和检验可以用于比较政策实施前后两组数据的差异，从而判断政策效果是否显著；核密度估计则可以揭示政策实施后数据分布的变化情况，为政策效果的深入分析提供有力支持。通过综合运用这些非参数统计方法，可以更加全面、准确地评估经济政策的实际效果，为政策制定和优化提供科学依据。

三、非参数统计在经济政策评估中的应用实例

（一）案例选择与数据准备

在案例选择上，我们聚焦于某地区近期实施的减税降费政策。此政策是该地区政府为了应对经济下行压力，优化营商环境，而推出的一项重要措施。其主要目的在于

通过减轻企业的税收负担，降低企业经营成本，从而激发市场主体的活力，引导和促进经济的稳步增长。

为了全面、客观地评估政策的效果，我们进行了深入的数据收集工作。数据来源主要包括政府部门发布的宏观经济数据、统计局公布的相关统计数据、企业提交的财务报表以及税务部门的税收数据等。这些数据涵盖了政策实施前后的多个时间节点，为后续的统计分析提供了丰富而翔实的基础资料。

在数据准备阶段，我们进行了严格的数据清洗和预处理工作。首先，对于收集到的原始数据，我们进行了仔细的检查和核对，以确保数据的准确性和完整性。其次，针对数据中存在的缺失值、异常值和重复值等问题，我们采用了适当的方法进行了处理，如插值法填补缺失值、基于统计分布的异常值检测和处理等。最后，为了方便后续的非参数统计分析，我们对数据进行了适当的转换和标准化处理。

通过这一系列的数据准备工作，我们构建了一个高质量、可信赖的数据集，为接下来利用非参数统计方法进行经济政策效果评估奠定了坚实的基础。同时，这也体现了数据科学在经济政策评估中的重要性和价值，即通过科学的数据处理和分析方法，我们能够更准确地揭示政策实施的实际效果和影响。

（二）非参数统计与经济政策评估的深度融合

在经济政策评估中，非参数统计不仅提供了数据驱动的视角，更在经济现象的解释和分析中展现出其独特的价值。这种融合使得政策评估不再仅仅依赖传统的经济理论和模型，而是结合实际情况，从数据中挖掘出更多的信息。

1. 非参数统计在政策效果动态监测中的应用

经济政策的效果往往不是一蹴而就的，而是一个持续的过程。非参数统计方法可以用于动态监测政策实施过程中的效果变化。例如，我们可以利用滑动窗口技术对时间序列数据进行分段，然后对每个时间段应用非参数统计方法，从而观察到政策效果随时间的变化趋势。这种方法不仅能够及时发现问题，还能为政策调整提供有力的数据支持。

2. 基于非参数统计的多维度政策效果评估

经济政策的实施往往会对社会的多个方面产生影响。非参数统计方法可以帮助我们从多个维度对政策效果进行评估。例如，我们可以利用多元非参数统计方法来同时考虑经济增长、就业、物价等多个方面的数据，从而得出一个综合的政策效果评价。这种方法避免了单一指标评价的片面性，使得评估结果更加全面和客观。

3. 非参数统计在政策效果对比分析中的优势

在政策评估中，往往需要对比不同政策或者同一政策在不同地区的实施效果。非参数统计方法在这方面具有天然的优势，因为它不依赖数据的具体分布形式，可以很容易应用到不同的数据集上。通过对比不同数据集上的非参数统计结果，可以更加客观地评价不同政策的优劣或者同一政策在不同环境下的适应性。

非参数统计与经济政策评估的深度融合为政策制定者提供了更加科学、全面的评估工具。这种融合不仅能够提高政策评估的准确性和效率，还能帮助政策制定者更加及时发现问题、调整策略，从而实现经济政策的最优化。未来，随着大数据和机器学习技术的不断发展，非参数统计在经济政策评估中的应用将更加广泛和深入。

（三）结果解读与讨论

通过非参数统计方法的深入分析，我们发现减税降费政策对经济增长确实产生了显著的正面效应，并且有效地减轻了企业的税负。这些发现提供了有力的证据，证明了该政策的积极效果。然而，在解读这些统计结果时，我们需要保持审慎并结合更广泛的背景信息进行综合分析。

非参数统计方法虽然提供了灵活且强大的分析工具，但其结果的解释性相对有限。这意味着，虽然可以观察到政策实施后经济指标的变化趋势，但这些变化背后的具体机制和动因可能并不那么直观。因此，我们需要结合经济学理论、市场环境和政策细节来深入剖析这些变化。

非参数统计方法不依赖数据的具体分布形式，这在一定程度上限制了其对数据深层信息的挖掘能力。换句话说，虽然这种方法能够处理各种类型的数据，并且对异常值和离群点具有较强的鲁棒性，但它可能无法像参数统计方法那样充分利用数据的特定分布特性。因此，在实际应用中，我们应考虑将非参数统计方法与参数统计方法相结合，以便更全面地了解数据中的信息。

值得注意的是，任何统计方法都只是评估工具的一部分。要全面、准确地评估经济政策的效果，还需要考虑其他多种评估方法和数据来源。例如，通过收集和分析政策受益者的反馈、观察市场动态以及评估政策对社会福利和公平性的影响，可以获得更丰富的评估结果。

非参数统计方法在经济政策效果评估中发挥了重要作用，但我们也应意识到其局限性。通过综合运用多种评估方法和工具，可以更全面地了解政策的影响，从而为未来的政策制定和调整提供更有力的支持。

四、非参数统计方法与其他评估方法的比较

（一）参数统计方法与非参数统计方法的比较

在统计分析的广阔领域中，参数统计方法和非参数统计方法均占据着重要的地位。这两种方法分别适用于不同的数据和场景，为研究者提供了多样化的分析工具。

参数统计方法的核心在于对数据分布形式的假定。它通常假定数据服从某种特定的分布，如正态分布、t分布等，并基于此进行一系列的统计推断。这种方法具有明确的数学表达式，能够通过严谨的数学推导得出精确的结论。同时，由于充分利用了数

据的分布信息，参数统计方法往往具有较高的统计效能，能够更准确地揭示数据间的内在联系。然而，这种方法的局限性也显而易见。当数据的实际分布与假定分布不符时，参数统计方法的结果可能会产生偏差，甚至误导研究者。

非参数统计方法则展现出了更强的适应性和灵活性。它无须对数据分布形式进行事先假定，而是直接基于数据的实际观测值进行分析。这种方法的优势在于能够处理各种类型的数据，无论其分布形式如何。此外，非参数统计方法对异常值和离群点也具有较强的鲁棒性，使得分析结果更加稳健。然而，非参数统计方法也存在一定的不足。由于不依赖数据分布形式，它可能无法充分利用数据的全部信息，从而导致统计效能相对较低。同时，非参数统计方法的解释性相对较弱，难以像参数统计方法那样得出具有明确数学表达式的结论。

在实际应用中，参数统计方法和非参数统计方法各有优劣。研究者应根据数据的实际特点和评估目标来选择合适的统计方法。对于符合特定分布形式的数据，参数统计方法能够提供更精确的分析结果；而对于分布形式未知或复杂的数据，非参数统计方法则更加适用。

（二）其他评估方法的介绍与比较

除了参数统计和非参数统计方法，经济政策效果评估的领域中还存在着诸多其他的评估技术。这些技术为政策制定者和研究者提供了多元化的分析视角，有助于更全面、深入地理解政策影响。以下是对其中几种主要方法的介绍及其与非参数统计方法的比较。

成本效益分析是一种常见的经济政策评估方法，它主要关注政策实施所需的成本与带来的效益之间的比例关系。这种分析方法能够直观地展现政策的经济效益，为决策者提供明确的投入产出比。然而，成本效益分析往往难以全面考虑政策的所有影响，特别是那些难以量化的社会效益和环境效益。相比之下，非参数统计方法在处理这类非量化数据时具有优势，能够通过数据的排序和分布特征来揭示政策的综合效果。

多准则决策分析是一种综合考虑多个评估指标和政策目标的方法。它通过设定多个评价准则，对每个准则进行权重赋值，从而得出一个综合的评价结果。这种方法能够更全面地评估政策的多方面影响，但权重的设定往往具有一定的主观性。与此不同，非参数统计方法不依赖权重的设定，而是基于数据的实际分布来进行分析的，因此在客观性方面更具优势。

系统动力学模拟则是一种通过构建系统模型来模拟政策实施效果的方法。它能够揭示政策实施后系统的动态变化过程，帮助决策者预见可能的政策后果。然而，系统动力学模拟需要对系统的结构和运行机制有深入了解，且模型的构建和验证过程较为复杂。相比之下，非参数统计方法在应用上更为简便，无须复杂的模型构建过程，且对数据的要求相对较低。

在解释性和实用性方面，成本效益分析、多准则决策分析和系统动力学模拟等方法能够提供更为直观和具体的评估结果，有助于决策者理解政策的实际影响。然而，这些方法在数据处理和灵活性方面可能受到一定限制。例如，成本效益分析需要准确的成本和效益数据，多准则决策分析需要合理的权重设定，而系统动力学模拟则需要详尽的系统信息和复杂的模型构建过程。

非参数统计方法在数据处理方面更为灵活，不依赖特定的数据分布形式，且能够适应各种类型的数据。这使得非参数统计方法在面对复杂多变的经济政策环境时具有更强的适应性。然而，非参数统计方法的解释性相对较弱，可能无法直接得出具有明确经济意义的结论。因此，在实际应用中我们需要综合考虑各种方法的优缺点，根据具体的评估需求和政策环境选择合适的方法组合进行综合分析。

（三）综合评估与选择建议

在经济政策效果评估的实践中，我们面临着多种评估方法的选择。每一种方法都有其独特的优势和局限性，因此，综合评估与选择适合的评估方法显得尤为重要。

首先，我们要深刻理解非参数统计方法的特性。非参数统计方法以其灵活性和广泛适用性，在经济政策评估领域展现出了显著的优势。由于无须对数据分布进行预先假设，它能够处理各种复杂和不规则的数据，从而提供更为广阔的分析视野。

其次，为了克服这些局限性，提倡在实际应用中，我们将非参数统计方法与其他评估方法相结合，进行综合分析。例如，我们可以利用参数统计方法来验证非参数统计方法的结果，或者通过定性分析方法，如专家访谈和问卷调查，来增强评估结果的实际应用价值和政策指导意义。

最后，在选择评估方法时，我们必须遵循一系列原则，以确保评估的科学性和有效性。首要的是科学性原则，即所选方法必须有科学的理论依据，能够客观、准确地反映经济政策的效果。其次，全面性原则要求从多个角度和层面评估政策效果，不仅要考虑直接的经济指标，还要关注社会、环境等间接影响。再次，可比性原则强调不同政策或同一政策在不同时期的评估结果应具有可比性，这有助于更全面地理解政策效果的变化趋势。最后，实用性原则要求评估结果必须具有明确的政策指导意义，能够为未来的政策制定和调整提供有价值的参考。

综合考虑以上因素，我们建议在经济政策效果评估中，将非参数统计方法作为重要的分析工具之一，但并非唯一选择。根据具体的评估目标和数据特点，我们应灵活选择并结合其他评估方法，以期获得更为全面、准确的评估结果。这样的综合评估策略不仅有助于更深入地理解经济政策的效果，还能为未来的政策制定和调整提供更为科学的依据。

第七章 色谱经济分析法理论与应用

第一节 色谱经济分析法概述

一、色谱经济分析法的基本原理

（一）应用前提及分类基础

1. 应用前提

色谱经济分析法，巧妙地利用了复杂经济现象间存在的事件性质差异及结构特性，进而触发经济主体做出各异的经济反应与抉择，最终实现了对复杂经济现象的精准分类与剖析。在将其运用于经济现象的分析实践中时，为了确保能够达成理想的组分区分效果，我们需遵循一系列基础而关键的前提条件。

首先，我们应探讨不确定性的可驾驭性。在社会经济体系内，各类经济现象无不蕴含着不确定性。色谱经济分析法的聚焦点，正是这些裹挟着种种不确定性的复合社会经济实况。为了确保色谱经济分析体系能够顺畅运作，我们需以待剖析的对象为核心，在仔细审视其与分离相关的特性后，着手构建一个相对封闭或部分封闭的环境。这个环境可被视作庞大社会经济体系中的一个微观片段，它固然会受到社会经济现象固有属性的影响，诸如非线性、动态变化以及突发性等不确定因素依旧存在，然而，在这个特定的系统内部，这些不确定性是被限制在一定范围内的，因而其变得可控。当面临复杂经济现象的分解任务时，系统中存在的不确定性并不会对分析过程构成实质性干扰。

其次，关乎待分离对象，其非变异性（或称为“连续性”）是一个核心考量。在封闭乃至半封闭的系统环境内，当我们能够将不确定性压缩至可控范畴之后，便会依据经济现象所处的不同状态，采取静态或动态这两种方式来对经济主体或经济现象进行剖析与分离。在单次分离的实践过程中，经济现象或经济主体的核心特性往往呈现一种稳定不变的状态，这种状态的连续性意味着假定经济现象的特性在特定的时间段内是恒定不变的。这一假设是确定经济现象分离方式的核心要素。反之，如果经济现象的特性在某个时间段内发生了显著的变化，那么，实施经济现象分离的条件、所依赖的特征等都会随之发生调整。在此情形下，经济现象展现出了变异性，从而使得有效的分离变得难以实现。

2. 分类基础

在西方经济学理论中，经济人假设构成了一个至关重要的基石，它假定经济主体在做出经济决策时总是保持着高度的理性，面对多重选择时，总能精准挑选出最符合自身利益的那条路径。然而，在现实的社会经济活动画卷中，经济人的行为抉择往往并非全然理性，而是受到了诸多复杂因素的交织影响，展现出一种与纯粹理性思维截然不同的非理性面貌。这种非理性，涵盖了直觉的驱使、情感的波动以及相对主义的视角，贝克尔更是将那些极端状态下的冲动行为和怠惰表现也一并纳入了广义的非理性行为范畴，并尝试构建了一个模型，用以阐释人们当前的行为选择如何受到过往选择轨迹的牵引，同时依赖概率的微妙作用。在经济学领域内，个体的偏好、内在需求、意志力量、情感体验以及信仰体系等，这些通常被视为非理性元素的组成部分，实际上却在潜移默化地影响着每个人的行为选择。它们通过一种“感知触发—知性回应—需求生成—行为抉择”的连锁反应机制，悄然引导着经济行为的最终成型。颇为有趣的是，这些非理性因素在特定情境下非但不会成为经济行为的绊脚石，反而可能在经历一番蜕变后，成为推动经济行为向前发展的强大动力。因此，在个体进行行为选择的曲折历程中，无论非理性因素如何参与其中，无论它们在人的内心世界中占据多大的比重，这些因素终究只能构建起人们的初步感知与认知框架。要真正将这一切转化为实实在在的经济行动，终究需要理性之光的照耀，让行为选择最终回归到理性的轨道上来。

（二）基本原理

化学色谱分析法在物质分离上的应用，其精髓在于巧妙利用了待分离物质中各组分在固定相与流动相之间存在的性质差异。这种差异，归根结底，体现在组分在两相间吸附与脱附能力的不同上。当流动相载着这些组分穿梭于色谱柱之中时，它们与柱内的固定相便产生了一种相对的运动关系。由于组分与两相间作用力的千差万别，固定相会像磁铁一样吸附住某些组分，从而阻碍它们在色谱柱中的前进步伐；而流动相则扮演了“解放者”的角色，它不断对组分进行“解析”，推动着它们在柱内继续流动。在色谱柱这个微妙的舞台上，组分在固定相与流动相之间经历了无数次质与量的交换。每一次交换，都是对组分性质差异的一次细微放大。随着这种交换在多个色谱塔板内的反复进行，组分间的性质差异逐渐累积，最终变得显而易见。于是，不同组分在色谱柱中的运行速度开始产生差异，它们像赛跑者一样，有的快，有的慢，最终各自抵达终点，实现了彼此分离。这便是色谱分析法分离物质的基本思路。究其根本，色谱分析法能够实现物质的分离是因为待分离物质中的各组分拥有着不同的结构和性质。这些差异使得组分在面对相同环境时，会产生截然不同的反应。正是这种反应上的差异，为色谱分析法提供了分离组分的“钥匙”，原本混杂在一起的物质得以被区分开来。

在自然科学中，分离理念屡见不鲜，而将这一思路引入经济学领域，或可尝试阐述色谱经济分析法的核心理念。我们不妨将色谱柱视作经济个体所处的宏观经济背景，好比消费者置身的消费环境或市场空间。在这一宏观框架下，我们可设定特定的固定相与流动相。其中，“固定相”犹如色谱柱中的填充物，对经济现象中的诸要素构成阻碍；而“流动相”则是驱动经济主体去接触并适应固定相，进而做出经济抉择的力量。至于“待分离组分”，则是指人文社会科学中错综复杂的经济现象。“流动相”正是促使这些经济现象与“固定相”相互作用的关键。鉴于每个经济主体在特性、偏好等维度上的独特性，他们会依据自身情况对固定相的某些方面做出选择。给予充分的时间与空间进行经济抉择后，由于选择时机与结果的多样性，不同的经济主体在穿越色谱柱后，会展现出各异的流出时间与组分曲线。通过将这些流出曲线相近的经济主体归并为一类，并借助定性与定量分析方法，我们不仅能大致把握某一类群体的数量规模，还能将经济主体细分为多个类别。在这一分类流程中，在所研究的群体内，每位经济个体都受其教育背景、知识结构、社会阅历等多重因素的影响，参与经济选择的过程，并产生相应的“色谱”反馈。这种“反馈”是经济主体自主选择的产物，不受研究者主观臆断的影响，具有客观性。尽管在经济领域并不存在经济主体对流动相与固定相的物理或化学作用（如吸附-解吸、溶解等过程），但这种“反馈”却会以其他形式得以彰显，其中最为直观的表现便是经济选择结果的差异性。经济学本质上是一门研究人类选择行为的学科。倘若经济主体在决策过程中有所取舍（如消费者选择储蓄或消费、家庭选择参保或不参保等），且这些不同选择能反映出一定的行为特征，那么这些行为差异便可通过色谱柱的分离作用以及信号检测技术的帮助，从而实现对经济主体的精准分类。

在人类社会的广阔画卷中，人以“类”的群体形态存在着。受制于地理界限与诸多现实条件，个体难以遍览全球每一个人，故而只能依托“类”这一抽象概念，去洞悉与构建对人类社会的认知框架。“类”，作为一个高度概括的思维方式，它勾勒出的仅是人类社会宏观层面的轮廓，而细微个体的独特面貌，则显得力不从心。然而，随着互联网技术的勃兴，以及计算机、现代通信设备等遍地开花，不同“类”群体间的壁垒被逐渐打破，人与陌生个体之间的联系也从模糊的感性认知，转向了更为具体、生动的交互模式。与此相呼应的是，色谱经济分析法的出现，也如同架起了一座桥梁，将人类那些原本“抽象”“感性”的经济活动，通过一系列精密的转换机制，变成清晰可辨的数据曲线。这一转变，使得经济活动不再是难以捉摸的迷雾，而是成为一幅直观、具象的图景，供深入剖析。尽管色谱经济分析法与上述现象在应用领域上大相径庭，但它们的核心精髓却异曲同工——都是致力于将“抽象”“感性”的要素，以一种巧妙的方式具体化。这一过程的关键，在于探寻一种恰如其分的表达方式，以确保色谱经济分析法的探究对象能够得到精准的剖析与合理的呈现。

（三）研究对象

在化学色谱分析法中，被分离的物质往往是自然界中存在的，它们各自拥有着独特的物理性质、化学性质与结构特征。这些性质与结构上的不同，正是导致物质对环境反应各异的关键因素。基于这一特性，化学色谱分析法能够巧妙设定相应的色谱分离条件，从而实现对物质的精准分离与深入分析。转而观之，色谱经济分析法则将研究焦点对准了社会经济系统这一复杂而开放的领域。与自然界物质不同，社会经济系统呈现高度的非线性特征，其内部的各种经济现象及行为选择均会受到诸多外部变量、随机因素的深刻影响，因此充满了不确定性。显然，这与化学等自然科学所探究的较为稳定、规律的系统存在显著区别。然而，值得注意的是，经济系统内部不乏诸多具有“物化”特征或外在表现差异的经济现象与经济主体。这些特征或表现，恰如自然界物质中的物理化学性质，为色谱经济分析法提供了捕捉经济现象特点、进行有效分离与分析的重要切入点。通过这一方法，我们可以更加深入地理解经济系统的复杂性与多样性，为经济决策提供更为科学的依据。

在运用色谱经济分析法时，如果我们将整个社会经济系统纳入研究范畴，无疑会遭遇重重挑战。这主要是因为社会经济系统本身具备的动态变化、开放包容、非线性关系以及各要素间的相互干涉等特性，导致了大量的不确定性因素涌现。这些不确定性会扰乱社会经济内在的秩序与潜在规律，使其外在表现形式变得多样且难以捉摸，进而使得社会经济分析在捕捉社会规律时显得力不从心。色谱经济分析法的聚焦点在于广泛存在于社会经济系统中的大量混合经济事实，这些事实伴随着一定程度的不确定性，但又是相对有限的。此外，所探究的经济现象往往是一个宏大的总体，而这个总体内部的各个个体又呈现多种多样的性质和特征。在实际的研究过程中，我们可能仅对其中的某些方面尤为关注。因此，在进行具体的实证分析时，我们可以将所关心的总体的某一特定特征或性质，视作该总体的代表性特征或性质来进行深入研究。

社会经济现象与具体的化学物质截然不同，它并非一种可触摸、可直接检验的实体存在。这种现象并非物质性的，而是以一种抽象的形式存在，其表现形态深受经济数据性质、更新频率、真实度及精确度的影响。换言之，经济数据所勾勒出的经济图景，有时可能与实际的经济状况存在显著偏差，这与化学领域依据元素固有属性进行分类的方法形成了鲜明对比。然而，在特定的历史发展阶段，经济数据成为社会经济发展状况的直接体现，也是反映经济状况最具代表性的指标。尽管经济数据可能包含某些误差，但从宏观视角来看，它能够大致预测国民经济的运行轨迹和发展趋向。

通过对这些数据的深入分析，我们能够较为准确地识别经济运行中的症结，并据此制定相应的应对策略。在进行色谱经济分析时，我们所依赖的数据主要源于权威的二手资料。经济数据作为经济现象的镜像，虽然会受到偶然性、随机性等多重不确定因素的扰动而产生波动，但整体上，这些波动总是围绕着一个相对稳定的中心值上下起伏。这一特性与价值规律中商品价格围绕价值波动的现象颇为相似，为我们通过数据分析探究经济现象内在规律提供了可能。同时，在利用二手数据进行经济分析的同时，我们也会结合一手调研数据来增强分析的准确性。但经济学科本身所具有的不确定性，使得各种经济理论在现实应用中都可能面临失效的风险。大多数经济理论在现实中都存在着适用性的局限，因为它们研究的是复杂多变的人类行为，这种行为并不像自然界的事物那样遵循严格的客观规律。因此，经济理论往往需要在特定的假设条件下，对理论应用的环境进行严格的限定，才能取得较为理想的分析效果。我们在研究分析中所使用的一手调研数据，也是在特定环境下，通过一系列假设前提对不确定性因素进行严格控制后所采集的经济现象实验数据。这些数据在微观经济领域具有较好的代表性。为了降低数据误差对经济现象分类的影响，我们还需要运用统计学的数据处理方法对所使用的经济数据进行初步的检验和修正。

二、色谱经济分析法的基本框架

（一）基本分析系统

在深入探讨化学色谱分析法的基本框架后，我们将色谱经济分析法的核心流程提炼为四个关键组成部分：色谱经济样本（经济信息）的预处理环节、经济柱体系、信号检测机制以及分析体系。首先，样本信息的预处理环节聚焦于从繁杂的数据海洋中提炼出与目标对象行为模式紧密相关的信息，同时剔除那些无关紧要的数据干扰。这一过程通过精心设计的固定相与流动相组合，使得目标组分在流动相的引导下与色谱柱内的固定相发生相互作用，经过分配平衡后依次从色谱柱中流出。在经济柱体系中，其分离过程融合了塔板理论与速率理论的精髓，通过置换分析实现组分的有效分离。而分离度理论则作为衡量分离成果的重要标尺，确保最终结果的准确性。其次，信号检测机制负责监控组分从进入色谱柱到分离完成的整个过程，精确测量其精度与效度。那些分离效果显著的组分，在通过检测后，会被直接记录到相应的设备中。最后，色谱经济分析体系的核心任务，是依据组分流出色谱柱的曲线特征，对其进行定性与定量分析。这一步骤不仅要求准确识别组分的类型，还要对其数量进行大致的估算，从而为后续的经济决策提供有力支持。

（二）基本概念与理论

在色谱经济分析法的理论框架中，几个核心概念扮演着举足轻重的角色，它们分别是固定相、流动相、分配比、流出曲线以及保留时间。这些不仅是实现待分离对象有效分类的基石，也是深入分析分类结果不可或缺的标尺。于经济领域而言，固定相可被视作那些阻碍经济现象或物质彼此分离的力量或主体，它们对经济组分产生了一种“吸附”效应，从而在一定程度上延缓了经济行为的发生进程。相对而言，流动相则代表了推动经济现象或物质分离的动力或主体，它的作用在于将待分离的现象或物质从固定相的束缚中“解脱”出来，进而促进经济行为的实现。分配比，作为固定相与流动相对待分离物质作用强度的对比，揭示了组分分离的内在机理。这种作用强度的差异，通过保留时间的差异得以直观体现。在色谱柱中，经过多次的分配平衡过程，各组分依次流出，并经由信号检测系统捕捉，形成流出曲线。这条曲线以时间为横坐标，以组分流出量为纵坐标，其形态往往受到色谱分离机制的深刻影响。通常情况下，不同组分的流出曲线会呈现峰状分布，而当塔板数量足够多时，这种分布将趋于正态分布。至于保留时间，它指的是从待分离样本开始进样，到流出曲线达到最大峰值所需的时间段。这一指标不仅反映了组分在色谱柱中的停留时间，也是评估分离效果的重要依据之一。

三、相关概念置换与理论置换

（一）相关概念置换

在色谱经济分析法的广阔领域中，研究对象的多样性导致了理论和概念中公式、表达方式的相应变化。尽管实际应用时，我们需要对概念进行灵活调整，但其核心本质却始终保持一致。色谱经济分析所涵盖的主要概念与理论，具体而言，可以概括为以下几个方面。

在化学色谱分析的领域里，色谱柱扮演着物质分离的关键角色，它通常呈现为一根精细的管状结构。当从色谱经济分析的角度审视时，色谱柱便喻示着经济主体所处的宏观环境，而其长度L，则象征着一个宽泛定义的经济区域或空间范畴。在这个色谱柱的“经济空间”内，为了应对不同的社会经济现象或实现物质的精细分类，研究者们会精心设定各异的固定相、流动相，并施加一系列必要的约束条件。如此，当待分离的组分穿越色谱柱时，便能有效实现分类目标。在常规分析场景下，为了简化模型，我们往往将色谱柱的长度抽象地设定为$L = 1$，以便于进行后续的分析与讨论。

固定相，作为色谱柱内部填充的固体基质，其选择往往基于待分离物质的特有属性，对目标组分展现出一种特定的“吸附”效应，从而在一定程度上构成了组分迁移的“障碍”，且不同物质组分在固定相中的吸附强度各异。在色谱分析技术应用于经济领域的探索中，研究焦点已从自然界中具象的物质实体，转向了更为错综复杂的社会经济现象。依据待分离经济组分的独有特征，我们能够设计相应的固定相，使得这些经济现象或经济实体依据其内在属性的差异，与固定相产生不同程度的作用力。

这种作用力，类比于固定相对物质组分的“吸附力”，在经济分析中则表现为一种阻力，延缓了经济现象完全分类的进程。因此，我们尝试将固定相的概念引申为经济领域中的不利状态，以此来理解其对经济现象分类过程的影响。

在化学色谱分析的领域中，流动相扮演着驱动组分穿梭于色谱柱内的关键角色，它通常以气体或液体的形态出现，并具备一种促使组分“解析”的独特能力。当这一概念延伸至色谱经济分析的范畴时，“流动相”便转化为了促使待分离经济组分与固定相产生相互作用的驱动力。这种驱动力可能源自外部经济环境的变迁，也可能植根于组分自身的内在特质与属性。它犹如一股强大的力量，推动着经济现象走向分类与明晰，在此将其界定为一种经济上的有利态势或状态。

在色谱分析中，当样品组分逐渐从色谱柱中分离并流出时，检测器会敏锐地捕捉到这些流出组分的信号，并将其转化为可量化的数据。随着时间的推移以及载气体积的持续累积，这些组分信号会经历一系列动态变化，最终呈现一条宛如山峰般的微分流曲线，称为色谱峰。色谱峰的面积，是由基线与组分流出所形成的曲线之间所包围的区域来定义的。这个面积的大小，对于定量分析而言至关重要。色谱峰的形状可能千差万别，因此其在实际操作中会根据峰的具体形态，灵活选择最合适的方法来精确计算其面积。另外，色谱峰底宽也是一个关键的参数。它具体指的是，在色谱峰两侧拐点处分别作切线，这两条切线与峰底相交形成的两点之间的距离。这一指标对于描述色谱峰的宽窄程度，以及进一步分析样品的分离效果，都具有重要的意义。

在色谱分析过程中，自待分离组分踏入色谱柱的那一刻起，检测器便开始捕捉其对应的信号。随着分离程序的推进，这些流出组分中会逐渐显现出一个显著的峰值，标志着该组分的最大流出强度。而从组分初入色谱柱，至其达到这一流出巅峰所需的时间跨度，称为组分的保留时间。这一时间参数，在组分的定性分析中，扮演着举足轻重的参考角色。

（二）理论置换

平衡理论，这一色谱过程的核心原理，着眼于组分在固定相与流动相之间微妙的分配平衡。在色谱柱这个微观舞台上，组分与固定相、流动相进行着无数次的相互作用，直至达到一种动态的平衡状态。此时，组分便在这两相中各自占据了一席之地，其质量或浓度在两相间的比例，宛如一个恒定的乐章，被称为分配比，亦称分配系数。这一比值，不仅是色谱分离艺术的基石，更是理解组分在色谱过程中行为规律的关键钥匙。

在分配比增大的情况下，固定相对组分所产生的作用力也会相应增强，这意味着组分要达到完全分离的状态所需的时间会变得更长。如果分配比减小，那么所需的时间就会相应缩短。将这一原理应用于经济领域，当各类经济要素经过充分的市场反应，并在固定相与流动相之间达到一种稳态平衡时，它们会各自对应一个独特的k值。

塔板理论，作为色谱分析领域中的一项基础理论，深入阐述了待分离组分于色谱柱内部的复杂分离机制。该理论将色谱柱构想为一座蒸馏塔，这座塔由一系列虚拟的塔板层叠构成。在每一层塔板上，组分都会在固定相与流动相之间达成一次分配平衡状态。随后，流动相携带着这些组分，不断流经整个色谱柱。经过这样多次反复且有序的分配平衡过程，最终实现了组分在色谱柱内的有效分离。塔板理论以其独特的方式，生动揭示了组分在色谱柱内分离的核心步骤，并且，由此获得的流出曲线以及一系列相关参数，成为对组分进行定性、定量分析的重要基石。

速率理论是对塔板理论的一种重要补充与修正，后者虽作为半经验理论在一定程度上指导了实践，但其假设前提与现实情况存在不容忽视的偏差，具体体现在几个方面。首先，塔板理论假定物质在色谱柱中的分配能达到瞬间平衡，这一理想状态在实际操作中却难以达成，因为分配平衡总是需要一个时间过程来逐步实现。其次，当组分在色谱柱内运行时，分子运动的作用不容忽视，它会导致组分从高浓度区域向低浓度区域自然扩散，这种扩散效应无疑会延长组分完全分离出色谱柱的时间，而塔板理论在这一方面的考量显然不足。再次，塔板的高度并非固定不变，它会受到色谱柱长度及塔板数量的共同影响，不同的塔板高度会直接导致组分分离效果的差异，这一点在塔板理论中同样未得到充分重视。针对塔板理论的这些局限，速率理论应运而生，它从涡流扩散、分子扩散、传质阻力等多个维度深入剖析了影响组分分离的关键因素。该理论不仅充分考虑了分离过程中可能出现的各种扩散现象，还首次将板高的影响因素纳入考量范围，从而对组分流出时间、色谱峰展宽等实际问题进行了更为精确的描述与解释。速率理论的提出，无疑是对色谱柱系统的一次深刻完善，使其更加贴近实际，更具指导意义。

分离度，作为评估相邻组分间分离效果的关键指标，在复杂经济现象的分类过程中扮演着至关重要的角色。当我们致力于剖析这些纷繁复杂的经济现象时，准确判断其分离程度成为理解现象本质、评估色谱柱效能的基石。这一判断过程不仅关乎研究的深度与精度，更是确保分析结果可靠性的重要一环。在衡量复杂经济现象的分离情况时，我们主要依赖一系列精细的指标。其中，相对保留值以其独特的视角揭示了组分间的相对差异，而色谱柱效能则直接反映了色谱柱在处理复杂样本时的能力与效率。当然，分离度本身作为最直观的体现，无疑是评价分离效果的核心标准。此外，分配比、柱效以及理论塔板数等因素也对分离度产生了不可忽视的影响。分配比巧妙揭示了组分在两相间分配的微妙平衡，而柱效则进一步细化了色谱柱的性能表现。至于理论塔板数，它提供了一个理论上的参照框架，帮助我们更好地理解实际分离过程中的效率与局限性。综上所述，分离度及其相关指标共同构成了一个复杂而精细的评估体系，为深入探究复杂经济现象的分离机制提供了有力的工具。

在色谱柱完成分离任务之后，混合物的各个成分会逐一经过检测器，被精心转换成测量信号，并细致记录在记录仪上，这些详尽的数据成为进行定性与定量分析的重要基石。在色谱经济分析的实践中，每当有待分离的组分释放出其独特的信号，位于色谱柱出口处的灵敏检测器便能迅速捕捉并识别这一信号，进而绘制出对应的色谱图。值得注意的是，不同的组分在色谱图上会展现出各具特色的信号特征，这就为后续的定性与定量分析提供了有力的判别依据。色谱经济分析中所采用的信号检测器，实质上是一种精巧的检测装置。其运作机理在某种程度上可以类比于统计判断的过程，通过一系列复杂的推理与计算，实现对信号的精准捕捉与转换。同时，为了满足实际经济分析的需求，我们还需要根据具体情况设计合理的信号转换装置，以确保数据的准确性和可靠性。这一点，在未来的色谱经济分析仪设计过程中，无疑将成为需要着重关注并深入优化的关键环节。

在色谱经济分析法中，我们不仅要关注组分的分离，更要重视通过对复杂物质构成及其含量的深入探究，来实现定性与定量分析的双重目标。这一过程堪称色谱经济分析法的核心环节。它涉及对分离的组分进行细致的样本预处理、恰当的方法甄选、严格的条件把控以及详尽的分离流程剖析。通过这些步骤，我们能够提炼出有价值的信息与数据，为后续的定性与定量分析奠定坚实基础。此方法不仅有助于揭示复杂经济现象中各组分的独特属性、内在结构及其所发挥的功能，而且能进一步指导实现组分间的精准分离，从而更全面地理解经济现象的本质。

第二节 色谱经济分析法样本预处理系统

一、样本的选择和预处理

（一）样本的选择

在社会经济领域的探索中，我们的研究聚焦于纷繁复杂的社会经济现象，这些现象构成了一个庞大的总体。鉴于这个总体所涵盖的观察单位数量庞大，乃至近乎无限，受限于实际条件，难以对每一个单位都进行细致入微的考察。因此，我们往往会采用抽样调查的方法，从总体中精心挑选一部分具有代表性的对象进行深入研究，随后依据这些样本的分析结果，对总体的状况进行科学合理的推断。为了确保抽样调查的结果能够真实、准确地反映总体的内部特征，我们必须坚守一系列严谨的抽样原则。首先，总体内部的所有观察单位必须保持高度的一致性，即它们应属于同一类别或具有相似的属性。其次，样本的选取应当严格遵循随机化的原则，以确保每个观察单位被选中的概率是均等的，从而避免主观偏见对抽样结果的影响。再次，所抽取的样本数量必须充足，以确保样本能够充分代表总体的特征，提高推断的准确性和可靠性。最后，在抽样过程中，我们还需遵循特定的抽样规则，从总体中有序地抽取部分个体，以确保样本的多样性和代表性。

在各类研究中，根据不同的研究目标和需求，社会与经济问题的剖析往往会采用各异的样本集。特别是在经济领域的研究里，数据作为支撑论点的重要依据，同时也是研究对象信息的直接体现，它以一种量化的形式展现了样本的特征。数据构成了分析的基石，在研究工作正式启动之前，数据的搜集是首要且基础的任务。随着人们对研究对象认知技术的提升及认知层面的深入，数据的范畴也在持续拓展。在社会经济问题的分析中，常用的样本数据类型涵盖了横截面数据、面板数据以及时间序列数据，这几种数据类型也是该领域内分析工作的常备选项。具体而言，横截面数据指的是在某一特定时间点或瞬间，由不同统计单位针对同一统计指标所构成的数据序列。而时间序列数据，则记录了社会经济现象在不同时间点上的状态与变化。至于面板数据，它则是横截面数据与时间序列数据的一种融合，通常是在时间维度上选择多个截面，并在每个截面再选取对应的样本观测值来进行综合分析。

在社会经济领域的探索中，样本选取的方法多种多样，其中，抽样调查作为一种广泛应用的手段，扮演着举足轻重的角色。抽样样本，简而言之，便是从庞大总体中依据特定规则精心挑选出的一部分元素集合。在实施抽样调查以获取样本时，我们主要遵循两条路径：其一是概率抽样，这一方法深深植根于概率理论的土壤之中，严格遵循随机性原则来挑选样本，具体操作方式诸如整群抽样、简单随机抽样以及分层抽样等，各具特色；其二则是非概率抽样，它更多地被应用于案例研究之中，包括配额抽样、判断抽样等手段，这些方式在选择研究对象时，往往需要结合对目标对象的深入剖析以及研究任务的具体要求，从而有意识地从总体中进行筛选。除了抽样样本，固定样本在经济分析领域同样展现出了其独特的价值。所谓固定样本，指的是在一段特定的时间范围内，定期或根据需要不定期地对某些固定对象进行深入的调研，以期获取宝贵的信息资料。通过对这些固定对象（如固定的居民家庭、稳定的企业单位等）的个体行为及其随时间的变化进行细致入微的分析，能够逐步揭开引发这些变化背后的种种因果关系。值得一提的是，在进行定量分析时我们所运用的数据不仅限于某一时间点的截面数据，还可以融入时间序列数据，从而更加全面、深入地把握经济现象的本质。

（二）样本的预处理

1. 样本预处理的意义

在化学色谱分析的广阔领域中，研究对象纷繁复杂，待分离的样品不仅涵盖了药品、食品、土壤等各类化合物，还可能以固态、液态或气态等多种形式存在，且往往夹杂着诸多杂质。为了精准地进行组分分析，并确保这些待分离物质能符合色谱分析的基本操作要求，预处理工作显得尤为重要。在色谱分析的整个流程中，样本的采集与制备构成了对目标物质进行初步探索的关键环节。这一步骤不仅涉及样品的系统收集，我们还需依据既定程序有效排除可能干扰分析的组分，同时将物质转换成色谱仪器能够识别与分析的形态。此过程的严谨性直接关系后续组分分离的有效性，因此，我们必须采取高效且针对性的样本处理方法。这意味着，我们要将样本转化为适宜色谱柱分析的形态，并通过一系列科学而精细的处理手段，彻底清除样品中混杂的杂质，为后续的色谱分析奠定坚实基础。

在气相色谱分析领域，气体与液体样品往往可直接进入分析流程，而固体样品则需预先溶解于恰当的溶剂之中，以确保待分离物质能全然暴露于色谱柱的分析之下，同时维护色谱柱的安全与效能。故而，在着手分析样品之前，我们对样品来源的深入探究至关重要，旨在确保所选样品能准确反映组分的整体特性。我们需依据分析的具体目标，精心挑选采样方法，并对样品中可能蕴含的组分、沸点范围等关键参数做出初步预判。对于那些组成相对单一的样品体系，简单的汽化处理便足以满足直接分析的需求。然而，当样品浓度偏低或无法直接经由气相色谱分析时，我们则需借助一系列预处理手段，诸如吸附、解析、萃取、稀释及提纯等，以克服分析障碍。这些预处理步骤不仅能够显著提升样品检测的灵敏度，还能有效增强分析的选择性，为获得更为精准、可靠的定性定量分析结果奠定坚实基础。

在色谱经济分析的广阔领域里，我们聚焦于错综复杂的经济现象，它们以数据、文字、图片等多重面貌展现于世人面前。鉴于当前的技术条件，我们往往选取统计数据作为剖析这些现象的主要工具，故而色谱经济分析中的样本预处理，实质上便是数据的预处理工作。当深入数据的世界，我们不难发现，所依赖的统计数据中常夹杂着诸多干扰性信息，而分析所需的关键数据又可能残缺不全。为此，我们必须采取一系列措施来预处理数据，比如清理冗余数据、对数据进行合理归类与规范化分析等，以确保数据的准确性和可用性。随着大数据时代的汹涌来袭，对于那些依赖信息网络技术来洞察市场需求的经济主体来说，数据处理与分析的重要性愈发凸显，其任务也愈发艰巨。这不仅仅包括数据类型的转换、数据的减噪等烦琐工作，更涉及从海量数据中提取有价值的信息。例如，在社交网络中，用户对某一言论、图片的浏览、点赞、评论等行为，以及电商网站上客户对商品的浏览、加入购物车、购买等举动，都蕴含着丰富的市场信息。为了准确捕捉这些信息，我们需要运用归一化、减噪等数据处理技术，对原始数据进行精心预处理，从而提炼出有效的信息数据，为深入了解市场需求与客户行为动向奠定坚实基础。

2. 数据预处理方法

在化学色谱分析的实践中，面对那些目标组分含量微乎其微、基质错综复杂且稳定性会随时间推移而改变的样品，我们往往不能直接将其送入仪器进行分析。相反，我们需要依据一系列既定方法，先行去除样品中的杂质成分，对那些感兴趣的微量组分进行富集处理，并且增强样品的稳定性，以此来保护色谱分析系统的正常运行。正因如此，复杂样品的预处理技术在色谱分析中扮演着举足轻重的角色。为了提升色谱分析的可靠性与准确性，我们必须根据样品的独特性质，精心选择萃取、净化、浓缩等一系列预处理操作步骤。近年来，传统的色谱样品预处理方法，诸如漂洗、浸取、回流等，已经取得了显著的进步与新的研究成果。与此同时，一系列新兴的色谱技术，如固相萃取、超临界流体萃取等，也得以广泛推广与应用。在气相色谱分析的范畴内，样品预处理系统的构建需综合考量多重因素，这通常要求根据待分析样品的特性，并结合实际的工作条件来进行个性化设计。此外，针对不同取样对象，我们还需采取诸如去除有毒物质、干燥、冷却等多样化的处理手段。样品预处理方法的选择与运用，对样品分离效果的可靠性与有效性具有决定性影响。因此，在选择样品预处理方法时，我们必须遵循一系列基本原则。首先，所选方法应能有效去除那些可能干扰测定的成分；其次，操作方法应尽可能简便快捷，以节省时间与精力；最后，该方法所得出的结果必须具有高度的可靠性。以色谱法对食品进行分析为例，样品的预处理过程大致可分为取样、均质试样以及样品制备三个关键步骤。在这一分析过程中，我们需要采取一系列措施，以最大限度地减少样品处理可能引入的误差，从而提升色谱分析结果的准确性。在特定条件下，目标对象的均匀性、所获取信息的代表性以及信息的可利用性，共同决定了理想取样方法的选择与应用。因此，我们必须根据样品的固有属性、分析目的等多重因素，综合考量并选择最为适用的采样方法，以确保总体采样的有效性与准确性。

在色谱经济分析的实践中，我们主要关注的是经济现象所反映的各类经济数据。这些数据，受经济环境多变及统计手段差异的影响，往往伴随着一定的误差、缺失或干扰信息。为此，我们必须采取一系列措施来对数据进行预处理工作。换言之，在正式踏入数据分析的门槛之前，我们通常需要对数据进行一番精细的处理，包括去噪、归一化等环节，以确保数据能够贴合分析需求，避免数据问题导致分析结果产生较大偏差。这一步骤对于提升数据分析的准确性至关重要，堪称数据挖掘过程中的一个重要环节。

在数据挖掘的过程中，数据的预处理是一个至关重要的环节，它涵盖了数据的清理、集成、变换以及规约等多个方面。首先，数据清理的工作重心在于妥善应对遗漏数据和空缺值的问题，同时，它还须具备识别并剔除孤立点的能力，以此来清除那些异常或重复的数据，并确保数据格式能够达到标准化的要求。在实际操作中，我们往往会借助聚类、回归等手段来处理数据中存在的错误或异常噪声，而针对遗漏数据，我们则会尝试采用最可能的值来进行填补。接下来，数据集成则是将源自多个不同数据源的信息进行整合，形成一个统一且完整的数据集。然而，这一过程往往伴随着数据冗余的风险，为此，我们需要运用相关分析的方法来检测属性间的冗余，并据此进行删除操作。在数据变换阶段会根据规格化、规约、平滑以及聚集等多种方式，对不同格式的数据进行转换处理，以确保它们能够适用于后续的数据分析工作。至于数据规约，其主要目标是对海量的元数据进行精简和整合。经过规约处理后的数据，虽然规模大幅缩小，但依旧能够保持其完整性，并且分析效率会得到显著提升。同时，数据分析的结果与规约前的结果也基本保持一致。此外，为了进一步提升数据预处理的效果，我们还可以采用基于统计分析的属性选取方法、基于粗糙集理论的简约方法以及遗传算法等多种手段。这些方法能够帮助去除数据中的异常值、实现数据的降维处理以及标准化处理，从而确保数据能够更好地满足对目标对象的分析需求，并准确反映出目标对象的主要特征。

在数据处理的过程中，预处理环节往往涵盖了对异常与缺失数据的细致管理。面对异常数据，我们通常采用一系列判别方法以确保数据的准确性。统计判别法便是其中之一，它依赖于预设的置信概率与置信区间，任何超出此区间的误差，均被视为非随机性误差，即异常数据，我们需予以剔除。在实际应用中，拉依达准则、t检验准则等统计方法广受青睐，它们提供了严谨的数学依据来识别并处理这些异常值。而物理判别法，则更多地依赖知识与经验积累，通过深入分析数据产生的物理背景及可能的人为干扰、外界影响，能更精准地识别并剔除那些由非正当因素引入的异常数据。至于缺失数据的处理，则需采取更为灵活多样的策略。一种常见的方法是利用特殊值进行填充，如使用平均值、中位数或众数等统计量来替代缺失值，以保证数据的完整性。另一种方法则是尝试可能值的插补，即基于数据的内在规律或相关性，预测并填补缺失的部分。当然，在某些情况下，若缺失数据对整体分析影响不大，或难以准确估算，我们也可以选择直接丢弃含有缺失数据的记录，以确保分析结果的可靠性。这些预处理步骤，共同构成了处理异常与缺失数据的有力工具。

二、平衡理论分析

（一）分配比的含义

1. 分配系数与分配比

在化学色谱分析的领域中，组分于色谱柱内部的分配机制，实则是在特定的温度与压力环境之下，待分离的组分于色谱柱的每一段细微之处所经历的溶解与挥发，或是吸附与解吸的复杂过程。当这些组分以脉冲的形态注入色谱柱之时，它们会在每一层塔板的固定相与流动相之间展开一场微妙的分配舞蹈。一旦这种分配达到了某种动态的平衡状态，组分在这两相之间的浓度比例便会稳定为一个恒定的数值，称为分配系数。

在色谱分析中，当柱温和柱压等关键条件保持恒定时，不同的化学组分在固定相与流动相这两相之间，会展现出各自独特的分配系数及相应的分配比。若某一组分的分配系数偏小，那么它在两相间的分配比也会相应减小。这意味着，该组分在固定相中的分布会较为稀薄，其浓度和质量均偏低；相反，在流动相中，该组分的浓度和质量则会显得较高。因此，随着流动相的不断流动，这一组分会被迅速携带并在色谱柱内以较快的速度移动，从而成为最先完成分离并流出色谱柱的成分。反之，对于那些分配系数较大的组分来说，它们在两相间的分配比也会相应增大。这导致这些组分在固定相中的停留时间更长，完成分离所需的时间也就相对更长。此外，固定相与流动相的体积比例、柱温的微小波动以及柱压的变化，都是影响分配比的重要因素。这些因素的综合作用，共同决定了组分在色谱柱中的分离效率和流出顺序。

2. 二者之间的关系

首先，分配系数指的是在色谱柱的每一个塔板内部，当组分达到分配平衡状态时，其在两相间的浓度比例。这一系数并不受两相体积大小的影响，而是与组分的特性以及两相的热力学属性紧密相关。分配比描述的是组分在两相之间的质量比例关系，它会受到组分本身、固定相的性质，以及两相体积的直接影响。值得注意的是，柱温、柱压等条件的变动，会同时引起分配系数与分配比的变化，这种变化是色谱分析中需要密切关注的重要因素。

其次，在特定的色谱系统中，分配比例成为决定组分能否有效分离的核心要素。具体而言，当k值（分配系数）增大时，意味着组分在色谱柱上的停留时间会相应延长。

最后，在实验中，我们可以对分配比进行详尽的分析，探究其受多种因素影响的变化规律。其中，稀释剂的性质是一个不可忽视的关键因素，它的细微变化往往会导致分配比产生相应的调整。此外，温度作为另一个重要的外部条件，也对分配比产生着显著的影响。当温度发生波动时，分配比亦会随之发生相应的变化，展现出其对外界环境的敏感性。

（二）分配比的置换

1. 分配比的含义

在色谱经济分析的领域内，鉴于所探讨的经济现象与化学色谱之间存在着本质上的差异，故而不同研究对象所展现出的分配比例亦有所区别。然而，若从宏观视角审视，经济学范畴内的分配比例，我们不妨理解为各种经济相态对经济主体影响力或作用强度的对比关系。

固定相与流动相对各种组分产生的效应不一，促使经济个体在两者间持续做出行为抉择，这一动态过程导致个体间行为差异的累积与分化。对于那些分配比重大的组分，它们在固定相上的附着性更强，意味着在经济不景气时，经济个体更可能采取与经济环境相顺应的行动策略，比如缩减消费、增加储蓄等。在此情境下，这些组分因固定相的制约作用，其经济决策的频率减缓、速度下降，犹如在色谱分析柱中迁移速度减缓的现象。相反，分配比较小的组分则倾向在经济繁荣时期采取积极行动，比如扩大消费、增加投资等，此时流动相则对这些组分的流动起到了加速作用。组分在固定相与流动相中所承受的阻力与推动力各不相同，这直接导致了不同组分在宏观经济背景下的行为决策速度出现差异，完成决策所需的时间也不尽相同。正是这些差异，促使各类经济个体在发展过程中逐渐分道扬镳，形成了各自独特的发展轨迹。

在化学色谱中，分配比被精确定义为物质在固定相与流动相之间的质量比例，这里，质量作为衡量物质特性的关键指标，占据了核心地位。然而，当视角转向社会经济领域，分配比的概念则变得更为灵活多变，它不再局限于两种固定要素之间的比例分配，而是需要根据具体的研究议题来灵活界定。举例来说，如果聚焦于消费者行为的分析，那么分配比可能体现为在不同经济状态下消费者的数量对比，或是其可支配收入的相对比例，这些比例能够帮助我们深入理解消费者的消费能力和消费趋势。当我们的关注点转向电商企业，需要对不同类型的产品或访客进行细致剖析时，分配比则可能转化为在不同经济环境下，产品销售量的对比，或是访客行为倾向的相对比例，这些比例揭示了产品市场的接受度以及访客的潜在需求。由此可见，社会经济领域中的分配比，其内涵与外延均远较化学色谱中的定义更为丰富和复杂，它要求根据具体的研究背景和问题设定，来灵活构建和应用这一比例指标。

在化学色谱分析中，分配比并非一成不变，它会随柱温、柱压、固定相以及流动相体积等诸多外部条件的波动而有所调整。为了精准解析，我们通常会在特定的实验条件下对物质进行细致的分离与剖析，并借助物质检测和定量分析的手段，预先明确各组分的分配比例，这一比例随后便成为色谱分析中的重要已知参数。转观经济领域，当市场、价格、利率等关键环境因素维持在一个相对稳定的状态时，各类经济主体往往会在这样的环境下展现出一致或相似的行为模式及反应机理。这些模式或机理，可能是正向关联的，也可能是负向关联的。通过敏锐捕捉这些经济活动的内在规律，我们便能够在纷繁复杂的市场变动中，洞察并把握不同经济主体的行为轨迹与特性，进而归纳出它们在不同经济相位下的行为差异，这一差异在经济分析中可被视作一种“分配比”。我们通过对经济主体反映规律的深入剖析与总结，能够提炼出各类经济主体在经济活动中的具体数据表现。这些数据不仅有助于对不同的经济主体或经济现象进行科学的分类，还能为更全面地理解经济运行的内在逻辑提供有力支撑。

2. 分配比的性质

（1）分配比的参照

分配比对组分流出曲线的形态起着至关重要的作用。当分配比增大时，组分达到完全分离所需的时间会相应延长，导致色谱峰的宽度增加。相反，若分配比减小，则色谱峰会呈现出更为狭窄的形态。在探讨社会经济问题时，我们倾向于选取那些遵循社会经济发展规律且处于相对均衡状态的经济现象或行为作为分析的基准点。假设已知某组分的分配比为1∶1，在固定相与流动相保持一致的条件下，这一比例便成了一个有用的参照坐标。我们可以将未知组分的分配比与1∶1这一标准进行对比，从而估算出未知组分分配比的具体数值。在色谱经济分析的框架下，不同的经济相状态对经济主体的影响力度是各异的，即它们对经济主体行为选择的影响程度存在显著差异。鉴于此，我们通常将经济处于均衡状态时经济主体所做出的非偏离性选择作为分析的基准。例如，我们可以参考稳定型消费者的消费金额分配情况，或是市场供需达到平衡时的价格水平，来深入剖析其他经济主体的行为模式与表现。

（2）分配比的未知性和已知性

在色谱分析条件，诸如柱温和柱压，被明确设定之后，组分于两相间达到分配平衡的状态，其质量或浓度的比例便成为定值，即分配比已然确定。而若分配比尚属未知，则常依据组分的色谱峰来定量推算各组分的分配比大小。我们可将视线转向色谱经济分析领域，待分离的对象换成了经济主体或经济现象。此时，我们能够通过实践调研、文献查阅等手段，来确定某些研究对象的分配比。然而，当这些经济主体或经济行为相互交织时，我们准确辨识每个主体或行为所对应的分配比往往变得困难重重，仅能知晓组分中包含了哪些具有特定分配比的成分，而我们此时的分离任务，便是要将这些具有不同分配比的组分一一区分开来。另外，我们还存在一些经济主体或经济行为，其分配比尚处于未知状态。对此，我们可以依据分离的结果来定量计算这些组分的分配比。在历经多次的探索性试验之后，通过归纳总结不同经济规律下经济主体的行为特征，我们能够逐步深化对经济主体分配比规律的认识，并最终构建关于分配比的相对稳定的认知体系。

（3）分配比的连续性和非连续性

因物质本身特性和理化性质的千差万别，各类物质往往展现出独特的分配比。针对某一特定组分，在其分离过程中，固定相与流动相对该组分施加的作用力（具体表现为吸附与脱附力）通常保持恒定。只要色谱分离的环境未出现显著变动，该组分在整个分离流程中的分配比就会呈现出连续性，意味着在分离的各个阶段，其分配比都是一致的。基于色谱分析的基本原理，我们能够实现组分的有效分离。在塔板理论的相关研究中，有一个观点是，组分在各塔板间的分配比维持不变，这进一步印证了分配比的连续性。我们将视线转向经济领域，当一个经济主体在特定时期内所处的宏观经济环境保持相对稳定时，该主体的行为选择也往往趋于一致，不会轻易发生大的变动。换句话说，经济主体在这一时期内的行为模式具有持续性，不同经济相状态所发挥的作用也相对稳定。在这种情况下，我们可以认为分配比是连续的，经济活动的各个环节都遵循着这一规律。

（4）分配比反映的是不同经济相状态对组分作用力的大小

如果分配比小于1，那么这表明经济有利状态对经济主体的作用力要强于经济不利状态的影响；反之，若分配比大于1，则意味着经济不利状态施加的影响力更为显著。当分配比恰好为1时，两种经济状态对经济主体的影响力达到了一个平衡状态，此时经济主体的决策呈现出一种较为理智的均衡态势。在化学色谱分析的领域中，若分配比趋向于正无穷，这表示固定相对于组分的作用力远超流动相，导致组分被牢牢吸附在色谱柱内，无法随流动相流出并形成色谱峰，这样的分配结果自然失去了其分析意义。而从经济学的视角来看，类似的分配结果却有可能成为现实情况的一部分，它代表了一种特殊类型的经济主体或行为模式，即一种非活跃、不作为的状态。另一方面，如果分配比等于0，那么在色谱分离过程中，组分几乎不会在色谱柱内做任何停留，而是直接随流动相流出，这导致组分无法实现有效分离。将这一概念映射到经济问题的分析上，就意味着经济主体的行为缺乏差异性，难以达到有效区分或选择。

3. 分配比的推导

在社会经济这一广阔舞台上，复杂经济现象让人难以一眼洞悉其本质。然而，在这纷繁复杂的表象之下，却潜藏着一系列不容忽视的必然性。社会经济活动及其衍生出的各种现象，实则都遵循着某种内在的规律，它们并非完全无迹可寻。通过观察可知，每一个经济主体的行为抉择，或是市场上涌现的种种经济现象，都仿佛被一只无形的手牵引着，围绕着一个经济中的“核心基准点”上下起伏。以市场经济中的价值规律为例，它如同一条无形的纽带，使得商品价格在价值的轴线上来回摆动，既不会长久偏离，也不会静止不动。这个“核心基准点”，在某种意义上，正是经济规律在数学层面的一种具象化体现，它承载着规律本身的数值特征。通过深入挖掘和分析相关经济数据，我们有能力在错综复杂的经济现象中捕捉到这一规律的蛛丝马迹。借助统计学的力量，我们可以对这些数据进行精心处理与剖析，从而在一定程度上获得对该经济规律无偏的估计。这一过程，既是对经济现象背后深层逻辑的探索，也是对经济规律数值化表达的一次尝试性解读。

在电商企业的产品分析实践中，访客面对各类产品时，往往会做出收藏、购买或直接离开等决策。对于电商企业而言，我们可细致统计访客的浏览量、收藏量以及购买量，是把握网站转化率的关键所在。尤其是收藏量与购买量，它们如同产品销售状况的晴雨表，直观反映了产品的市场表现。从当期来看，如果访客选择收藏产品而非购买，这对企业来说无疑是一种不利的局面，意味着该产品未能立即转化为销售额。相反，访客的直接购买则是对企业有利的正面信号。然而，值得注意的是，访客的收藏行为往往蕴含着潜在的购买意愿。在后续的时间里，这些被收藏的产品很可能转化为实际的购买行为。基于这样的观察可以合理推测，访客在产品选择过程中，主要是在收藏与购买之间做出抉择。因此，产品被收藏与被购买的可能性之比，即所说的倾向之比，可以视为一定时期内产品被收藏与被购买的频数之比。这一比例称为分配比，它直观地反映了产品被收藏与被购买的次数对比情况。

第三节 色谱经济柱系统

一、塔板理论

（一）化学色谱塔板理论概述

1. 塔板理论及假设前提

在色谱分析法领域，塔板理论认为，色谱柱是由一系列虚拟的塔板堆叠而成的。当待分离的组分随流动相涌入色谱柱后，它们会在每一块假想塔板的固定相与流动相之间发生质量交换，并迅速达到一种分配上的平衡状态。随着流动相持续不断地推进，这些组分也会逐一从一块塔板迁移至下一块塔板，并在新的塔板上再次建立两相间的分配平衡。这一过程不断重复，直至组分完全分离并顺利流出色谱柱。可以将色谱分配的过程视为一系列短暂且连续的平衡状态的重现。在此过程中，理论上的塔板数量越多，意味着组分在色谱柱内部经历分配平衡的次数也就越频繁。这样一来，组分间那些细微的差异就更容易被逐步累积并放大，从而使得组分之间的分离变得更加清晰和明确。因此，塔板理论的这一观点为色谱分析法中组分的高效分离提供了有力的理论支撑。

塔板理论的基本假设条件如下。

首先，色谱柱是由一连串按特定顺序排列的小段构成的，称为塔板。在每一块这样的塔板内部，各个组分能够在两相之间迅速地达成一种分配上的平衡状态，而在这个过程中，并不会出现扩散现象。当某个组分已经达到了这种分配平衡时，其所占据的柱长中的一小段，就被称作理论上的塔板高度。

其次，在色谱柱的每个塔板内部，空间均被固定相与流动相各自占据一部分。当样品被引入色谱柱时，其起始点总是第一个塔板，并随着载气以脉冲的形式注入色谱柱，样品中的各个组分便随之开始其分配之旅。在进行塔板理论的探讨时，我们通常会忽略组分在运行过程中可能发生的扩散现象。

最后，在色谱柱运行期间，其内部的柱温、柱压等基本参数维持恒定，确保了组分在分离过程中的物理化学性质稳定不变。这意味着，在每一层塔板的两相之间，组分都会呈现出一致的分配比例。

2. 塔板理论分析过程

在依据塔板理论进行的分离流程中，待分离的各组分随着流动相的驱动，在色谱柱内部经历了一段充分的分离过程后，便会逐渐流出色谱柱。若以流出色谱柱的组分质量为纵轴，而将流入色谱柱的流动相体积设为横轴，便能根据组分在色谱柱出口处的相对数量，绘制出一条色谱流出曲线。值得一提的是，当塔板数量达到相当高的水平时，这条组分流出曲线会趋近于正态分布的形态。在此过程中，待分离组分的分配比扮演了至关重要的角色。分配比较小的组分，在色谱柱中的保留时间相对较短，因此它们完成分离后流出色谱柱的速度也会更快。相反，分配比较大的组分，则会在色谱柱中停留更长的时间，流出时间自然也会相应延长。正是借助这种分配比的差异，不同组分能够按照特定的先后顺序逐一离开色谱柱，从而实现彼此之间的有效分离。

（二）塔板理论的置换分析

1. 塔板理论的前提

在经济活动的剖析中，经济主体常常需要在各式各样的要素间做出抉择或行为规划，这些抉择往往带有一定的延续性。值得注意的是，每个经济个体的选择行为都独具特色。正是这些不同个体所做出的选择，汇聚成了选择集。当某些待研究的经济个体的选择集呈现出相似性时，我们便可以将这些个体归入同一类别中，从而方便对经济行为进行归类探讨。这一过程，实质上也是分配比逐渐形成的基础步骤。

在色谱经济分析的框架内，塔板理论的基本原理与化学色谱有着异曲同工之妙。为了更直观地阐述这一理论，我们不妨以消费者分类作为切入点，来深入探讨塔板理论的分配流程。在此之前，我们需要明确几个基本的前提假设：

第一，将经济不利状态与经济有利状态分别类比为固定相与流动相。在针对消费者的研究中，我们尝试构建了一个消费者行为的双相模型。在此模型中，固定相代表着那些阻碍消费者资金流动的因素，对消费者的资金分配决策产生一种“吸附”效应，使其倾向于保持现状；而流动相则对资金具有“释放”作用，促使资金在不同消费领域间流动。就消费者行为的分类而言，多种因素如收入水平、个人消费偏好等，共同影响着消费者的选择。这些差异导致消费者在消费与储蓄之间做出不同的分配决策。当消费者更倾向于消费时，他们实际上是在选择持有更多的商品和服务；相反，若倾向于储蓄，则意味着他们更愿意持有货币。在一段特定的观察时间里，消费者会多次在储蓄与消费之间做出选择。在此框架下，我们可将消费者的储蓄倾向视作固定相，它代表着资金流动的阻力；而消费倾向则被视为流动相，它驱动着资金的流转。

第二，针对各异的经济主体来说，若能自由选择置身于固定环境或是流动环境，其选择固定或流动的概率将各有千秋。这种差异，归根结底，源于经济主体在偏好等诸多方面的不同，进而导致了其行为抉择的多样性。因此，经济主体的分配比例也呈现出差异化。基于这一假设，我们可以得出分配比k，它是储蓄倾向与消费倾向之间的比值。为了更具体地进行分析，依据伯努利大数定律，采用消费者在总收入中消费支出与储蓄所占的比例，来直观体现这一分配比。

第三，不妨将消费者所处的消费领域（或消费场所）比喻为一个色谱柱，并设定一个5个月的消费者行为观察周期，这就意味着这个色谱柱由5个层级构成。在每一个这样的层级中，经济主体都会进行一次消费决策，并且他们在每次做选择时，所处的环境条件和个人偏好都保持稳定不变。也就是说，在每一个层级上，分配的比例都是一个恒定的常数。

2. 塔板理论的经济学分析

在人文社会科学的广阔天地里，所要剖析的复杂经济现象就如同待分离的组分，而色谱经济分析法则成了我们手中的一把利器。运用这一方法对经济现象进行细致分类与深入剖析的关键，在于如何根据这些经济现象的本质特征，精准选取适宜的固定相与流动相。这一选择的过程，实质上是在寻找一种微妙的“作用力”——既包含“吸附”的引力，也涵盖“解析”的推力。正是这种“作用力”的存在，导致了不同经济现象在固定相与流动相之间分配比例的显著差异，而这也正是为何混合的经济组分能够按照一定的顺序从色谱柱中流出，进而实现清晰分离的根本原因。当将这些纷繁复杂的经济现象视作待分类的组分，并引入色谱柱中进行深入分析时，它们便在流动相的驱动之下，开始了在色谱柱内的穿梭之旅。每经过一个塔板，这些经济现象都会在固定相与流动相之间做出一次行为选择，仿佛是在一场精心设计的迷宫游戏中，寻找着属于自己的出路。

在探讨复杂经济现象的分类过程中，运用色谱经济分析法时，理论塔板数的多少同样起着举足轻重的作用。如果维持固定相与流动相的状态不变，并在此基础上增设有效理论塔板数，那么在色谱柱长度保持恒定的情况下，待分离的组分便会在两相间经历更多次的分配平衡。这一过程的多次重复，促使组分的分离更为彻底，即便是组分间极为细微的差异也会被显著放大。当这种分配比例上的微小差别被放大到一定程度时，混合组分在经由色谱柱的分离以及检测器的精确检测后，便会呈现出与各个组分一一对应的、清晰可辨的色谱峰。这些色谱峰不仅彼此分离，而且各自具有独特的峰高与保留时间。

塔板理论本质上是一种基于线性关系的色谱分析理论，它允许通过解析流出曲线的特征来推算理论上的塔板数量，并且借助色谱峰的宽度、高度等参数，对组分的含量进行精确的量化分析。当这一理论被巧妙地引入经济领域时，其核心在于利用待分离对象所独有的关键特性，促使这些对象在特定的分离体系中与固定相及流动相发生相互作用，进而达到组分间有效分离的目的。在纷繁复杂的社会经济环境中，众多事件的发生频率往往遵循着正态分布的规律。当我们构建了一个控制良好的分离环境时，依据塔板理论所获得的待分离对象的流出曲线，便能够与前期通过广泛实验所积累的样本数据库中的曲线进行细致的对比研究。这种对比不仅有助于深入洞察组分的本质特性，还能够为组分的定性分析提供强有力的依据。

二、速率理论

（一）速率理论的含义及内容

1. 速率理论的含义

荷兰学者范第姆特（Van Deemter）等吸收塔板理论中的一些概念，并进一步把色谱分配过程与分子扩散和气液两相中的传质过程联系起来，建立了色谱过程的动力学理论，即速率理论。速率理论认为，单个组分分子在色谱柱内固定相和流动相间要发生千万次转移，加上分子扩散和运动途径等因素，它在柱内的运动是高度不规则的，是随机的，在柱中随流动相前进的速率是不均一的。与偶然误差造成的无限多次测定的结果呈正态分布相类似，无限多个随机运动的组分粒子流经色谱柱所用的时间也是正态分布的。另外，传质过程中的阻力、组分运动时的浓度扩散等诸多因素，都会使得组分分子完成分离所需的时间有所增加，从而导致色谱峰出现相应的展宽现象。

2. 速率理论的内容

（1）涡流扩散项

在色谱柱中，若固定相的填充不够均匀，固定相颗粒的不规则排列会导致组分分子遭遇各异的运动轨迹。这种不规则的运动模式，仿佛水流中的“涡流”，称为涡流扩散。想象一下，当某些组分分子被迫沿着蜿蜒曲折的路径前行时，它们的前进速度自然会放缓，表现出一种相对的滞后性。相反，那些能够沿着较为直接、顺畅路径移动的分子，由于所受的阻碍较少，便能以较快的速度穿梭，甚至有可能成为首批冲出色谱柱的“幸运儿”。当然，其中还存在着一大批分子，它们的运动路径既不那么曲折，也不那么直接，而是处于一种中间状态。这些分子的运行速度，自然也就介于前述两种极端之间，呈现出一种中庸之道。如果以这些“中庸”分子为基准来观察，就会发现，即便是同一组分的分子，在到达色谱柱出口并完全流出的过程中，也会因为所经历路径的不同而表现出时间上的差异。这种差异，最终会导致组分的流出曲线变得不再尖锐，而是呈现出一种宽泛的分布状态。

（2）分子扩散项

在常规条件下，流动相携带着样品组分进入色谱柱的初始阶段，会率先在首个塔板上进行分配，并以一种类似“塞子”的形态随着流动相持续前进。在这一过程中，我们可以观察到色谱柱前端的塔板上组分浓度较为密集，后端的塔板上组分含量则显得较为稀疏，甚至可能尚未出现，从而在前后塔板之间形成了明显的浓度梯度。随着组分的不断推进，其分子会因自身的热运动而自发地向浓度较低的区域扩散。这一现象导致组分在完全流出色谱柱之前需要经历更长的时间，进而使得色谱峰呈现出展宽的特征。这种组分分子因热运动而发生的迁移过程，称为分子扩散。

（3）传质阻力项

在色谱柱内，组分运行过程中会于每一塔板的固定相与流动相间进行质量交换，并逐步趋向分配平衡。此过程中，分子在两相间的传递并非畅通无阻，而是会受到分子间相互作用力的制约，由此产生传质阻力。这种阻力源于组分在两相间的扩散本质上是一种质量传递过程，而传质速率往往有限，无法瞬间达成两相间的完全平衡，故而需要一段时间来完成这一质量交换。传质阻力的存在对组分分子的运行轨迹产生了显著影响。部分组分分子在进入固定相后，因未能及时返回流动相而暂时停留，导致流出时间延后；而另一些分子则因未能充分进入固定相，就被流动相带动继续前行，从而提前流出色谱柱。正是这种传质阻力的作用，使得组分分子在运行过程中出现滞后或超前的现象，进而导致不同组分的流出时间出现差异，最终使得组分流出曲线呈现出展宽的特征。

（二）速率理论置换分析

速率理论的三大要素有效揭示了组分分离时色谱峰扩展的根源，并在一定程度上弥补了塔板理论可能存在的缺陷。因此，我们可将速率理论融入经济学领域，对错综复杂的经济现象进行细致分类与剖析，无疑能更贴近经济活动的真实面貌。在剖析复杂经济现象时，鉴于学科间的本质差异，涡流扩散、分子扩散以及传质阻力这些物理过程并不能直接映射到经济行为中。然而，这三种热力学机制在经济领域内却能找到其对应的作用方式。

1. 涡流扩散项

在塔板理论的探究中，我们通常将色谱柱内的固定相视作均匀分布，然而实际情况往往并非如此。现实中，固定相的粒径可能参差不齐，导致色谱柱内部呈现出非均匀填充的状态。相比之下，速率理论中关于组分在非均匀填充环境中的假设，无疑更贴近真实的操作场景。当色谱柱的固定相填充不均时，待分离的组分便会遭遇固定相颗粒的阻碍，从而被迫形成多样化的流动路径。在迁移过程中，这种不规则的流动会引发类似“涡流”的现象，称为涡流扩散。究其根本，涡流扩散的产生主要归因于固定相粒径差异，其导致分子阻碍作用不一致。这种阻碍，源自固定相的物理形态，是一种纯粹的物理效应，它并不会改变组分在流动相与固定相之间的分配比例，而是巧妙地改变了组分的前进轨迹。当经济主体在复杂多变的经济环境中做出行为决策时，其同样会受到外界经济因素的干扰，导致决策行为提前或滞后。这一现象，与色谱柱中的涡流扩散现象不谋而合，不妨也将其视为经济领域的一种“涡流扩散”表现。

在经济学的研究范畴里，我们尤为关注经济主体的行为抉择，故而色谱经济分析法将焦点对准了经济社会中的各式经济主体及现象，诸如企业实体、商品种类以及个体消费者等。在此分析框架下，我们将固定相与流动相视作不同的社会经济状态表征，而经济主体在这些迥异的状态下，受多重社会经济因素的影响，会做出截然不同的行为选择。不同的经济主体在决策路径上展现出的差异性，使得其行为决策过程在形式上呈现出一种“随机漫步”的特质，与自然界中的“涡流”扩散现象颇为相似。经济领域中的涡流运动，可从两个维度来阐释：一方面，当经济主体面临经济决策时，他们往往倾向于进行全面比较与深思熟虑，此时，他们会耗费较长时间对不同商家、商品及地理位置进行综合评估，以期寻得最优决策。当经济主体与目标消费场所相距甚远时，其行为路径自然变得曲折多变，这在色谱柱中的表现便是组分分子以曲折路径绕过固定相流动，进而延缓了抵达下一塔板、完成行为选择的时间。另一方面，若经济主体倾向于迅速做出决策，不愿在多方对比上过多停留，其会在极短时间内完成行为选择。同样，当经济主体与消费场所近在咫尺时，组分抵达目的地的时间自然缩短，这好比色谱柱中组分沿着更为直接的路径运行，从而加速了组分的分离过程。消费者消费意愿的强弱、与目标消费场所的距离远近、企业或产品规模的差异等因素，均可能导致经济主体行为决策的提前或延迟，这些正是经济领域中涡流扩散现象的具体体现。

2. 分子扩散项

当样品被引入色谱柱后，它并不会立刻填满整个柱子，而是会在色谱柱内部形成不均匀的组分分布，由此产生一定的浓度梯度。在组分迁移的过程中，这种浓度梯度的存在促使组分在色谱柱的轴向上发生前移或后移，这便是分子扩散现象。分子扩散具体表现为，组分从色谱柱内的高浓度区向低浓度区迁移，导致分子提前或延迟流出，进而使得组分的流出曲线呈现展宽态势。在经济学领域也能观察到一种类似的“扩散效应”，尤其是在经济活动密集的区域。不同经济主体的行为决策会相互影响，比如，在消费活动高度集中的时段或地点，消费者可能会倾向于避开这些高峰时段或热门地点；同样，电商平台上某款产品的市场评价，往往会影响后续访客对该产品的认知，并进而引导他们的消费选择。一般而言，在色谱柱的固定相与流动相之间，分子扩散是同时存在的。然而，固定相通常保持静止状态，组分在其中的扩散现象相对微弱，因此在研究过程中往往忽略不计，而主要关注流动相中发生的分子扩散情况。

在化学色谱分析的领域中，载气速度的快慢对组分分离过程有着显著影响。当载气速度较快时，待分离组分在分离途中扩散的机会相对减少，使得组分分布趋于均匀，浓度差异也相应缩小。相反，若载气速度较慢，或说流动相的速度减缓，待分离组分则更容易发生纵向的扩散现象。将这一视角转向经济分析，载气便成了一种促使经济主体在固定相与流动相间做出经济抉择的动力因素，这既包括内在动因也涵盖外部条件。受这种动力因素影响，组分分子在分布上会展现出一定的差异性。这种差异导致组分分子的运动不再严格遵循塔板排列的顺序，而是会在迁移过程中产生扩散，部分组分分子会扩散至相邻的塔板上，或是与固定相发生相互作用，或是游离至正在进行组分分离的塔板上参与分离过程。这种游离状态使得组分完全流出色谱柱所需的时间增长，进而导致色谱峰的展宽。

以特定经济区域为例，其中存在着多元的经济主体和纷繁复杂的经济选择。经济主体的选择行为会受到诸如个人收入、经济形态、消费环境等多重经济因素的影响。载气在此可被视为如可支配收入的增加、企业网站访客量的稳步增长等，是推动经济主体做出选择的动力源泉。在载气的驱动下，不同的经济主体会基于其个人偏好、对市场走势的判断以及消费环境的影响等因素，做出各异的行为选择。比如，在大型商场内，消费者的消费路径选择便呈现出多样性。有人按照店铺的排列顺序逐一光顾，有人则直接前往心仪的店铺，还有人则倾向于在多家店铺间进行比较，以选择性价比最高的商家。这种比较选择的过程中，难免会产生一定的选择滞后性。

对于从事产品在线销售的电商企业而言，网站的转化率是其关注的重点。转化率指的是在一个统计周期内，完成转化行为（如下单、付款等）的次数与推广信息总点击次数的比例，它是衡量电商网站运营成效的关键指标。转化行为具体指的是潜在客户完成商家所期望的行动，如网站停留、提交订单、实际付款等。在一个周期内，客户在网站停留的时间越长、浏览的信息越多、对产品的了解越深入，提交订单的可能性就越大，网站的转化率也就相应提升。若将电商网站比作色谱柱，网站中不同产品的广告页则如同塔板，而每一期的客户浏览量则可视为载气。客户在不同塔板（产品广告页）间进行对比选择的时间越长，其流出色谱柱（完成网站访问及产品选择）所需的时间也就越长，这更有利于商家获得有利的选择结果，扩散效应也因此愈发显著。通过观察电商企业的转化率，我们能够在一定程度上洞悉公司网站对每个访问者的销售效果。因此，在缺乏充分假设的前提下，我们倾向于将分子扩散视为经济分析中的一种随机分布状态。根据分析对象的不同，经济主体或经济现象会展现出各异的“随机”选择行为，这些选择行为深受多种经济因素的影响和制约。

3. 传质阻力项

在固定相与流动相之间，组分的质量分配并非一蹴而就可达到平衡状态，而是会受到分子间作用力的制约，从而产生一定程度的滞后效应。这种分子作用力而导致的阻碍，称为传质阻力，它主要通过两种形式表现出来。首先，是固定相方面的传质阻力。当组分进入色谱柱后，会遭遇固定相的吸附作用，使得部分组分分子被其滞留。若这种吸附力量较为强大，那么组分想要从固定相中挣脱出来，重新进入流动相，就会面临更大的阻力。其次，是流动相方面的传质阻力。在组分随流动相移动的过程中，不同组分与固定相之间的作用力存在差异，因此当分子从流动相中被固定相吸引时，其所遭遇的阻力也会有所不同。在组分的分离流程中，它们通常需要经历一个从流动相被固定相吸附，再从固定相中解脱出来，重新回归流动相的过程，从而实现分离。一般而言，固定相对组分的吸附力越强，组分想要重返流动相时所面临的传质阻力就越大，被固定在固定相中的时间也就越长。因此，当这些组分最终从固定相中解析出来，重新加入流动相并继续前行时，它们就会相对于原本在色谱柱中随流动相直接向柱出口移动的组分有所滞后。这种滞后会导致组分完成分离的时间延长，进而使得色谱流出曲线呈现出展宽的趋势。将视线转向经济领域，当经济主体在面对多种选择时，他们并非能够瞬间做出决定，放弃一种而选择另一种，而是需要一定的时间来权衡和决策。以电商企业为例，当访客在浏览产品时，受到价格、评价等多重因素的影响，他们可能会将原本打算购买的产品转为收藏，以便日后再考虑购买。这时，产品的分配过程就会因为访客的犹豫和迟疑而延长。反之，当被收藏的产品价格降至访客的心理预期，或者购买数量增加、参考价值提升时，一些访客就会选择购买这些产品，使得产品在当前时期完成分配。这一过程与塔板理论中的分离现象有着异曲同工之妙。

学科的多样性赋予了速率理论在经济学领域内独特的诠释维度。构成速率理论的三大要素，它们各自又受到多重因素的制约，而这些因素在经济学的解析框架中同样扮演着举足轻重的角色，并有着相应的运作机理。当尝试运用速率理论来剖析经济成分的分离过程时，不难发现，涡流扩散、分子扩散以及传质阻力这三个要素往往是并存的，它们合力对经济主体的决策行为施加着复杂的影响，导致其行为反应出现时间上的前移或延迟，进而使得经济活动的色谱流出曲线呈现出峰值的扩展与分散。速率理论在某种程度上填补了塔板理论存在的空白，它通过对分子扩散过程中这三个核心要素及其背后具体影响因素的深入剖析，提供了一种更为精细且贴近现实的经济现象分类方法。因此，在将这一理论应用于具体经济问题的分析时，我们势必需要全面考量这些纷繁复杂的影响因素，以确保分析的准确性和深度。

三、分离度

（一）分离度的概念

1. 分离度的含义与公式

分离度是两个相邻色谱峰的保留值之差与两组分色谱峰底宽的平均值之比。

分离度这一指标，主要用于评估相邻两个色谱峰之间的分离程度，它巧妙地将色谱柱的效能与溶剂的效能融合为一个综合性的参数。

2. 色谱分离方程中的相关指标

通过观察色谱分离度的表达式，不难发现，分离度实则是色谱过程中多种因素综合作用的结果，这些因素既包括了热力学方面的（如选择性和保留值），也涵盖了动力学方面的（如峰宽和柱效能）。

（二）分离度的原理及影响因素

1. 分离度的原理

在色谱经济分析的框架内，分离度分析通常涉及对组分流出曲线的细致观察，据此计算出各组分的保留时间及峰底宽度，并巧妙地运用分离度分析公式来评估组分的分离状况。色谱经济分析严谨借鉴了化学色谱分析中成熟的分离分析机制，确保分析过程的科学性和准确性。值得注意的是，无论是在经济领域还是化学领域，分离度的评价标准都保持着高度的一致性。分离度这一指标，实质上反映了不同选择倾向的经济主体之间的分离程度，其通过对经济主体进行合理分类，以及精确衡量经济主体间存在的差异，为我们提供了极为有价值的参考依据。

2. 分离度的影响因素

（1）分离度与分配比

在探讨社会经济领域的诸多问题时，若借鉴色谱分析的方法来剖析复杂的经济现象，便会发现分配比这一概念显得尤为重要。它实质上是反映了不同经济相状态——经济体系中相对稳定的固定相与活跃流动的流动相——对经济主体产生影响的比例关系。简而言之，在特定的社会经济背景之下，那些被视为不利的经济相状态与有利的经济相状态，对于被分析的经济组成部分而言，其作用力度的强弱是有所区别的。这种差异促使各类经济主体在不利与有利的经济相状态间不断做出行为上的调整与选择。随着时间的推移，不同经济主体因应对策略和行为模式的不同，其差异逐渐累积并明显化，最终导致了它们在经济活动中的明确分化。

通过上文中的公式推导，我们能够清晰地看到分离度与分配比k之间存在的紧密联系。简而言之，分配比k的增大，对于组分分离而言，无疑是有利的，它能够促进不同组分更有效地被区分开。然而，这并不意味着分配比可以无限制增大。实际上，我们必须在追求高效分离的同时，考虑到时间成本这一重要因素。因此，分配比需要被控制在一个既高效又合理的范围内，以确保整个分离过程既快速又有效。这样的平衡，才是追求的最佳状态。

在实际操作中我们进行组分分离时会发现，假定理论塔板数维持恒定，待分离组分间分配比的差异增大，会直接导致各组分保留时间的差距拉大。这一差距的扩大，意味着两种组分的流出曲线重叠部分将显著减少，从而提升了组分间的分离效果。在分离流程中，固定相对各组分的吸附力存在差异，这种差异导致了当固定相发生变化时，其对各组分的作用力也会随之调整，进而引起分配比k的变化。值得注意的是，这种作用力的差异越显著，分配比的差异也就越突出。在此情况下，塔板数n的增加成为促进组分分离的有利因素。对于特定的物质组分来说，塔板数的增多无疑会增强其分离效果。然而我们也必须认识到，塔板数n并非越多越好，而是需要维持在一个适当的区间内。一旦塔板数n超出这个范围，其对分离度的提升作用就会逐渐减弱。

（2）分离度与理论塔板数

在色谱经济分析的框架内，我们将色谱柱的长度L视作经济主体所面临的宏观经济背景的象征，它往往界定了经济主体做出行为抉择的整个考察时段。塔板数则代表了经济主体实施行为选择的具体阶段数量，而塔板高度则细化为每个阶段的持续时长。假设能够缩减每个周期的时长，在总体考察时段保持不变的前提下，便能够通过增设考察频次来提升分析的分辨率；反之，如果每个考察阶段的时长维持原状，那么增加考察阶段数自然会延长整个考察周期，这可能会在某种程度上削弱分析的有效性。以电商企业对产品销售状况的分析为例，企业可以在保持总体考察时段不变的基础上，通过调整对访客浏览量进行统计分析的频次来优化分析效果。具体来说，我们可以将分析周期从每季度一次缩短至每月一次，甚至每周一次，如此一来，理论上的塔板数得以增加，进而提高了分析的精细度和区分度。

（3）分离度与柱选择性

在组分分离的实践环节中，即便面对理论塔板数有限的挑战，只要两个紧邻的色谱峰具备足够显著的选择因子差异，我们依然能够达成组分间的有效区分。这一过程中，关键在于促使待分离组分在固定相与流动相之间的分配比例产生显著差异，从而确保那些即便是微小的组分差别也能逐步累积，并最终实现清晰分离。转观色谱经济分析的领域，同样能发现类似的逻辑在发挥作用。通过调整政策导向、优化实施措施等手段，我们可以对经济环境这一“相态”进行微调，进而引导不同经济主体在变化了的经济环境下做出不同的行为选择。这种选择上的变化，实质上反映了各经济主体在新旧经济状态下行为分配比例的重构。以银行存贷款政策为例，其适时调整往往能微妙的影响消费者的储蓄与消费偏好，促使经济行为“组分”实现更为理想的分离状态。在此逻辑下，不同经济主体间行为选择的差异性越为显著，它们在不同经济相态间的分配比例差异也就愈发突出，经济分离的成效也就更为斐然。

第四节 色谱经济信号检测与分析系统

一、色谱经济信号检测系统

（一）化学气相色谱的信号检测

1. 化学色谱信号检测器的基本工作原理

在化学色谱分析的领域里，信号检测是一个至关重要的环节。它涉及待分离物质经由色谱柱精细分离后，各组分依序流出，并被色谱仪上精密的检测器捕捉，转换成易于量化与解读的电信号。这些信号随后被记录仪细致记录下来，形成直观的色谱图。研究者便依据这些图谱中的各项指标，深入分析并确定各组分的具体含量。检测器，作为色谱分析系统的核心部件之一，其灵敏度与准确性至关重要。当组分流经色谱柱时，即便是含量的微小波动，也逃不过检测器的敏锐“眼睛”。根据检测器输出信号记录方式的差异，我们可以将其划分为两大类：积分型与微分型。其中，微分型检测器所捕捉的信号尤为特别，它直接反映了组分浓度的即时变化，所呈现的色谱图以清晰的峰形展现。正因如此，微分型检测器在实际应用中备受青睐，成为色谱分析中的主流选择。

2. 化学色谱信号检测器的性能指标

检测器的各项性能指标，包括其灵敏度、稳定性以及检测限等，都是决定其工作效率与检测结果准确性的关键因素，对最终的分析结果具有举足轻重的影响。为了确保检测工作的高效与精准，一款优秀的检测器必须能够对这些性能指标进行严格的把控与管理。

（1）稳定性

噪声和漂移两个指标经常被用来衡量检测器的稳定性。

1）噪声

噪声是基线因多种随机因素而产生的无规律波动，其形态类似细小的毛刺散布于基线上。这种波动的根源多样，可能源自载气流速的微小变化、柱温的不稳定波动，或是固定液的逐渐流失等因素。为了量化这种基流的不稳定性，我们通常选取基线段上基流起伏的平均数值作为评估指标。

2）漂移

在基线呈现单向性规律偏移的现象称为漂移。这种漂移现象的出现，可以归因于多种因素。一方面，检测器自身或者其附属的电子元件可能存在性能上的不足，这是导致漂移的一个重要原因；另一方面，柱温的细微变化或是载气流速的缓慢调整，也可能对基线稳定性产生影响，进而引发漂移。通常情况下，仪器所允许的漂移范围会被严格控制在0.05 mV/h以内，以确保检测结果的准确性和可靠性。

（2）线性范围

检测器的线性响应区间指的是，检测所得信号与样品中目标组分注入量之间保持线性相关性的那段范围。当这一线性范围较为宽广时，便意味着检测器具备更出色的性能，因为无论是样品中含量丰富的组分还是微量的组分，检测器均能实现精确测量，展现出其强大的检测能力。

（3）灵敏度

在评估检测器的性能时，灵敏度无疑是一个至关重要的指标。当通过作图的方式，将进样量与对应的响应值进行关联，我们通常会得到一条直观的直线。而这条直线的斜率，恰恰就是所关注的灵敏度。换句话说，灵敏度反映了进样量变化时，响应值随之变化的快慢程度，是检测器对样品变化敏感程度的一种直接体现。

（4）检测限

在组分信号强度达到噪声信号两倍的情况下，检测器所能接纳的最大物质量，称为检测器的检测限。这个检测限实际上反映了检测器在识别微弱信号时的能力边界。组分的信号与噪声之间的比例关系，即信噪比，是评估检测效果的一个关键指标。信噪比越高，意味着噪声对有效信号的干扰就越小，信号的识别也就更为准确。通常情况下，色谱柱内部产生的噪声是难以消除或规避的，这为提高检测精度带来了一定的挑战。然而并非束手无策，一个行之有效的策略就是增强待测组分的信号强度。当信噪比达到2∶1时，可以有95%的把握确认所观察到的信号峰确实是由目标组分产生的。检测器的检测限，作为衡量其性能的一个重要参数，代表了检测器能够感知到的组分最小量。这一指标不仅与噪声信号的大小息息相关，还受到检测器灵敏度的影响。简而言之，一个优秀的检测器应该具备在噪声背景下准确捕捉微弱信号的能力，而检测限正是对这一能力的直接体现。

3. 色谱信号检测的输出结果

在色谱分析中，常见的色谱图其横轴代表的是时间或者是流动相的体积，而纵轴则展示了检测器的响应强度，这一强度往往通过电流、电压等测量单位来具体呈现。因此，色谱图也被称作色谱流出曲线。

记录仪所捕捉的信号，实则是检测器初步处理后，再经由放大器增强过的信号，这与检测器最初直接检测到的信号之间，不可避免地存在着一定程度的差异。

（二）信号检测的置换思考

1. 关于信号检测系统的思考

在化学色谱分析的流程中，各组分在色谱柱内部达到分配平衡状态后，会依次从柱中流出，并随着载气一同进入检测器。检测器会根据组分的质量或浓度随时间的变化情况，敏锐捕捉这些变化，并将它们转换成易于量化和记录的电信号，这些信号随后被传送到记录仪或计算机系统中。系统依据这些信号，绘制出组分质量随载气体积变化的色谱图，这条流出曲线提供了进行指标测量、定性及定量分析的重要基础。因此，检测器在色谱分析中的角色可以概括为两大核心功能：其一，它能够精准地识别并转换组分信号；其二，它能有效区分组分信号与背景噪声信号。在色谱经济分析法的置换研究框架下，对信号检测系统的优化与探讨也紧密围绕这两个核心点展开。类比人文社会科学领域，特别是经济分析中的信号检测，这一过程同样涉及将经济主体的行为表现转化为易于处理的数据和信息集。在信息的检测与解析过程中，我们需要借助复杂的数据处理、转换及分析系统，从混杂着各种外部干扰（经济领域的“噪声”信号）的经济信息中，提炼出纯净的有效信息。通过聚焦所关注的经济信号，并对其进行系统的处理与分析，信号检测系统在经济领域中扮演了数据验证或处理的角色，提供了深入洞察经济现象的有力工具。

与自然科学中利用理化性质分离化学物质的方法不同，化学色谱分析技术通过色谱检测系统，依据物质各自的特性使其呈现出不同的信号，从而实现物质的精细分离。而在人文社会科学领域，所面临的挑战则是解析复杂多变的经济现象，这些现象犹如由多种经济因素交织而成的“复合物”，单一经济主体或现象往往因多重因素的共同作用而表现出多样化的面貌。尽管如此，隐藏在这纷繁复杂背后的，是特定的社会经济规律及行为倾向，它们通过经济主体的活动透露出微妙的信号。为此，我们设计了一套类似于色谱分析的经济信号检测系统，通过对数据信息的深入挖掘与处理，捕捉并分析各经济主体的行为模式。举例来说，当对消费者群体进行分类时，我们会综合考虑其行为特征和经济数据。这一过程不仅涉及对庞大数据集的梳理，我们还需剔除那些误导性或外部干扰的信息，以期提炼出能准确反映消费者群体特性、对解析复杂经济现象具有价值的数据。换言之，人文社会科学中的信号检测，实质上是一种高度精细的数据处理艺术，它要求研究者巧妙利用信号与噪声的统计特性，最大限度地消除噪声干扰，提取出对分析至关重要的信息信号。这一过程中，我们往往需要跨学科知识的交叉融合，以增强信号检测的准确性和深度。以消费者行为分类研究为例，在初步探索阶段，依据消费者的消费偏好来构建分类模型，这些偏好实际上是消费者内在心理特质和个人喜好的外在映射。因此，信号检测的核心任务便是将这些内在信号转化为可观测、可分析的外在表现，从而为揭示消费者行为的深层逻辑提供有力支撑。

2. 信号检测的置换要点思考

（1）组分信号的表达

在色谱柱内完成分离后，各个组分的信号会随着载气体积的变化而被检测器精准捕获，并经过转换，最终由记录仪以色谱图的形式详细记录下来。这张色谱图，实质上就是组分的流出曲线，它蕴含了待分离组分的含量、分离效果等关键信息，通过对这些指数的深入分析，可以充分领略到检测器在组分信号检测及组分量测定中的核心作用。值得一提的是，检测器的类型不同，其所采用的信号单位也会有所差异。与此相似，在社会经济问题的研究中，主要关注点是经济现象或经济主体的多样化行为。这些行为深受个人收入、偏好等多重内外部因素的影响，因此在不同的社会经济状态下，经济主体会展现出截然不同的反应。这些反应形式多样，复杂多变。而借助色谱经济检测系统的强大分析能力，我们能够有效地捕捉这些不同组分的反应信号，将经济主体的行为差异以流出曲线的直观形式展现出来，进而形成色谱图。通过对这些信号及相关指标的细致剖析，可以在一定程度上洞察经济主体的行为倾向，揭示经济现象的基本规律，从而为制定科学合理的决策提供有力支撑。

在化学色谱分析中，组分经由检测器的转化后所形成的色谱图，实质上是描绘了待分离各组分从色谱柱中析出时浓度随时间变化的情景。这张图，可以被视为组分流出信号与载气体积之间关系的一种直观展示，其中，纵坐标轴代表了检测器的响应强度。色谱图，以其独特的方式，记录了组分在色谱柱内部迁移的详尽过程。当转而探讨色谱在经济学领域的应用，即色谱经济研究时，尝试从一个全新的视角——经济问题分析的视角，去深入剖析信号检测的结果。在这一过程中，首要关注的是那些错综复杂的经济现象或经济主体。为了揭示它们的内在规律，我们需要借助色谱检测系统这一工具，来捕捉并转换这些研究对象所蕴含的信息，使之变成易于被分析系统所理解和利用的信号形式。为此，我们必须设定一系列恰当的指标，以准确表征这些组分信号。

在经济学的实际研究中，政府和企业发布的各类统计数据，往往能够在一定程度上折射出市场环境的风云变幻，它们正是经济波动所发出的信号。比如，我们可以选取价格和销量这两个直观的指标，作为判断市场环境、产业结构等经济要素变动的"组分信号"。我们将载气视作经济活动中无处不在的约束条件。在这种情况下，色谱流出曲线便成了一幅生动的画卷，它展现了经济主体在特定经济约束下所做出的不同行为选择，以及这些选择所产生的信号。通过检测系统的精确捕捉和转换，我们能够将这些信号与经济约束之间的复杂关系，以流出曲线的形式清晰地呈现出来。这些曲线之间的分离程度，恰恰反映了不同经济主体行为差异的显著程度。通过对这些关键指标进行细致的测定和计算，我们不仅能够更深入地理解经济现象的本质，还能为制定科学合理的经济决策提供有力的依据。

（2）组分信号与噪声信号的区分

在化学色谱分析的实践中，信号检测器捕捉到的信号往往由两部分构成：一是源自待测组分的真实信号；二是色谱系统在执行物质分离任务时不可避免地产生的噪声信号。这些噪声信号如同一股“杂音”，会在某种程度上扰乱检测器对有效信号的接收与识别，进而对色谱峰的准确判断及后续的数据分析工作构成影响。为了应对这一挑战，在色谱分析流程中，我们通常会采取数字滤波的手段来对色谱信号进行精细化的去噪与归一化处理。这一步骤旨在有效削弱噪声的干扰效应，同时确保最终获得的信号能更真实地反映实际情况。在化学色谱的信号检测领域，有一个关键指标值得特别关注，那就是信噪比。当信噪比达到2这一阈值时，可以有95%的信心认为所观察到的信号峰是真正代表组分的峰。这一发现提示，合理设定信号噪声比对于精确区分组分信号与噪声信号具有不可忽视的重要性。通过科学调整这一参数，我们能够更准确地捕捉并分析目标组分的信号，从而提升色谱分析的整体准确性与可靠性。

在色谱经济分析的复杂过程中，经济主体的行为常受到诸多外部要素的交织影响，这些可视为经济领域中的噪声信号。因此，信号检测与甄别的关键任务，便在于构建一套合理的检测流程或标准，以有效区分真实的组分信号与这些干扰性的噪声信号。比如，在先前针对速率理论的深入探讨中，曾将色谱柱比喻为消费者所处的宏观消费环境。在这一广阔舞台上，消费者的决策行为无一不受到内外多重因素的共同作用，诸如个人偏好、实际需求以及市场环境等。值得注意的是，即便在没有实际消费行为发生的时刻，这些外部因素也可能单独引发数据波动或信号显现，导致采集的组分数据中掺杂着策略性偏差及其他随机扰动，这些称为噪声信号。它们犹如经济信号检测中的迷雾，与试图剖析的复杂经济现象本质存在显著差异。如何穿透这层迷雾，利用这些含有噪声的数据尽可能精确地评估待分离组分的含量、特性等关键信息，成为研究的核心议题。在这一探索过程中，数据的滤波处理显得尤为重要。换言之，在色谱经济的信号检测实践中，我们必须设定一套科学的检测标准或阈值，以精准界分噪声信号与组分信号的边界。为此，信号检测理论及威纳滤波理论等前沿成果提供了宝贵的理论支撑与实践借鉴。

（3）色谱图的分析及表达

由于各组分在分配比上的差异，它们被固定相吸附并驻留的时间不尽相同，这导致了组分在完全分离后，从色谱柱流出的顺序有先有后。依据流出时间的差异，不同组分逐一流出色谱柱，并被检测器所捕获。随后，这些组分随时间变化的含量被转化为电信号，由记录仪细致地记录下来，从而形成色谱流出曲线。当组分的物理化学特性发生变化，进而影响分配比时，色谱峰会相应发生变动，对这种变化的信号做出灵敏的响应。在这一系列过程中，检测器扮演着信号捕捉与反馈的重要角色，而记录仪上展现的色谱图，则是理解和区分各组分信号的关键所在。

3. 信号检测器的性能指标

在色谱经济分析的领域内，一个性能卓越的检测器对于确保组分分析结果的精确性和可靠性至关重要。为了实现这一目标，我们所构建的信号检测系统必须能够精准地转换组分所发出的信号，并且进一步生成精确无误的分离分析结果。这就要求该系统必须具备一系列信号检测系统所应有的核心性能。这些性能的优化与提升，将直接关系分析结果的准确性和可信度，从而为色谱经济分析提供更加坚实的技术支撑。

（1）灵敏度

在色谱经济分析的领域里，我们面对的是人文社会科学中错综复杂的经济现象，这些现象的分析基础植根于庞大的经济数据之上。当待分析的组分在色谱柱内达到分配平衡状态后，单位物质量触发信号检测系统所产生的响应强度，便成了衡量系统灵敏度的关键指标。这些响应信号，紧密贴合研究目标，具体化为诸如人口比重、产业聚集程度等多样化的数据类型。在初步的探索阶段，研究重心聚焦于那些具有迥异分配比例的消费者行为抉择上。经由色谱柱分离后的组分，实质上代表了不同类型的消费者群体规模。因此，最终呈现在色谱图上的，是随着可支配收入水平的提升，消费者人数分布的变化态势。这一分布，从某种意义而言，可以视作消费者密度的直观反映，为深入理解经济现象提供了有力的分析工具。

（2）检测限

在色谱经济分析的领域里，我们面对的是错综复杂的经济现象，它们往往以繁多的统计数据为外在表现。而研究焦点，则是站在“大数据”的高度，或是以“大数据”为宏大背景，去审视人文社会的演进与发展。正因如此，色谱经济信号检测系统的检测阈值，与化学色谱中的检测灵敏度，两者在概念上存在着本质的差异。在研究进程中，一项关键任务便是明确这种特定的检测阈值，或是找寻信号检测系统达到最优信噪比的状态。影响信号检测系统信噪比的因素繁多且复杂。举例来说，当消费者在做出购买决策时，产品价格的微小变动、市场经济稳定性的波动，都可能成为新增的干扰源。这些变化会悄然影响信号检测系统的信噪比，使得组分信号的捕捉变得更加困难。而这种由外部经济环境变化引起的信号波动，最终会在检测系统的流出曲线上留下其独特的痕迹，供深入分析与解读。

（3）线性范围的确定

在色谱经济学的信号检测领域，鉴于待分离的对象是充满变数的社会经济现象，线性范围这一概念便显得相对模糊且不确定性较大。具体而言，随着待分离组分特性的不同，信号检测系统的线性范围也会相应地发生调整与变化。这种变化并非无规律可循，而是紧密依据着被分析对象的独特属性来展开。

（三）信号检测的作用过程

在探讨色谱分析过程中的信号检测系统时，巧妙地融合了心理物理学中关于信号检测的理论框架，并紧密结合了色谱经济分析法所独有的研究对象特性及其内在规律，以期对信号检测系统在色谱分析中的核心作用机制进行深入剖析与阐述。通过这一跨学科视角，旨在揭示色谱分析中信号识别、处理与决策的全过程，及其如何受到各种因素的综合影响。

1. 假设前提

设想，在市场的信号检测机制中，存在一个特定的信息收集环节，这一环节既可能由个人担当，也可能是依靠电子系统来完成。当待区分的消费者群体在色谱柱内部达到分配均衡状态（这一理论基于早期的塔板理论与速率理论的分析）后，他们会逐步从色谱柱中流出。在这一流程中，市场上的某些干扰性信息数据也可能会伴随而出。可以将这两种成分视为两种不同的刺激：其中，需要分类的经济数据或信息称为组分信号（以SN标记）；而另一部分构成干扰或没有实际价值的信息，则被视为噪声信号（以N标记）。

2. 信号的统计推断过程

在经济环境纷繁复杂，充斥着各种干扰因素的情况下，信号采集系统面对每一种刺激状态，其反应并非单一确定，而是有可能呈现出两种截然不同的结果。这些多样化的反应组合起来，便形成了一个类似于二择一决策的矩阵结构。

在复杂多变的市场大背景下，信号采集系统往往面临着海量的数据信息，它不仅要捕捉关注的目标数据信号，还得应对各式各样的干扰信号，这些不请自来的“客人”通常称为噪声。正因如此，信号检测系统承担起了至关重要的角色，它得像个精明的筛子，仔细甄别并区分这些纷繁复杂的信号。

二、色谱经济分析系统

（一）定性分析

1. 定性分析的基本概念及方法

在化学色谱领域，定性分析扮演着至关重要的角色，它旨在通过色谱分析法来准确识别被分离物质中的各组成成分，即确定每个色谱峰所对应的具体化合物。这一过程不仅要求精确，还需要借助多种方法来实现。其中，定性分析的方法多种多样，涵盖了从一般性定性到利用保留值规律定性等多个层面。进而着重探讨并阐述一般性定性的几种常用方法，以期为相关研究人员提供实用的参考和指导。

（1）利用已知标准物质对照定性

在拥有已知标准物质的前提下，我们能够在保持色谱操作条件一致的基础上，遵循色谱分离的流程，对已知与未知物质实施分离并分析。通过细致观察物质的流出曲线，我们可以计算出诸如保留时间等关键指标，并借助这些指标的对比分析，对未知物质进行定性判断。在特定的色谱环境下，涵盖柱长、固定相及流动相等因素，各组分会展现出其特有的色谱保留值，这一点正是利用已知标准物质进行定性分析的核心依据。具体来说，我们利用已知标准物进行对照定性，可以采取比较保留时间、保留体积的方法，或者采用加入标准物质进行定性的手段等多种途径。

1）保留时间

在色谱分析过程中，只要色谱条件维持恒定，物质的保留值便具有确定性。基于此原理，当在相同的色谱操作环境下，对未知物质与已知物质进行分离，并随后比较它们各自的保留时间，便成为一种有效的鉴别手段。如果这两种物质展现出的保留时间完全一致，那么有理由认为它们属于同一类物质；相反，如果保留时间存在差异，则表明它们并非同一类物质。

在已知纯物质且组分构成相对简单，同时对这些组分的性质有一定认知的情况下，通过保留时间来对未知物进行对照定性是一种有效的方法。然而，当样品中的组分变得复杂，尤其是当色谱峰紧密相邻时，仅仅依靠保留时间来进行定性分析就变得颇为棘手。此外还必须考虑到，一旦柱温、柱压等色谱条件发生波动，组分的分子运动状态和速度也可能会随之受到影响，进而导致组分流出色谱柱的时间发生变化。这种变化会直接导致组分的保留值产生偏差，如果在此时运用保留时间作为对照定性的指标，就很可能会引入误差，从而影响最终分析结果的准确性。因此，在利用保留时间进行定性分析时，还需要确保待分离物质的分离条件保持一致且足够稳定。

2）保留体积

在定性分析未知物质时，一种有效的方法是将其保留体积与已知标准物进行对比，这样做能够在一定程度上削弱载气流速波动所带来的潜在干扰。然而，直接测量保留体积并非易事，这使得该方法的广泛应用受到了一定限制。因此，研究者通常会选择通过保留时间和流速来间接计算保留体积。

（2）利用文献保留值定性

它涵盖了两种定性方法：相对保留值与保留指数。在进行分析时，我们主要关注两个指标，即相对保留值和保留指数。面对构成较为简单且成分范围已明确的混合物，我们可以依据文献中所述的色谱条件，选定一种物质作为基准。值得注意的是，当固定相发生变化时，不同物质会呈现出不同的分离效果。这些分离效果对应的保留数据，通常会在色谱手册中详细列出，为定性分析提供了宝贵的参考依据。

2. 定性分析的置换思考

（1）经济学中的定性分析

在色谱经济的分析框架内，定性分析扮演着举足轻重的角色，其核心在于精准界定经济现象或事物的本质属性与类别归属，堪称色谱经济分析法实施过程中的一大要务。我们初步对经济现象进行定性探究，明晰其性质特征及基本构成要素后，后续对物质含量的定量分析方能有的放矢，提供有价值的参考坐标。色谱经济领域的定性分析，与化学领域的色谱分析手法有着异曲同工之妙，两者均依赖既定的外在表现标准来作为对比分析的基准。以消费者行为分类为例，我们通常会预先界定保守型、稳健型及奢侈型消费者在储蓄与消费之间的资金分配比例区间，即“分配比范围”。随后，我们借助色谱分析流程，为每一类消费者勾勒出相对标准的资金流出曲线，以此作为后续对比分析的坚实依据。在实际操作中，我们将待分类的经济现象融入已知体系中，通过观察资金流出曲线峰值的波动情况，或是对比流出曲线的保留时间，均可作为判别待分类组分所属类别的重要依据。

（2）主要方法的置换

1）利用已知标准物对照定性

在特定的色谱操作环境下，我们对某一纯物质进行了细致的分离与分析，随后将待测的组分同样进行分离处理。接下来，我们将这已知纯物质的保留时间或保留体积与待测组分的相应数据进行详细比对。如果发现待测组分的保留值与标准物质完全吻合，那么我们就有理由推测，待测组分极有可能就是该标准物质，或者至少含有该标准物质的成分。这种利用已知标准物进行定性的方法，其本质在于组分在色谱中具有固定的保留值这一特性。依据这一特性，我们通过保留值（具体表现为保留时间、保留体积）来对待测组分进行定性分析。在色谱条件保持恒定的情况下，一种物质通常只会对应一个独一无二的保留时间。这个保留时间与样本中各组分的质量无关，而是受到塔板数、实验条件以及组分类别的共同影响。当塔板数保持一致，色谱条件稳定，且组分结构相对简单时，同类别的物质往往会展现出相同的保留时间。此时，组分质量的大小仅仅会影响色谱峰的高度，而不会对保留时间产生任何影响。这一特性，正是利用已知标准物进行定性分析的重要依据。

2）添加法定性

运用添加法定性原则的依据：倘若一个样本内含有某种纯净成分，那么在该样本中再度引入这一纯净成分时，其色谱图上的对应峰值会呈现增高的趋势；相反，如果样本内原本不存在这种纯净成分，那么在加入之后，色谱图上便会显现出一个全新的色谱峰。将这一逻辑转换到经济学研究领域的假设中，具体设定如下。

第一，经济主体的收入来源、个人偏好等核心要素，在短时期内往往保持相对稳定，这就好比色谱分析所依赖的条件一样，具有一种不易变化的稳固性。

第二，经济主体一般只在两种经济选择之间进行行为选择。

第三，面对外界环境的变迁，经济主体会适时地调整自身的行为策略，以适应新的形势。然而，这种调整并不意味着他们的根本偏好会发生颠覆性的改变。换句话说，尽管具体行动可能有所差异，但他们在资源分配上的基本比例，即那份深植于心的偏好结构，却是相对恒定且稳固的。

3）文献保留值定性

在探索色谱经济分析法的领域内，着手构建一套标准化的经济现象体系，旨在作为宏观经济分析的基准坐标。与此同时，依据经济分析的核心要求，细化了分析条件，并系统地整理了各种经济现象在不同经济相位态下的保留值数据，这些数据将作为后续经济现象定性评估的重要文献支撑。当对经济现象进行细致分类与深入分析时，遵循既定的文献准则，执行色谱分离流程。此过程中，我们获得了标准样本与待测样本经过校正的保留值，并进一步计算出这两组数据间的相对保留值，以此作为分析依据。值得注意的是，在化学色谱分析中，样本的调整保留值通常是通过其保留时间扣除“死时间”后得到的。将这一概念引申至色谱经济分析，“死时间”可被理解为那些不受经济相位态波动影响的经济实体的保留时间。在高度严格的色谱分析条件下，有理由将这一“死时间”近似视为零，这意味着，经济实体的调整保留时间与其原始保留时间在此情境下是等同的。

（二）定量分析

1. 定量分析的基本原理

色谱定量分析（以下简称“定量分析”）这一关键步骤在色谱分析中占据着举足轻重的地位，其核心在于依据组分响应信号的大小来精确推算各组分的相对含量。在执行这一细致入微的分析过程时，不得不聚焦于两大核心参数：一是峰高或峰面积，它们如同色谱图上的指纹，标识着各组分的相关数据；二是校正因子，它如同一把精准的标尺，帮助消除实验条件带来的偏差，确保分析结果的准确无误。通过巧妙地运用这两个参数，我们能够更加深入地洞察样本的组成，为后续的科研探索或生产实践奠定坚实的数据基础。

在色谱分析的复杂过程中，物质因其独特的物理和化学特性，往往在检测器上产生的信号会出现波动。我们倘若直接依据这些响应信号来对物质进行定量分析，那么结果中难免会夹杂一定的误差。为了更精确地反映物质的真实情况，研究者巧妙地引入了校正因子这一概念，旨在对组分信号进行精细的校正和调整。

归一化法是一种计算某一组分在总量中所占百分比的方法，也是定量分析中颇为常见的一种手段。此方法通过将混合物内所有组分的含量累计并设定为100%，来明确各组分的相对比例。

2. 定量分析的置换分析

（1）定量分析的含义与影响因素

第一，在色谱经济分析的框架内，定量分析的终极目标在于精确测定待分离样本中，各类经济主体所占的数量份额或其经济行为的具体比重。此分析方法中，塔板数被巧妙地用来表征不同的经济发展阶段或环境背景。在色谱图上，横坐标细致记录了经济约束条件逐步累加的次数，而纵坐标则直观展示了经济主体的数量规模或其经济选择所占的比重。

第二，关于色谱分析法在定量分析方面的运用，我们需精确衡量经济主体的数目或其所占的比例，其中，峰面积与校正因子扮演着举足轻重的角色。鉴于组分分离的具体条件以及组分本身性质的多样性，分离后的组分色谱峰可能会呈现出对称或非对称的形态，而不同的色谱峰面积则对应着不同的计算手段。当运用色谱分析来解读经济活动时，我们习惯上将色谱峰的高度视为经济主体在做出经济选择后，于特定经济环境中所能达到的最大规模，也就是某一类经济主体的数量上限。至于色谱峰的底宽，它则代表了从经济主体（首批完成选择并开始撤离特定环境的经济实体）初现于色谱柱出口时所面临的约束增加次数，直至这些经济主体完全退出该环境时约束次数的总变化量。依据上述针对非对称色谱峰面积的计算方法，我们便能够在色谱经济分析的框架下，准确得出不同组分的色谱峰面积。

第三，在进行定量分析时，物质因色谱操作条件的差异、组分性质的多样性等因素，在检测器上往往会呈现出不同的响应值。为了准确反映物质的实际含量，我们必须引入定量校正因子来进行校正。考虑绝对校正因子在实际应用中受到的诸多限制，比如仪器状态的波动、环境条件的微小变化都可能对其产生显著影响，因此我们更倾向于采用相对校正因子。在色谱的经济分析领域，这种校正因子被赋予了新的含义，称之为环境校正因子。在经济问题的分析中，由于各经济主体的行为选择深受商品价格波动、利率水平变化以及从众心理等多重因素的交织影响，其行为决策往往会出现一定程度的偏差。

（2）定量分析的过程

首先，设定待测组的经济主体由A、B两类要素构成，且这两类要素的分配比例是已知的。在塔板数达到n时，进行色谱分离操作。与此同时，我们还引入了一个样本组，该组包含了A、B以及新增的C三类要素。在这里，C类要素代表着经济均衡状态下的一种稳定型经济主体，它可以作为纯样本的参照基准，其分配比例被设定为特定的参考值。接下来，依据色谱分离的原理和流程，对这三类要素进行了详细的分类与分析。

其次，我们需要依据样本组中色谱的流出曲线来着手分析。针对每一类组分，我们会仔细观察其色谱峰的形状，判断它是对称峰还是不对称峰。随后，根据这两种峰形各自特定的计算公式，分别计算三类组分的色谱峰面积。这一步骤要求精确细致，以确保后续分析的准确性。在计算过程中，我们严格遵循数学原理，并借助Python3等编程工具来辅助完成复杂的计算任务，从而确保结果的可靠性。

再次，选取C类组分的峰面积以及其组分含量作为基准点。接着，我们会依据校正因子的标准计算公式，来分别推导出A、B这两类组分在特定环境下的校正因子。

最后，我们着手计算待测组中A、B两种组分的峰面积。随后，依据化学色谱分析中的归一化法定量原则，推导出A、B两种组分的实际含量。这一过程旨在验证先前关于组分含量及分配比例的基本假设是否成立。

参考文献

[1]李金红,曲文蕊.数理统计方法在交通中的应用基于R语言[M].北京:科学出版社,2024.

[2]单娜阳.复杂组学数据的统计方法及应用研究[M].北京:首都经济贸易大学出版社,2024.

[3]李秋芳,李晓莉,周莉.数理统计方法[M].镇江:江苏大学出版社,2023.

[4]徐德义.基于R的应用统计[M].北京:中国统计出版社,2023.

[5]李艳.区域经济地理分析基于区域能力的空间实证检验[M].2023.

[6]李洪高,邵穹,刘竹民.财务经济综合分析及其应用研究[M].北京:中国商务出版社,2023.

[7]刘玉成.计量经济学实验与案例分析[M].2版.武汉:华中科技大学出版社,2023.

[8]何春.数字经济促进共同富裕的机理分析与优化路径[M].北京:中国经济出版社,2023.

[9]刘志华.应用数理统计[M].北京:北京邮电大学出版社,2023.

[10]米霖,徐海峰.R语言统计分析实战[M].北京:北京理工大学出版社,2023.

[11]宗方.统计与大数据基础思维方法导论[M].北京:中国统计出版社,2022.

[12]张聪伟.统计分析方法与应用研究[M].延吉:延边大学出版社,2022.

[13]王璐.蒙特卡罗方法和统计计算[M].北京:机械工业出版社,2022.

[14]王云峰,陈卫东.统计学原理理论与方法[M].4版.上海:复旦大学出版社,2022.

[15]李良进.社会调查方法与统计[M].北京:国家开放大学出版社,2022.

[16]林永民.工程经济分析与创新[M].哈尔滨:哈尔滨工程大学出版社,2022.

[17]黄俊鑫,李义军,周辅昆.市政工程规划设计与经济分析[M].武汉:华中科技大学出版社,2022.

[18]林德光.数字技术的经济学分析[M].广州:华南理工大学出版社,2022.

[19]乔翔.经济学分析的基本框架经济学理论及其方法中阶选讲[M].徐州:中国矿业大学出版社,2022.

[20]叶作义.中国经济的投入产出与一般均衡分析[M].北京:中国经济出版社,2022.

[21]吴赟.出版经济学：学理分析与现实观照[M].上海:上海交通大学出版社,2022.

[22]王伟刚,王海敏.经济统计类数学分析[M].杭州:浙江工商大学出版社,2022.

[23]牟晓云,张瑜.统计学理论与实务[M].南京:东南大学出版社,2022.

[24]杨练根.质量统计技术[M].3版.中国质量标准出版传媒有限公司;北京:中国标准出版社,2022.

[25]岳晓宁.数据统计与分析[M].北京:机械工业出版社,2022.

[26]王松,孙乃经.经济社会统计[M].北京:中国统计出版社,2022.

[27]雷怀英.管理统计学[M].2版.北京:机械工业出版社,2022.

[28]赵金玲,张婷.统计与优化[M].2版.北京:冶金工业出版社,2022.

[29]周世界.语言统计教程[M].大连:大连海事大学出版社,2022.

[30]鄢伟安.可靠性统计[M].西安:西北工业大学出版社,2022.

[31]李文新.统计学原理[M].5版.上海:上海财经大学出版社,2022.

[32]周文慧,孙玉姣,党媛媛.应用统计分析[M].广州:华南理工大学出版社,2022.

[33]王学民.应用多元统计分析[M].上海:上海财经大学出版社,2021.

[34]林军,钱艳俊.商务统计分析[M].北京:机械工业出版社,2021.

[35]刘宇.产业集聚现象统计分析[M].北京:北京邮电大学出版社,2021.

[36]李贝贝,周莎莎.工商管理与经济统计分析研究[M].长春:吉林科学技术出版社,2021.

[37]刘亚清.统计分析软件EVIEWS及其应用[M].长春:吉林大学出版社,2021.

[38]焦燕妮,杨路平,王钟.数据管理与统计分析基于R应用[M].青岛:中国海洋大学出版社,2021.

[39]丘艳娟.马克思政治经济学数量分析研究[M].广州:广东人民出版社,2021.

[40]马燕.人力资源管理与区域经济发展分析[M].长春:吉林人民出版社,2021.

[41]柯丽华.工程经济学分析方法及应用[M].北京:冶金工业出版社,2021.